106

A **Coleção Filosofia** se propõe reunir textos de filósofos brasileiros contemporâneos, traduções de textos clássicos e de outros filósofos da atualidade, pondo a serviço do estudioso de Filosofia instrumentos de pesquisa selecionados segundo os padrões científicos reconhecidos da produção filosófica.
A Coleção é dirigida pela Faculdade Jesuíta de Filosofia e Teologia (Belo Horizonte, MG).

FACULDADE JESUÍTA DE FILOSOFIA E TEOLOGIA (FAJE)
DEPARTAMENTO DE FILOSOFIA
Av. Dr. Cristiano Guimarães, 2127
31720-300 Belo Horizonte, MG

DIRETOR:
Marcelo Fernandes de Aquino FAJE

CONSELHO EDITORIAL:
Carlos Roberto Drawin FAJE
Danilo Marcondes Filho PUC-Rio
Fernando Eduardo de Barros Rey Puente UFMG
Franklin Leopoldo e Silva USP
Marcelo Perine PUC-SP
Marco Heleno Barreto UFMG
Paulo Roberto Margutti Pinto FAJE

Wellistony C. Viana

ESTRUTURA, SER E PESSOA
Uma teoria holístico-configuracional

Dados Internacionais de Catalogação na Publicação (CIP)
(Câmara Brasileira do Livro, SP, Brasil)

Viana, Wellistony C.
  Estrutura, ser e pessoa : uma teoria holístico-configuracional / Wellistony C. Viana. -- São Paulo : Edições Loyola, 2024. -- (Coleção filosofia ; 106)

  Bibliografia.
  ISBN 978-65-5504-392-1

  1. Dualismo 2. Corpo e mente 3. Filosofia I. Título. II. Série.

24-218632   CDD-100

Índices para catálogo sistemático:
1. Filosofia   100

Eliane de Freitas Leite - Bibliotecária - CRB 8/8415

Preparação: Tarsila Doná
Capa: Ronaldo Hideo Inoue
  (execução a partir do projeto gráfico
  original de Manu Santos)
Diagramação: Telma Custódio

Edições Loyola Jesuítas
Rua 1822 n° 341 – Ipiranga
04216-000 São Paulo, SP
T 55 11 3385 8500/8501, 2063 4275
editorial@loyola.com.br
vendas@loyola.com.br
www.loyola.com.br

Todos os direitos reservados. Nenhuma parte desta obra pode ser reproduzida ou transmitida por qualquer forma e/ou quaisquer meios (eletrônico ou mecânico, incluindo fotocópia e gravação) ou arquivada em qualquer sistema ou banco de dados sem permissão escrita da Editora.

ISBN 978-65-5504-392-1

© EDIÇÕES LOYOLA, São Paulo, Brasil, 2024

108205

Sumário

Abreviações e Siglas 9

Introdução 11

Capítulo I
Ontologias gerais e o problema da interação psicofísica 17
  1.1 Dualismo de substâncias 19
  1.2 O monismo espiritualista 25
  1.3 O monismo fisicalista 29
    1.3.1 Abstracionismo e fisicalismo eliminativo 29
    1.3.2 Fisicalismo reducionista 30
    1.3.3 Fisicalismo não reducionista 32
  1.4 O problema da causação mental 35

Capítulo II
As teorias da pessoa e a interação psicofísica 39
  2.1 A visão simples de Swinburne 39
  2.2 A visão psicológica de Shoemaker 42

2.3 O animalismo de Eric Olson 46
2.4 A visão constitucional de Lynne Baker 49
2.5 A visão hilemórfica de Tomás de Aquino 59

Capítulo III
O quadro teórico da *filosofia estrutural-sistemática* (FES) 65
3.1 Ideia geral da FES 67
3.2 A dimensão da *estrutura* 71
    3.2.1 A sistemática da teoricidade 72
    3.2.2 A sistemática estrutural 78
3.3 A dimensão do *Ser*: visão geral 84

Capítulo IV
A dimensão oniabrangente do Ser 93
4.1 A exigência de um "espaço einailógico" 94
4.2 Dimensão do Ser como superação da subjetividade moderna 99
4.3 A teoria do Ser como tal 107
4.4 A teoria do Ser em seu todo 114
4.5 A estruturalidade espiritual da dimensão primordial do Ser 124
    4.5.1 Argumentação da FES contra o fisicalismo 126
    4.5.2 Conexão entre a estruturalidade espiritual derivada e primordial 130

Capítulo V
A teoria holístico-configuracional de pessoa (THC) 133
5.1 Explicitação do quadro teórico estrutural-sistemático 135
5.2 Pessoa humana como configuração de fatos primos 139
5.3 Metafísica da pessoa revisitada 143

Capítulo VI
A FES e o problema da causalidade 151
6.1 A natureza das entidades envolvidas na causalidade 153
6.2 A entidade "disposição" 156
6.3 Fatos primos disposicionais numa teoria do Ser 159

6.4 Fatos primos disposicionais e configuração causal 167
6.5 Alguns problemas revisitados 175

Capítulo VII
A interconexão entre fatos primos disposicionais 181
7.1 Debate atual acerca da *conexão causal* 183
7.2 A *conexão* entre fatos primos disposicionais 189
7.3 A dimensão da Entidade e causalidade 199

Capítulo VIII
A interação psicofísica na THC 205
8.1 A posição de Jaegwon Kim 206
8.2 Princípios reguladores da FES 210
8.3 Um modelo intuitivo de interação psicofísica 213
8.4 Do modelo intuitivo ao modelo sistemático 218

Capítulo IX
A pessoa depois da morte na THC 225
9.1 O debate entre visão da corrupção e da sobrevivência
    da pessoa 226
9.2 A posição de Tomás revisitada 232
9.3 O *local intencional-sistemático* da pessoa no todo do Ser   237
9.4 A configuração pessoal depois da morte 242

Conclusão 247

Bibliografia 251

Abreviações e Siglas

EeS =	Estrutura e Ser
FES =	Filosofia estrutural-sistemática
INUS =	Insufficient but Non-redundant part of an Unnecessary but Sufficient condition
MCH =	Metaphysik bei Carnap und Heidegger
PCC =	Princípio da complementaridade causal
PCE =	Princípio de conservação da energia
PCH =	Princípio da configuração holística
PEC =	Princípio da exclusividade causal
PFC =	Princípio do fechamento causal
PFH =	Princípio do fechamento holístico
PGO =	Princípio do grau ontológico
PPP =	Perspectiva em primeira pessoa
PS =	Princípio da superveniência
Q-DEF =	Quase Definição
SeD =	Ser e Deus
SeN =	Ser e Nada
SuN =	Sein und Nichts
TE =	Teoria emergentista

THC =	Teoria holístico-configuracional
TPP =	Teoria psicológica popular
TS =	Teoria da superveniência
VCP =	Visão constitucional de pessoa
VP =	Visão psicológica
VR =	Visão regularista
VS =	Visão simples

Introdução

O que é a pessoa humana e qual o seu lugar no Universo/no Ser em seu todo? Encontrar uma resposta a esta pergunta não é fácil. Qual característica distingue o ser humano dos outros seres? A inteligência? DNA? Linguagem? Corpo? Todos estes elementos juntos? Descartes sintetizou estas respostas em três hipóteses: 1) ou a pessoa é uma coisa pensante, ou 2) uma coisa vivente (animal) ou 3) um corpo. O pai da filosofia moderna opta pela primeira opção e inaugura seu famoso e trágico dualismo de substâncias: a pessoa seria idêntica à *res cogitans* controlando uma *res extensa*, como um homúnculo dentro de uma máquina. Neste quadro teórico, tornou-se difícil explicar a interação causal entre corpo e mente: se as duas substâncias são completamente diferentes, como pode haver uma interação entre elas? A solução da glândula pineal não convenceu os contemporâneos de Descartes, nem os filósofos modernos pós-cartesianos e muito menos os filósofos de hoje. De fato, as teorias pós-cartesianas sobre a pessoa se esforçam para expurgar o dualismo radical de Descartes a fim de resolver o problema da interação e, geralmente, utilizam uma estratégia muito tosca: como *res cogitans*/alma/mente e *res extensa*/matéria/corpo são ontologicamente diferentes e não poderiam interagir dessa forma, então é preciso rejeitar a originalidade ontológica de uma delas e assumi-la como redutível ao outro elemento, uma vez que negar a interação entre mental e corporal seria contraintuitivo.

Para resolver o problema da interação entre essas duas substâncias completas, as filosofias moderna e contemporânea enveredaram pelo caminho dos monismos, sejam idealistas ou materialistas. O monismo idealista teve seu auge no século 19, mas deu definitivamente espaço no século 20 para o monismo materialista, que passou a ser chamado de fisicalismo. O fisicalismo se ramificou em várias posições que se resumem em duas: aquela reducionista e a não reducionista. Como veremos, poucas teorias atuais assumem de forma explícita o reducionismo fisicalista, embora fundamentalmente não deixem de professá-lo. Na verdade, a maioria das atuais teorias opta por um fisicalismo não reducionista, trazendo consigo uma série de incoerências. O intuito deste livro é apresentar uma teoria nova capaz de resolver os paradoxos do dualismo moderno e os sérios problemas de incoerência das teorias monistas materialistas, que reinam no atual contexto. A nova teoria chamada de *holístico-configuracional* constitui uma subteoria da *filosofia estrutural sistemática* (FES), iniciada pelo prof. Lorenz Bruno Puntel a partir de seu livro *Estrutura e Ser: um quadro referencial teórico para a filosofia*.

A filosofia estrutural sistemática elabora um quadro teórico bastante diferente daqueles à disposição hoje. Sua estratégia básica consiste na elaboração de uma linguagem filosófica rigorosa, a fim de explicitar os dados da realidade numa teoria abrangente. Nesse sentido se entende o binômio *estrutura* e *Ser*. Enquanto o termo "estrutura" diz respeito às estruturas lógico-semântico-ontológicas da linguagem, o termo "Ser" denota aquele *universo ilimitado do discurso* capaz de abarcar qualquer tipo de entidade. É dentro do quadro teórico da FES que podemos articular os dados do âmbito humano no intuito de compor uma (sub)teoria nova acerca do que seja a pessoa humana, chamada de *teoria holístico-configuracional*. De fato, as teorias atuais acerca da pessoa adotam uma ontologia geral cheia de incoerência e ininteligibilidade, articulada pela linguagem ordinária também confusa e caótica. O resultado aparece de forma grosseira: ontologias reducionistas e problemáticas, que negam a originalidade ontológica de aspectos cruciais da pessoa humana. É por isso que a FES tem uma preocupação elementar, desconsiderada pela grande maioria dos filósofos, a saber: ela tematiza seu próprio quadro teórico referencial, elaborando uma linguagem artificial e precisa para tratar dos dados do mundo e do dado maior, que constitui a dimensão última do Ser enquanto tal e em seu todo. Como veremos neste livro, a teoria do Ser como tal e em seu todo constitui o pano de fundo para uma solução adequada e coerente dos atuais debates acerca da pessoa humana.

A teoria holístico-configuracional pode ser apresentada a partir do seguinte contexto: o problema da interação constitui de longe a maior dificuldade dos dualismos modernos, sobretudo no que tange à pessoa humana, composta das dimensões corporal e mental. A estratégia do atual fisicalismo consiste em negar a originalidade ontológica do mental e interpretá-lo como um "material disfarçado e mais refinado". Como é sabido, toda a discussão contemporânea surgiu com a nascente neurociência, que parecia indicar serem estados mentais nada mais que estados neuronais. Os sofisticados métodos para realizar mapas mentais/neuronais mostravam menos do que se começou a concluir, dando aos fisicalistas a ideia de que neurociência confirmava a sua ontologia fundamental e extirpava de vez os últimos resquícios de metafísica no conhecimento humano. Dessa forma, via-se o eterno problema da interação psicofísica sendo dissolvido a partir da ciência empírica, uma vez que não haveria nenhum problema de interação causal entre entidades físicas. O imbróglio patente é que tal solução acontece dentro de um quadro teórico sufocante.

A grande dificuldade desta ontologia geral constitui seu intencional "esquecimento da mente", como se o mental compartilhasse das qualidades daquilo que chamamos de "físico". De fato, há uma estrada mais coerente e simples para resolver a dificuldade, a saber: mostrar como as duas "substâncias" não são nem substâncias, nem totalmente diferentes uma da outra. Ou melhor, a FES faz compreender que entre as duas dimensões diferentes, e aparentemente opostas, há uma dimensão superior que as engloba: a chamada dimensão última do Ser. Ora, o Ser constitui aquela dimensão da qual toda e qualquer entidade surge, levando à conclusão de que corpo e mente não são mais do que modos-diferentes-do-mesmo-Ser. Se é assim, então a dificuldade de interação desaparece, mas com a vantagem de levar em consideração a riqueza ontológica da realidade, diferentemente do que fazem os diferentes monismos.

Para entender a proposta da FES, muitos pressupostos devem ser revistos, desde concepções semânticas, ontológicas e até algumas da filosofia da ciência, como, por exemplo, alguns pressupostos vigentes das teorias sobre a causalidade. Na verdade, a ciência empírica acabou por determinar a concepção filosófica de causalidade, o que trouxe grande prejuízo para a filosofia e outros ramos do saber. A ideia foi reduzir a causalidade a *movimentum* e troca de energia entre sistemas, o que não dá conta de nossa intuição de causalidade. Que troca de energia poderia ocorrer entre minha mão que se eleva e a eleição de João para síndico em meu condomínio? No entanto, ninguém duvida que minha mão levantada tenha contribuído para a vitória de João e não de Pedro. Assim, no presente livro, procuramos rever a concepção de causalidade para adequá-la ao que percebemos na realidade, inclusive para entender melhor o que acontece dentro de nós, ou seja, entre nossos estados mentais e estados neuronais.

Outro fator importante para resolver o problema da interação é aquele chamado por Heidegger de "esquecimento do Ser". Segundo o autor de *Ser e Tempo*, a história da metafísica consistiu sempre numa reflexão sobre os entes, não conseguindo tematizar de forma adequada aquela dimensão última do Ser. Muitos dos problemas advindos das atuais teorias sobre a pessoa encontram morada neste esquecimento, pois quando se entende corpo e alma como duas entidades sem nenhuma relação ontológica, como se fossem dois estranhos morando sob um mesmo teto, então não se deve estranhar uma convivência desagradável entre os dois. Quando, porém, percebe-se que não são dois estranhos, mas parentes muito próximos, quiçá irmãos, então a relação começa a ser mais amigável. Deixando de lado a metáfora, a verdade é que corpo e mente participam de uma dimensão única universal e, por isso, não se deveria levantar algum problema de interação, uma vez que há *ab ovo* um canal aberto para uma influência recíproca. Nesse sentido, pode-se utilizar o quadro geral da FES, que empreende seja um trabalho de base na elaboração de uma linguagem filosófica, seja um esforço de resgate da dimensão universal do Ser, a fim de elaborar uma teoria sobre a pessoa capaz de eliminar as incoerências das outras teorias.

O livro está organizado da seguinte forma. Os primeiros capítulos intendem introduzir o leitor nas ontologias gerais envolvidas no problema corpo e mente e no problema da interação psicofísica. As teorias envolvidas nesta questão são: o dualismo moderno, o imaterialismo e os vários tipos do fisicalismo contemporâneo. Vai interessar-nos de modo particular como as diversas teorias fisicalistas reducionistas e não reducionistas resolvem a questão da interação. Logo após, introduzimos as atuais teorias sobre a pessoa e como elas tratam o problema da interação. No contexto atual surgem pelo menos cinco teorias acerca da pessoa: visão simples, visão psicológica, visão biológica, visão constitucional e visão hilemórfica. Enquanto as visões psicológica, biológica e constitucional defendem um tipo de fisicalismo não reducionista, as visões simples e hilemórfica aceitam algum tipo de dualismo, o que significa dizer que todas as teorias aceitam mais ou menos a ideia de uma *diferença ontológica* entre mental e físico e procuram explicá-la dentro de seu quadro teórico, a fim de que o famigerado problema da interação cartesiana não apareça. A intenção é mostrar nestes capítulos que a dificuldade básica destas teorias é constituída pelas ontologias pressupostas. Faz-se mister mostrar a incoerência básica destas posições, o que faremos dentro do novo quadro teórico da FES.

A esta altura, poderemos introduzir o quadro teórico da filosofia estrutural sistemática e sua teoria do Ser como tal e em seu todo. Somente assim podemos apresentar a teoria holístico-configuracional da pessoa. Contudo, o trabalho não está terminado. É preciso atacar uma outra frente de reflexão que diz respeito ao tema da causalidade. Nos capítulos 6 e 7, apresentamos a partir do quadro teórico da FES uma nova concepção de causalidade, a fim de analisar os dados e explicitar melhor o problema da interação causal entre a dimensão física-neuronal e a dimensão mental-espiritual, o que faremos no capítulo 8. Por fim, revisitamos algumas questões da metafísica da pessoa no quadro teórico da FES, sobretudo a questão da ontologia do "eu" e da sobrevivência da configuração pessoal após a morte.

Grande parte deste livro é composta de artigos já publicados nos últimos anos. Os capítulos 5 e 10 foram publicados pela revista *Síntese de filosofia* em 2021 e 2023, respectivamente. Os capítulos 6 e 7 foram publicados pela revista *Gregorianum* em 2022 e 2023, e o capítulo 8 foi publicado pela *Revista Enunciação* em 2021. Gostaria de agradecer aos editores dessas revistas a concessão dos artigos para a publicação deste livro. Agradeço particularmente ao prof. Puntel, com quem tenho cultivado uma prazerosa amizade para além do aprendizado filosófico. Sua orientação atenta e apoio incondicional foram determinantes para a conclusão deste trabalho. De igual modo, agradeço à leitura atenta e crítica do professor e amigo Manfredo de Oliveira, que tem sido um grande incentivador de meu trabalho.

CAPÍTULO I
Ontologias gerais e o problema da interação psicofísica

No problema corpo-mente encontram-se três principais ontologias gerais: o dualismo, o monismo espiritualista e o monismo materialista. Estas se ramificam em posições sutis, por exemplo: o dualismo pode ser concebido como dualismo de substância ou de propriedades, enquanto os monismos tomam as mais variadas formas, sempre procurando fundamentar o porquê seu oposto não tem autonomia ontológica. Quanto ao problema da interação psicofísica, o dualismo de substâncias pode ter a forma de um *paralelismo*, em que não existe nenhuma relação causal entre as substâncias, ou a forma de um *interacionismo*, que defende tal relação. O dualismo de propriedades, por outro lado, assemelha-se a um monismo, pois afirma que a realidade é composta de um elemento básico diferenciado apenas por níveis qualitativos mais refinados, o que deveria driblar o problema da interação, como veremos. Dentro do dualismo de propriedades podem-se ainda encontrar outras formas, como o *epifenomenalismo* e as *metafísicas bidimensionais*. A primeira se diferencia da segunda pelo fato de considerar o elemento mental uma matéria sutil sem nenhum poder causal, enquanto as metafísicas bidimensionais atribuem ao elemento mental um verdadeiro poder de ação.

As posições dualistas são muito antigas e dominaram o panorama filosófico por muito tempo. Embora haja ainda fortes argumentos para algumas formas de dualismo, esta concepção está fora de moda. De fato, as posições monistas dominam o cenário filosófico há algum tempo. O monismo espiritualista tomou formas sempre predominantes desde a modernidade até o debate atual, como é o caso do *pampsiquismo*. As formas antigas do monismo espiritualista encontram no animismo a melhor expressão, enquanto, na modernidade, o imaterialismo de Berkeley será o início de um grande movimento que culminará no idealismo alemão. Em nossos tempos, a visão pampsiquista é a mais promissora opção de monismo espiritualista. Em suas variadas interpretações, o pampsiquismo defende basicamente que o elemento mental ou protomental é considerado já presente na matéria, a exemplo do panexperiencialismo de Whitehead ou Rosenberg.

Por fim, apesar da influência histórica do monismo espiritualista, o predomínio na atual conjuntura pertence à corrente monista materialista ou, conforme se prefere chamar hoje, às correntes *fisicalistas*. Estas se impõem como um pensamento único, embora tenham dificuldade para englobar os fenômenos da consciência e da intencionalidade em seu quadro teórico. Fisicalistas defendem que a realidade se compõe basicamente de elementos físicos, não existindo nenhuma realidade *metafísica*, seja ela uma substância imaterial como a alma, seja ela um conjunto de estados mentais como dor, sentimentos, crenças verdadeiras ou comportamentos éticos válidos, independentes de fenômenos físicos. O fisicalismo pode ser ramificado em outras formas bem distintas. Elas variam de tendências que procuram eliminar da linguagem termos que se referem a estados mentais, a exemplo do *Abstracionismo e fisicalismo eliminativo*, a tendências que reconhecem os estados mentais como um "físico diferente", a saber, o *fisicalismo não reducionista*; até aquela tendência que reconhece estados mentais, mas afirma uma total redução destes a estados físicos, como é o caso do *fisicalismo reducionista*.

Uma vez que o monismo materialista determina o debate atual, vamos tomá-lo como principal interlocutor em nossa discussão, a fim de criticá-lo, e contra ele apresentar a teoria holístico-configuracional como teoria alternativa e mais adequada. Assim, para melhor compreender toda a discussão que seguirá, faz-se mister apresentarmos aqui as características principais destas posições e suas ramificações, sem pretender apresentá-las de forma cabal ou esgotar todas as formas. No final do capítulo, introduzimos o problema da interação psicofísica.

1.1 Dualismo de substâncias

O dualismo tem uma longa história que vai desde Platão até nossos dias, mas com importante desenvolvimento na idade moderna com René Descartes, que determinou o debate contemporâneo. A ideia básica do dualismo de substâncias cartesiano é que há duas substâncias completas totalmente diferentes uma da outra: *res cogitans* e *res extensa*. O termo "substância" quer dizer basicamente duas coisas: 1) aquilo que é sujeito de predicação e que não pode ser predicado de nada; 2) aquilo que existe de forma independente, o que se aplica em primeiro lugar a Deus, mas também de forma imprópria às substâncias finitas. As propriedades são inerentes à substância como entidades dependentes e constituem as únicas entidades pelas quais se pode conhecer a substância. Desta forma, *res cogitans* e *res extensa* são aqueles únicos tipos de substância que existem no universo, podendo subsistir uma sem a outra. Enquanto a primeira é idêntica à pessoa humana, a segunda está presente nos outros entes do universo, inclusive compondo uma parte acidental da pessoa humana, que é comparada a um homúnculo dentro de uma máquina corporal. Para dualistas, a mente é essencialmente diferente do corpo e não pode ser reduzida a ele. O dualismo cartesiano determinou muitos caminhos filosóficos depois dele e constitui uma das concepções mais combatidas da atualidade. John Searle, por exemplo, afirma que Descartes nos deixou mais problemas do que soluções e não passou de uma catástrofe filosófica[1]. De fato, a crítica ao dualismo de substâncias de Descartes já começa com seus contemporâneos, e a questão fundamental será a dificuldade de

---
1. Cf. SEARLE, J., *Geist. Eine Einführung*, Frankfurt a. M., 2006, 30.

explicar a interação entre corpo e mente em seu quadro teórico. Recordemos alguns elementos de sua concepção.

Através de seu método da dúvida, Descartes procura seu *fundamentum inconcussum* e encontra no *cogito* aquela realidade da qual não se pode duvidar: "Je pense, donc je suis"[2]. Sou uma coisa (*res*) que pensa e não uma coisa que é extensa no espaço e tempo. Com efeito, *res cogitans* tem propriedades que *res extensa* não possui, como, por exemplo, a característica de "não se poder duvidar". Enquanto posso duvidar que tenho um corpo, não posso duvidar que posso pensar, uma vez que duvidar já é pensar. Com o *cogito*, alcança-se o sonho cartesiano da "ideia mais clara e distinta" possível, a partir da qual seu edifício filosófico é construído. Ora, para Descartes, uma clara distinção dos conceitos corresponde a uma clara distinção da realidade. Se posso pensar clara e distintamente uma coisa sem pressupor uma outra é porque Deus poderia criar uma sem a outra. Dessa forma, *res cogitans* nem pode ser reduzida à *res extensa*, muito menos ser idêntica a ela. A diferença entre as duas é radical, e Descartes nem mesmo desconfia que toda diferença pressupõe uma unidade, tornando-se incapaz de produzir uma síntese coerente. A divisão fica no ar, e o problema da interação surge. Com efeito, para Descartes, mente e corpo se influenciam mutuamente. Quando penso em levantar a mão para pedir um táxi, foi minha mente que pensou, e meu braço obedeceu ao fazer o movimento para cima; quando vejo um cão, meus olhos oferecem à minha alma uma imagem, que será impressa nela e, dependendo de minha experiência com cães, me fará correr em fuga.

Quem melhor expressou o problema da interação foi a jovem princesa Elisabete da Boêmia, que em 1643 pôs as fragilidades da teoria do mestre:

> Como a alma humana pode determinar o movimento dos espíritos animais no corpo, de modo a executar atos voluntários, uma vez que é meramente uma substância consciente? A determinação do movimento parece surgir sempre do movimento do corpo impulsionado, depender do tipo de impulso que ele recebe do outro, ou ainda, depender da natureza e da forma da superfície deste último. As duas

---

2. DESCARTES, R., *Discours de la méthode*, IV, 1.

primeiras condições envolvem o contato, e a terceira envolve que a coisa propulsora tenha extensão; mas você exclui totalmente a extensão [da substância consciente], a partir do seu conceito de alma, e o contato parece-me incompatível com uma coisa imaterial[3].

Eis aí todo o problema explicitado: como podem as duas substâncias interagirem se são totalmente diferentes uma da outra? Uma vez que a mente é imaterial e os corpos somente se movem por contato com outros corpos, como então poderia a alma mover um braço? Ora, mas este tipo de interação acontece, logo: ou 1) existe um canal por onde acontece a interação; ou 2) as partes envolvidas, na verdade, são idênticas; ou ainda, 3) as partes não são tão diferentes assim[4]. A primeira via corresponde à resposta de Descartes, que não convenceu nem mesmo a princesa. O problema dessa resposta é que, mesmo uma via de acesso (a glândula pineal, para Descartes) precisará tocar nos dois polos da ponte, ou seja, precisa ter ao mesmo tempo características de um lado e de outro, o que vai contra a concepção de Descartes. A segunda via radicalizou a questão e procurou resolver tudo com a supressão de um dos lados. Interessante notar que esta versão impôs sua resposta na história pós-cartesiana, gerando os dois tipos de monismos possíveis: o espiritualista, que reduz o físico ao espiritual/mental, e o materialista, que faz o contrário. Já a terceira opção de resposta teve muito pouca atenção, talvez porque significava voltar à resposta antiga e medieval do hilemorfismo. Pareceu mais de acordo com os novos tempos lançar-se pela via dos monismos e não tentar concertar, de alguma forma, o dualismo. Assim, as vias do espiritualismo e do materialismo se foram construindo na modernidade como uma resposta ao

---
3. ANSCOMBE, G.E.M; GEACH, P.T., *Descartes: Philosophical Writings*, Indianapolis: Bobbs-Merrill Company, 1954, 274 s.
4. Outra possível resposta representou o *ocasionalismo* projetado por Louis de la Forge, Arnauld Geulincx e, sobretudo, Nicolas Malebranche. A tese básica é afirmar que não há interação, pois nosso corpo não oferece mais que uma "ocasião" para que Deus mesmo produza algum efeito no mundo físico. Também o *paralelismo* de Leibniz representa uma resposta que procurou harmonizar a causa física com aquela mental, ou seja, as duas causas agem em âmbitos diferentes e as duas são harmonizadas por Deus num fenômeno determinado. Por fim, o *epifenomenalismo* também renuncia à causalidade mental, embora também aceite a originalidade ontológica do mental.

dualismo cartesiano, a saber: aquela imaterialista, que vai de Berkeley a Hegel; a materialista, que ganha grande impulso com a esquerda hegeliana e perdura até nossos dias.

É preciso analisar com precisão qual o verdadeiro problema do dualismo de substância, a fim de rejeitá-lo pela razão correta. De fato, o dualismo de substâncias é criticado por vários motivos; entre eles, a imaterialidade da alma juntamente com a incoerência de sua não espacialidade e a incapacidade de interação entre alma e corpo. As críticas a estes problemas não são capazes de refutar cabalmente uma característica importante do dualismo de substâncias, a saber: a originalidade e irredutibilidade ontológica de alma e corpo. Mesmo a incapacidade de interação entre duas dimensões ontologicamente diferentes não constitui uma crítica conclusiva, caso se mude o quadro teórico que explica o que seja a causalidade (mais sobre isso nos capítulos 6 e 7). Isso não significa que o dualismo de substância esteja correto em tudo. Ao contrário, seu quadro teórico é inadequado para explicitar a originalidade ontológica da pessoa, embora traga intuições fundamentais sobre a diferença entre a dimensão mental e a corporal. As críticas levantadas acima podem ser resumidas num único problema, chamado *"pairing problem"* (problema do pareamento). A rápida análise desse problema mostra como ele pode ser resolvido num quadro teórico diferente e mais abrangente, que aceita a diferença ontológica irredutível de Descartes, mas não assume suas incoerências.

O *"pairing problem"* foi levantado pela primeira vez por Foster[5] e retomado por Kim[6] como um dos argumentos conclusivos contra o dualismo cartesiano[7]. Kim ilustra o problema da seguinte forma: imaginemos duas armas, A e B, que simultaneamente disparam e matam Adam e Bob. A questão a ser respondida é o que faz com que o tiro A tenha matado Adam e o tiro B tenha matado Bob e não o contrário. As

---

5. Cf. FOSTER, J., *The immaterial self*, London: Routledge, 1991.
6. KIM, J., Lonely souls: Causality and substance dualism, in: CORCORAN, K. (ed.), *Soul, body and survival: Essays in the metaphysics of human persons*, Ithaca: Cornell University Press, 2001.
7. Para uma crítica ao *"pairing problem"* ver BAILY, A.; RASMUSSEN, J.; VAN HORN, L., No pairing Problem, *Philos Stud*, 154 (2011), 349-360.

duas possibilidades levantadas por Kim são: 1) deve existir uma contínua cadeia causal que liga A a Adam e B a Bob; 2) deve existir uma relação espacial distinta entre A e Adam e entre B e Bob, que impossibilita que A tenha atingido Bob e B tenha atingido Adam. A conclusão de Kim é que as duas possibilidades revelam uma necessária relação espacial entre a causa e o efeito, que determina quem causou a morte de Adam e Bob. Aplicando sua conclusão à relação entre alma e corpo, Kim imagina duas almas A e B, que executam uma mesma ação sobre um corpo M. Se foi A a exercer a ação sobre M, como determinar o pareamento causal entre A e M, excluindo o pareamento entre B e M? Como almas não são espacialmente localizáveis, seria metafisicamente impossível tal pareamento causal, ou seja, não temos como afirmar que almas exerçam alguma influência em corpos espacialmente localizados, pois não pode haver nenhuma cadeia causal localizada espacialmente entre A e M ou B e M. Pior que isso, sem a dimensão espacial seria mesmo impossível individualizar uma alma, a fim de tomá-la como um autêntico *relatum* da relação causal.

O argumento de Kim conclui que toda relação causal e individualização de entidades pressupõem a espacialidade. Essa conclusão tem nefastas e redutoras consequências para a concepção de causalidade, como também para a especificidade de entidades. A dificuldade para a concepção de causalidade é que estamos falando aqui de apenas um tipo de ligação entre causa e efeito, a saber: uma ligação feita por entidades físicas tais como energia, força, *movimentum* etc., que necessariamente estão no espaço. O problema é que nem todas as relações causais consistem numa cadeia de elos físicos. Que dizer daquelas relações causais que não envolvem nenhuma troca de energia, como, por exemplo, a exclusão de Carlos do time de futebol *porque* não jogou bem? Que ligação física teria entre o "não jogar bem" e a "decisão do técnico de excluir Carlos do time"? Como poderíamos negar que o fato de não jogar bem *causou* a decisão do técnico de excluir Carlos do time? Como veremos adiante, para solucionar o problema da interação entre estados mentais e físicos será preciso rever a concepção de causalidade aplicada à questão.

Além disso, Kim resolve o problema da interação de forma rápida e radical: almas não podem interagir com corpos, uma vez que uma relação causal requer sempre a dimensão espacial, ou, ainda, almas nem mesmo existem porque uma individualização dessa entidade também precisaria do espaço. Como se vê, a dimensão espacial é requerida em ambas as dificuldades. Obviamente fala-se aqui de "espaço" como as três (ou mais) dimensões do mundo físico. Contudo, não seria possível um conceito mais abrangente de "espaço" capaz de envolver entidades físicas e não físicas? Poderíamos chamar tal espaço de "espaço metafísico", como também já virou clássica a expressão "espaço lógico"[8]. A dificuldade para se chegar a essa hipótese advém da incapacidade de refletir sobre a diferencialidade ontológica entre alma e corpo, pois se físico e mental coexistem de forma irredutível, então deve existir uma dimensão mais fundamental que abranja e explique o surgimento das duas dimensões[9]. Claro, a questão definitiva é esta: físico e mental são realmente distintos? Voltaremos a esse problema à frente.

Como veremos neste livro, a FES argumenta em favor de um "espaço metafísico", ou melhor, um "espaço einailógico" (a palavra "einailógico" advém do grego εἶναι = ser e λόγος = discurso), que constitui aquela dimensão a partir da qual todas as diferenças são compreendidas. O espaço einailógico constitui um "espaço primordial" no qual espaço físico e não físico são incluídos, garantindo uma unidade que não os isole em dois extremos, mas sejam entendidos como dois modos de uma mesma dimensão. Nesse sentido, qualquer entidade tem seu "local sistemático" enquanto está localizada no todo do Ser, e tal local, único e irrepetível, consiste naquele fator capaz de garantir a interação e individualização de quaisquer entidades. A ideia de um "espaço einailógico" será fundamentada adiante, mas vale a pena dizer que esta concepção será aquela mais abrangente capaz de solucionar o problema do pareamento.

---

8. O termo foi introduzido por WITTGENSTEIN, cf. *Tractatus* 1.13 [ed. bras., 135].

9. Uma das respostas ao problema do pareamento seria que almas são, sim, localizadas no espaço, uma vez que são almas de um determinado corpo. Cf. BAILY, A; RASMUSSEN, J.; VAN HORN, L., No pairing Problem, *Philos Stud*, 154 (2011), 357. Veja ainda WILSON, J., On characterizing the physical, *Philosophical Studies*, 131 (2006), 61-99.

1.2 O monismo espiritualista

A busca de solução para os problemas do dualismo cartesiano levou os filósofos a defenderem posições cada vez mais monistas. Uma delas constitui o monismo espiritualista ou imaterialista. Defensores dessa posição defendem que existe apenas um tipo de substância, a saber, aquela espiritual/mental, e tudo o mais pode ser reduzido a ela. Assim, a matéria não seria mais que um "espírito congelado", e todo o problema da interação seria resolvido, pois em última análise haveria apenas uma interação entre formas diferentes de entidades espirituais ou mentais. O monismo espiritualista tomou várias formas na história, desde o imaterialismo pós-cartesiano, passando pelo idealismo alemão, até formas atuais como o pampsiquismo. Não temos como analisar todas essas formas aqui. Gostaria, porém, de recordar aquela teoria que influenciou todas as formas posteriores da modernidade, a saber, o imaterialismo de Berkeley.

A concepção de Berkeley está muito ligada à sua teoria do conhecimento. Como Descartes, Berkeley também aceita que os únicos objetos do conhecimento são as ideias. Os entes não passam de um conjunto de ideias percebidas pelo espírito, não sendo possível um tipo de existência para além da percepção. A divisão que geralmente se faz entre percepção e realidade não passa de uma abstração, segundo Berkeley, uma vez que percepção e objeto são a mesma coisa. Dessa forma, os objetos materiais não existem em si mesmos. A maçã que tenho agora na minha frente não constitui mais do que um conjunto de ideias percebidas como cheiro, cor, peso, gosto. A única substância que existe é o espírito que percebe as ideias:

> Está assente que as qualidades ou modos das coisas nunca existem realmente cada uma por si e em separado, mas em conjunto, várias no mesmo objeto. Mas, como dissemos, o espírito é capaz de considerar cada uma separada ou abstraída das outras às quais está ligada, formando assim ideias abstratas. Por exemplo, a vista aprende um objeto extenso, colorido, móvel; essa ideia compósita resolve-a o espírito nos seus elementos e, isolando cada um, forma as ideias abstratas de extensão, cor, movimento. Não podem cor e movimento existir sem extensão; mas o espírito pode formar por abstração a

ideia de cor, excluindo a extensão, e a de movimento, excluindo as outras duas[10].

Pelo texto acima, percebe-se que Berkeley não é de acordo com Locke quando afirmava a distinção entre propriedades primárias e secundárias. Segundo Locke, propriedades primárias são aquelas externas e independentes do espírito, enquanto as secundárias são totalmente dependentes da percepção, como a cor, gosto, cheiro etc. Para Berkeley, todas as propriedades são secundárias, não sendo possível aplicar nenhum critério para distinguir umas das outras. O materialismo poderia ainda defender a posição de que a matéria seria o *substrato* de todas as propriedades, não tendo nenhuma relação com a percepção do espírito. Neste ponto, Berkeley assume uma posição em relação à interação, pois segundo ele nunca poderíamos ter certeza da existência de uma matéria entendida como substrato último, uma vez que seria imperceptível. Isso porque um substrato material jamais poderia causar nossas percepções, uma vez que não é possível qualquer interação entre a matéria e o espírito. Assim, o raciocínio redutivo de Berkeley é simples: na medida em que algo material não pode causar algum tipo de percepção no espírito, não podemos perceber sua existência e, dessa forma, temos que concluir a não existência de uma substância material, mas apenas daquela imaterial que percebe as ideias. As ideias, por outro lado, não são produtos humanos, mas divinos. É Deus quem infunde ideias no espírito humano através das *leis da natureza*, que mostram sempre ser uma ideia seguida de outra em nossa experiência, formando assim nossa percepção da realidade.

À vista disso, a única interação possível consiste naquela do âmbito espiritual, já que todas as entidades são reduzidas a entidades imateriais. Percebe-se bem como o problema não resolvido de Descartes levou ao reducionismo de Berkeley em simples passos lógicos: 1) é impossível uma interação entre substâncias totalmente diferentes; 2) somente através da percepção do espírito podemos atestar a existência do mundo e dos entes; 3) como o mundo e os entes não poderiam causar nossa percepção caso fossem materiais, então: 4) o mundo e os entes

---

10. BERKELEY, G., *Trattato sui princìpi della conoscenza umana*, introdução, § 7.

do mundo só podem ser imateriais, uma vez que não podemos negar a percepção deles. Na realidade, o mundo como o conjunto dos entes não é simplesmente negado por Berkeley, como se fosse uma fantasia nossa. Pelo contrário, o mundo é real enquanto reduzido ao espírito:

> Não argumento contra a existência de alguma coisa que apreendo pelos sentidos ou pela reflexão. O que os olhos veem e as mãos tocam existe; existe realmente, não o nego. Só nego o que os filósofos chamam matéria ou substância corpórea; e fazendo-o não há prejuízo para o resto da humanidade, que, ouso dizer, nada perderá[11].

De fato, para Berkeley, *esse est percipi et percipere* (o Ser é ser percebido e perceber). A palavra *esse* aqui pode ser entendida como o conjunto de todos os entes percebidos, incluindo também o próprio ente que percebe. O *esse* de Berkeley não representa aquela dimensão última abrangente e capaz de agrupar em si todos os tipos ontologicamente diferentes, mas aquela dimensão reduzida enquanto nega a originalidade ontológica da matéria. Admitir a simples existência da matéria para Berkeley seria pular para o outro extremo, ou seja, para o materialismo, que excluiria o espírito de seu quadro teórico. Ao assumir a matéria como princípio único e absoluto, se poderia até explicar como acontece algum tipo de interação entre nós e o mundo; no entanto, tudo o mais cairia por terra: a existência de Deus como causa de nossas percepções, a imortalidade da alma e a possibilidade da ressurreição. Um preço alto demais a ser pago na opinião de um religioso como Berkeley. De fato, assumir o materialismo constituiria a principal causa do ateísmo, segundo o bispo de Cloyne.

Em seu opúsculo latino *De motu* (sobre o movimento), Berkeley explica como o movimento não pode ser causado pela matéria, pela força, gravidade ou atração. De fato, a ciência utiliza estes termos de forma inadequada enquanto aplicados a supostos corpos materiais e não a seres animados exclusivamente. Quando vemos um movimento de uma pedra para baixo dizemos que foi a gravidade a causar o movimento, mas a gravidade não é uma qualidade sensível. Como pode-

---

11. Ibid., *Trattato sui princìpi della conoscenza umana*, § 35.

ríamos atestar sua existência? Afirma Berkeley: "Força, gravidade, atração e termos desse tipo são úteis para o raciocínio e o cálculo sobre o movimento e sobre os corpos em movimento, mas não para o entendimento da natureza simples do próprio movimento ou para enunciar tantas qualidades distintas"[12]. Estes termos são aplicados apenas de forma metafórica à matéria e indicam não mais que uma *qualidade oculta*, que não deveria ser assumida pela ciência, pois "os cientistas deveriam se abster de metáforas"[13]. Estes termos são aplicados de forma adequada apenas ao âmbito do espírito. Que haja nas coisas pensantes

> [...] o poder de mover os corpos, nós aprendemos por experiência pessoal, pois nossa mente poderia provocar e suspender o movimento de nossos membros, qualquer que fosse a explicação definitiva desse fato. É inegável que os corpos são movidos pela vontade da mente e, portanto, a mente pode ser chamada, de modo satisfatoriamente correto, um princípio do movimento; com efeito, um princípio particular e secundário tal que depende, por sua vez, de um princípio primeiro e universal[14].

É patente a influência do *ocasionalismo* na última frase do texto citado. Berkeley assume as ideias dos ocasionalistas anteriores como Louis de la Forge, Arnold Geulincx e, sobretudo, Malebranche[15]. A concepção da visão em Deus das ideias e de Deus como causa verdadeira dos movimentos influencia Berkeley e o leva a radicalizar o ocasionalismo com seu imaterialismo. Deus é o princípio primeiro e universal de qualquer movimento, o homem apenas um princípio particular e secundário. É fácil ver como a explicação do movimento leva Berkeley à redução ontológica. O mais importante aqui é perceber como todo o pensamento posterior perseguiu solucionar o problema

---

12. BERKELEY, G., *Sul moto*, § 17.
13. Ibid., § 3.
14. Ibid., § 25.
15. Louis de la Forge distinguia uma *causa principal* e uma *causa ocasional* da interação entre corpo e alma: o movimento do corpo não passava de uma causa ocasional, e somente a ação de Deus seria a causa principal e verdadeira. Já Geulincx sustentava que Deus é a única substância, sendo o espírito humano não mais que um modo da substância divina, indicando a direção para onde o pensamento caminhava: o espinosismo.

da interação, não vendo outra solução senão negar um dos polos. O monismo imaterialista de Berkeley continuou sua influência nas posições posteriores e foi desenvolvido em grau máximo pelo idealismo alemão, que via no pensamento de Berkeley uma forma de idealismo subjetivo. Em resumo, constata-se que o problema da interação psicofísica simplesmente se diluiu no monismo imaterialista, pois, uma vez que a matéria vinha reduzida à substância espiritual, o espírito não encontrava nenhuma dificuldade para agir no mundo. O grande problema desse monismo é que a originalidade da matéria é totalmente perdida ao ser negada.

1.3 O monismo fisicalista

A posição monista materialista ou fisicalista toma o caminho oposto ao monismo espiritualista, mas com as mesmas consequências nefastas para a ontologia. Nessa posição, o espírito é reduzido à matéria, e toda a originalidade ontológica do mental é negada. O monismo fisicalista apresenta várias formas, desde antigas, passando pelas modernas até chegar a formas contemporâneas. Para facilitar o debate neste livro, não apresentaremos as visões antiga, medieval e moderna, mas apenas as concepções atuais dessa corrente, que predomina na discussão atual.

1.3.1 Abstracionismo e fisicalismo eliminativo

A primeira versão constitui o fisicalismo eliminativo, para o qual o problema corpo-alma não tem natureza ontológica, mas apenas epistêmica. Posições como as do *abstracionismo* de Daniel Dennett afirmam que os estados mentais não passam de instrumentos abstratos que não possuem nenhuma autonomia e realidade ontológica. Nem mesmo fenômenos como a *intencionalidade* seriam atributos específicos do "espírito", pois mesmo um robô ou um zumbi poderiam reproduzir comportamentos intencionais, embora sem haver uma consciência. John Searle combate a ideia de Dennett ao afirmar que somente seres conscientes podem agir intencionalmente. Robôs e zumbis agem apenas "como se fossem" intencionais, mas ontologicamente tais atos pertencem a seres conscientes.

O irrealismo dos estados mentais encontra radical adesão no *fisicalismo eliminativo* dos Churchlands, Paul e Patrícia. Para ambos, a ideia de estados mentais significa tão somente fruto errôneo de uma *teoria psicológica popular* (TPP). Seres humanos acreditam que possuem estados mentais da mesma forma que antes acreditavam que o sol girava em torno da terra. A linguagem científica detém a função de purificar os erros da TPP, como, por exemplo, aquele de pensar que nossos estados mentais são reais. Tal papel deve ser desenvolvido sobretudo pela neurociência, que procura descobrir as origens neuronais, isto é, físicas, dos estados mentais. O fisicalismo eliminativo considera, portanto, a TPP como qualquer outra teoria empírica enquanto está submissa à falsificação de suas teses. A maior crítica feita a tal teoria é a de que ela é altamente contraintuitiva. Não parece certo que tenhamos errado quanto a algo diretamente percebido por cada pessoa, isto é, quanto ao fato de possuirmos estados mentais. Qual teoria neurológica nos convenceria de que aquilo que sinto depois de derramar água quente sobre as pernas não seria *dor*, mas somente efeitos neuronais? Ou mesmo, quem poderia dizer que a *convicção* de que estou lendo estas linhas agora, na realidade, não existe? Além do mais, a teoria eliminativa possui caráter contraditório, pois visa a nos persuadir sobre a inexistência de estados mentais, abstrações, convicções etc. utilizando, ao mesmo tempo, estes estados mentais para sustentar sua hipótese.

1.3.2 Fisicalismo reducionista

O fisicalismo eliminativo simplesmente desconsiderava estados mentais, negando um fato da realidade. Fisicalistas posteriores pensaram que a melhor solução não seria negar sua existência, mas reduzi-los a estados físicos. De fato, características como irredutibilidade e poder causal dos estados mentais parecem não ser conciliáveis com o fisicalismo se afirmadas simultaneamente. Se estados mentais são ontologicamente diferentes de estados físicos, então parece não ser possível uma interferência de um sobre o outro. O fato é que o fisicalismo se obrigou a escolher entre a irredutibilidade e o poder causal de estados mentais para ser coerente. Assim, a teoria *reducionista* optou pelo segundo em detrimento da primeira, isto é, estados mentais possuem poder causal se, e somente se, forem *reduzidos* a estados físicos. Estados mentais são reduzíveis a estados físicos como a água (H_2O) pode ser reduzida a seus elementos químicos H+H+O. Duas variantes devem ser distinguidas na teoria reducionista, a saber: *type-physicalism* (versão forte) e *token-physicalism* (versão fraca).

Type-physicalism (tipo-fisicalismo) é defendido sobretudo por David Lewis e, em parte, por Jaegwon Kim. Lewis professa que estados mentais não são mais que produtos do sistema nervoso. O primeiro problema que surge para esta versão provém da chamada *múltipla realização* de estados mentais, isto é, existem estados mentais iguais com diferentes estados neuronais e até mesmo sem nenhum estado neuronal. Por exemplo: a dor de um homem e a dor de um sapo! Ambos possuem o mesmo *qualia* "dor" com diferentes estruturas físicas. Lewis é consciente do problema e tenta relativizar seu tipo-fisicalismo afirmando que tal identificação acontece sempre dentro de uma mesma espécie (mental = físico dentro de uma mesma espécie). Tal visão aponta também uma diferença somente funcional entre mental e físico, ou seja, porque o mental exerce uma *função epistêmica conceitual* determinada, não significa dizer que ele difere *ontologicamente* do físico.

O *token-physicalism* (ocorrência-fisicalismo) afirma, em contrapartida, não somente uma função epistêmica, mas *ontológica* do mental. Tal posição, conhecida também por *funcionalismo*, foi iniciada por Alan M. Turing, depois reelaborada e abandonada por Hilary Putnam. O funcionalismo afirma uma múltipla realização de estados mentais *em* estados físicos. À diferença de Lewis, o funcionalismo não afirma que o problema da múltipla realização pode ser evitado quando se identificam estados mentais a estados físicos dentro de uma única espécie. Mesmo numa determinada espécie podem-se encontrar estados mentais realizados por diferentes estados físicos. A comparação feita com os computadores se tornou famosa e impulsionou os estudos sobre inteligência artificial (IA), isto é, assim como um *software* pode ser realizado por vários tipos de *hardware*, um estado mental pode ser realizado por diferentes estados neuronais ou até por uma máquina. Por exemplo: uma estratégia de xadrez pode ser realizada seja por funções neuronais de um Kasparov, seja por impulsos elétricos de um Deep Blue. Qual o problema do fisicalismo reducionista em geral? Procura salvar o poder causal do mental através da redução. Assim, o mental perde qualquer independência ou novidade ontológica. Mesmo o funcionalismo não consegue evitar a incoerência ao considerar o mental ontologicamente diferente do físico através de sua funcionalidade. Pode-se perguntar: qual a relação entre a função e a estrutura física? A função é física ou não? Se ela possui um caráter ontológico diferente, por que ainda cognominar o funcionalismo de fisicalismo? Possui a função algum poder causal ou a função vem (micro)determinada pela estrutura física? Além desses problemas, advém um outro ainda mais grave: como dar conta de características como a *intencionalidade* e a *consciência* em um quadro interpretativo puramente físico? Se o mundo é feito somente de entidades físicas, como seria imaginável uma "explicação física" de fenômenos como a intencionalidade ou a verdade? Retornaremos a esse problema no tópico 4.5.1, quando propusermos uma argumentação contra o fisicalismo.

1.3.3 Fisicalismo não reducionista

A solução reducionista ainda desconsidera a originalidade ontológica de estados mentais. O fisicalismo não reducionista tenta responder a esse desafio, assemelhando-se ao dualismo, mas sem se confundir com ele. A dualidade da realidade não é substancial, mas somente de propriedades, que não podem ser reduzidas ao físico. Tais propriedades estão inseridas no tempo e no espaço e, por isso, são propriedades físicas. Estados mentais seriam, dessa forma, níveis superiores e mais refinados do mundo material. Duas variantes devem aqui ser ressaltadas: a *teoria emergentista* e a da *superveniência*. Ambas negam a identidade entre o físico e o mental, embora estados mentais sejam interpretados como dependentes de estados físicos do cérebro. A teoria emergentista afirma a existência de uma diferença qualitativa entre estados mentais e físicos advinda da evolução e complexificação da matéria. Qualidades emergentes viriam, todavia, de modo imprevisível na evolução elevando a matéria de estados inferiores a outros mais refinados e superiores em qualidade. Dessa forma, afirma a teoria emergentista:

> (TE) F é uma propriedade emergente de um sistema físico S se e somente se (a) existir uma lei, segundo a qual todos os sistemas com esta microestrutura possuem a propriedade F, e (b) a qualidade F não for reduzida à microestrutura $[K_1, \ldots K_n; R]$[16].

Desse axioma podem ser deduzidos dois princípios: *microdeterminação* e *irredutibilidade*. Isto é, embora as qualidades emergentes sejam determinadas por estruturas físicas inferiores, elas não são reduzidas a essas estruturas. O motivo da irredutibilidade se explica por serem as qualidades emergentes completamente novas e não poderem ser previstas por tais estruturas. A teoria emergentista é incapaz de fundamentar a tese de que as qualidades emergentes possuem poder causal sobre as estruturas físicas inferiores, isto é, que existe também aí uma relação causal de "cima para baixo" ou *macrodeterminante*. Segundo a versão holística clássica dos emergentistas, não somente as partes determinam o todo, mas também o todo (neste caso, qualidades superiores) determina as partes. Em poucas palavras, não somente as estruturas físicas teriam poder causal sobre as propriedades mentais, mas também estas exerceriam influência sobre as mesmas estruturas. A circularidade parece patente: como podem qualidades superiores causarem alguma influência sobre as estruturas físicas se elas aparecem apenas "depois" de surgirem destas estruturas?

Jaegwon Kim buscou explicar a teoria emergentista clássica dizendo que a influência das propriedades superiores não se daria sobre as mesmas estruturas que deveriam originá-las, mas sobre outras novas estruturas físicas, que ocasionariam, por sua vez, outras propriedades superiores. Apesar disso, a teoria emergentista não escapa da problemática da macrodeterminação, como o próprio Kim reconhece.

Se tivéssemos, por exemplo, uma estrutura física (F_0) capaz de causar estados mentais (M_0) que por sua vez causem outras estruturas físicas (F_1) e estes outros estados mentais (M_1), poder-se-ia perguntar:

---
16. Cf. BRÜNTRUP, G., *Das Leib-Seele-Problem. Eine Einführung*, Stuttgart: Kohlhammer, 2008, 68.

qual foi a real causa de M_1? F_1 ou M_0? Se respondermos que F_1 é uma causa suficiente para M_1, pode-se perguntar por que então M_1 precisa ainda de M_0. O estado mental M_0 não teria nenhum poder causal sobre M_1. Se, do contrário, dissermos que M_0 causou F_1, então a teoria emergentista cai no problema da macrodeterminação. Nesse caso, teríamos dois problemas: primeiro, se M_0 foi causado por F_0, então seria legítimo perguntar se o poder causal de M_0 sobre M_1 na realidade não vem senão de F_0. Neste caso M_0 não teria nenhum poder causal próprio e não aconteceria nenhuma macrodeterminação. Segundo, pode-se afirmar o mesmo da causalidade sobre F_1. Se F_0 foi causa suficiente de M_0 e este causou F_1, pode-se perguntar: qual foi a causa suficiente de F_1, uma vez que não se podem ter duas causas para um mesmo fenômeno? O fisicalismo não reducionista parece incapaz de conciliar a irredutibilidade dos estados mentais com seu suposto poder causal próprio. Em síntese, se existe uma irredutibilidade dos estados mentais e estes possuem real poder causal, rompe-se então o tabu científico de afirmar que um mesmo fenômeno não comporta uma causalidade dupla[17].

A segunda versão do fisicalismo não reducionista, chamada *teoria da superveniência*, procura reduzir a importância das duas características básicas das propriedades superiores afirmadas pelo emergentista, a saber, a novidade e imprevisão. Qualidades emergentes dependem (*supervene*) das estruturas físicas a tal ponto que não existiria nenhuma diferença no nível superior de duas estruturas com igual base física. Novidade e imprevisão não são, portanto, características de qualidades superiores. A teoria da superveniência afirma três características básicas das qualidades superiores ou estados mentais: *covariação, dependência* e *irredutibilidade*. Uma versão forte desta teoria diz:

> (TS) Suponhamos dois mundos w_i e w_j com entidades x e y: se x em w_i tiver as mesmas qualidades subvenientes de y no mesmo mundo w_i ou em outro mundo w_j, então x em w_i é igual a y em suas qualidades supervenientes seja no mundo w_i ou no mundo w_j[18].

---

17. Carvalho Viana, W., *Hans Jonas e a filosofia da mente*, São Paulo: Paulus, 2016, 68 s. Voltaremos a este problema com uma solução no capítulo 8.
18. Cf. Brüntrup, G., *Das Leib-Seele-Problem. Eine Einführung*, Stuttgart: Kohlhammer, 2008, 76.

Os defensores da teoria da superveniência acentuam menos que os emergentistas o caráter de irredutibilidade das propriedades superiores, além de negarem a elas qualquer poder causal; este encontra-se somente em níveis inferiores. A teoria da superveniência procura evitar o problema de uma macrodeterminação da teoria emergentista. Em que se diferencia então a teoria da superveniência do fisicalismo reducionista? As teorias não reducionistas padecem sobremaneira de uma contradição interna, pois sinalizam para a originalidade dos estados mentais em relação aos estados neuronais através de uma suposta *irredutibilidade*, a qual eles não sabem definir com precisão! Isto é, ao mesmo tempo que se afirma um monismo físico para todas as entidades, defende-se uma "diferença" dos níveis superiores ou estados mentais em relação aos físicos. Analisaremos este problema mais à frente. Em resumo, pode-se afirmar que tanto o fisicalismo eliminativo como o fisicalismo não reducionista enfrentam sérios obstáculos para justificar coerentemente suas teorias e, muitas vezes, confrontam-se com inevitáveis contradições internas. No caso do fisicalismo não reducionista, parece existir somente uma alternativa: decidir-se por uma posição dualista ou por um fisicalismo reducionista[19].

1.4 O problema da causação mental

Depois de apresentar brevemente as principais ontologias em jogo no problema da interação psicofísica, cabe agora analisar um pouco mais de perto a questão da causalidade psicofísica. Em se tratando da concepção de pessoa, esta constitui de longe o maior problema filosó-

---

19. Posições não reducionistas do fisicalismo tentam evitar tais problemas, como é o caso da *Constitution View* (CV) de Baker, em que "constituição" da pessoa por um corpo não significa "identidade" entre pessoa e corpo. A CV defende dois princípios: 1) estados mentais em *first-person perspective* constituem essencialmente as condições de persistência da pessoa e, por isso, estados mentais têm um verdadeiro *status ontológico* que não se reduz ao físico; 2) por outro lado, o físico (corpo) constitui a pessoa de forma contingente, isto é, embora não exista identidade entre a pessoa e seu corpo, a corporalidade é uma propriedade (derivativa) da pessoa em um determinado tempo. Em tal constituição Baker afirma uma dupla causalidade, uma intencional e outra física, sobre um mesmo fenômeno, uma vez que a pessoa age através de um corpo num determinado tempo. Retornaremos à posição de Baker no próximo capítulo.

fico da modernidade, depois de Descartes. Como a *res cogitans* pode interagir causalmente com a *res extensa*, uma vez que as duas são substâncias completas e diferentes? É conhecida a intuição da glândula pineal de Descartes, que, embora não tenha convencido seus críticos, é resgatada por muitos filósofos dualistas contemporâneos, que acreditam acontecer a interação entre mente e corpo em alguma região quântica no cérebro. Ao contrário do que parece, a interação psicofísica não constitui um enigma apenas para as posições dualistas. Também posições monistas fisicalistas, sejam elas reducionistas ou não reducionistas, precisam discutir o problema a fim de enfrentar um adversário comum: o epifenomenalismo. Essa posição afirma que o mental não tem nenhum poder no mundo físico, levando à total renúncia da ação livre do sujeito e ao desmoronamento da compreensão ocidental de liberdade, responsabilidade moral, punição e recompensa. De um lado, o fisicalismo reducionista pensa que existe apenas uma forma de salvar o poder causal de estados mentais, isto é, reduzindo-os a estados neuronais. De outro lado, o dualismo interacionista e o fisicalismo não reducionista pretendem salvaguardar a irredutibilidade de estados mentais e seu poder causal, mas encontram dificuldades para explicar *como* realmente estados mentais *qua* mentais interagem com estados físicos.

O impasse da causação psicofísica pode ser explicitado através de um trilema[20]:

(1) Fenômenos mentais são fenômenos não físicos.
(2) Fenômenos mentais são causalmente efetivos no campo dos fenômenos físicos.
(3) O campo dos fenômenos físicos é causalmente fechado.

A tese (1) afirma a originalidade ontológica do mental; a tese (2) assevera que estados mentais são eficazes no mundo físico; e a tese (3) defende que o mundo físico é causalmente fechado, ou melhor, todo efeito físico é produzido por uma causa física. Ora, segundo o trilema, se alguém quiser defender as teses (1) e (2), terá que renunciar à tese (3), quer dizer: defender que estados mentais são ontologicamente di-

---

20. Cf. BIERI, P., Generelle Einleitung, in: *Analytische Philosophie des Geistes*. Konigstein: Hain, 1997, 5.

ferentes de estados físicos e, ao mesmo tempo, aceitar que tais entidades mentais causam algum efeito no mundo físico exige a renúncia da tese de que o mundo físico seja causalmente fechado, isto é, que algum efeito físico não pode ser produzido por uma causa não física. Essa opção é aquela defendida pelo *dualismo interacionista* e, de forma incoerente, pelo *fisicalismo não reducionista*. Advogar pelas teses (1) e (3) forçaria à renúncia da tese (2), pois dizer que estados mentais são originais e o mundo físico é fechado causalmente significa asseverar que o mental *qua* mental é ineficaz no mundo físico. Essa constitui a posição *epifenomenalista*. Enfim, afirmar (2) e (3) significaria abdicar da tese (1), uma vez que a tese da eficácia do mental coadunada com o fechamento causal do mundo físico leva ao abandono da originalidade do mental, o que constitui a posição *fisicalista reducionista*.

Como bem se percebe no trilema, está em jogo não apenas a interação entre mental e físico, mas a constituição ontológica do mental. Na verdade, a tese (1) distingue dualistas de monistas fisicalistas, embora ambos defendam a tese (2) da interação. A interação defendida pelo dualista fere uma convicção básica dos fisicalistas, a saber: que o mundo físico está fechado para um tipo de causalidade não física. De acordo com fisicalistas, esta intuição é forte o bastante para determinar a natureza ontológica do mental, constituindo uma razão suficiente pela qual se deve aceitar o monismo, e não o dualismo. O argumento do fisicalista reducionista é simples: como no mundo físico só pode ocorrer uma causalidade física, *e* não se pode negar que o mental exerça uma influência no mundo físico, então o mental deve ser reduzido a uma entidade física. O dualista interacionista prefere abdicar da intuição do fechamento causal por achar que deve pagar um preço alto demais para conservá-la, a saber: negar a originalidade ontológica do mental. Vê-se, portanto, que um dos obstáculos da discussão ontológica entre dualistas e fisicalistas reducionistas gira em torno da interação psicofísica e da compreensão do que seja causalidade.

Nos próximos capítulos vamos apresentar algumas teorias da pessoa e ligá-las com o problema da causalidade psicofísica. Depois, veremos as dificuldades de fundo destas teorias, a saber, a ontologia geral e a teoria causal, assumidas. Ambas as dificuldades serão solucionadas com um novo quadro teórico referencial que nos ajudará a elaborar uma nova teoria da pessoa e da causalidade, a fim de solucionar o problema da causalidade psicofísica com a dimensão oniabrangente do Ser.

CAPÍTULO II
As teorias da pessoa e a interação psicofísica

Depois de passar rapidamente em resenha as principais ontologias gerais envolvidas no problema da interação psicofísica, lembremos aqui as principais teorias sobre a pessoa e como elas encaram este problema. Neste capítulo, vamos rever cinco teorias sobre a pessoa, geralmente, vistas por um de seus filósofos expoentes, a saber: a visão simples defendida por Richard Swinburne, a visão psicológica de Sydney Shoemaker, o animalismo de Eric Olson, a visão constitucional de Lynne Baker e a visão hilemórfica de Tomás de Aquino. Grande parte delas assume a ontologia geral do fisicalismo não reducionista; a visão simples se baseia no dualismo de substâncias, e a hilemórfica, numa dualidade de propriedades. Cada uma enfrentará o problema da interação a partir de sua ontologia geral assumida e sua concepção de causalidade.

2.1 A visão simples de Swinburne

A visão simples (VS) talvez seja a concepção de pessoa humana mais antiga da tradição filosófica. Ela remonta às religiões como o hinduísmo e orfismo, tendo tido esta última grande influência sobre Platão e sua teoria da metempsicose. Para a VS, a pessoa é idêntica a uma alma imaterial, que deve passar por vários ciclos de purificação dentro de um corpo material, que constitui um cárcere que a proíbe de se elevar ao mundo espiritual. Também o cristianismo se envolveu com a teoria em certa altura de seu desenvolvimento, sobretudo sob influência do neoplatonismo. Esta posição assume a ontologia geral do dualismo e foi reelaborada na modernidade por Descartes e seus dois tipos de substâncias completas: *res cogitans* e *res extensa*. Como vimos no capítulo anterior, as duas substâncias não têm propriedades em comum e se definem como contrapostas uma à outra. A pessoa mesma é entendida como idêntica à *res cogitans* e tem a *res extensa* como uma parte própria e simplesmente contingente, ou seja, a alma tem independência ontológica em relação ao corpo e sobrevive à morte corporal.

Um dos atuais defensores da VS é R. Swinburne, que argumenta a favor de sua posição a partir do fracasso explicativo de teorias alternativas como a visão psicológica ou a visão biológica. Segundo Swinburne, em casos de transplante de cérebros, as duas visões encontram sérias dificuldades para garantir um fator capaz de determinar que uma pessoa constitua a mesma antes e depois do transplante (os chamados *fission* e *fusion problems*). Nem o critério da continuidade da memória, muito menos o critério da continuidade corporal (cérebro) são suficientes para determinar que $pessoa_1$ e $pessoa_2$ são a mesma depois de um transplante de tal tipo. O grande problema dessas tentativas seria procurar uma evidência empírica para um fator não empírico capaz de garantir a identidade pessoal, a saber: a alma. O que somos essencialmente não é o corpo, mas a alma. Ela é o elemento simples e indivisível capaz de garantir a identidade pessoal durante o tempo e em situações extremas como o transplante de cérebros. Swinburne utiliza os mesmos argumentos de Descartes para defender a distinção entre as duas substâncias: enquanto o corpo é essencialmente algo extenso e espacial, a alma é essencialmente indivisível, autoconsciente, intencional e livre.

No âmbito da física moderna, a principal dificuldade da VS constitui o chamado *princípio de fechamento causal* do mundo físico (PFC), que tem o *princípio de conservação da energia* (PCE) como fundamento. O PFC assegura que todo efeito físico foi produzido por uma causa física, enquanto o PCE explica que isso acontece porque o efeito recebe uma energia da causa, e tal energia não foi criada, nem perdida, mas apenas transformada na interação. Ou seja, uma vez que o universo é fechado causalmente, a energia do universo continua a mesma e apenas se transforma em vários tipos. Por exemplo, quando jogo uma bola num plano inclinado, a energia cinética vai se transformando aos poucos em energia potencial, até que a bola pare e faça o movimento contrário, ou seja, transforme de novo a energia potencial em energia cinética com o movimento para baixo. A VS defende que a alma consegue ativar os estados neuronais causando um movimento do corpo. Contudo, como seria isso possível? Caso o universo seja causalmente fechado, como a alma poderia injetar uma soma de energia no mundo físico, causando o movimento do corpo, uma vez que ela não é física? Uma forma de defender esta interação seria refutando o PFC. Nesse modelo aberto do mundo físico, podemos imaginar uma substância mental interagir com uma física, mas seria ainda imprescindível explicar *como* se dá essa interação. Que tipo de *relatio* causal seria essa e que tipo de *relata* seriam transferidos de um âmbito para o outro? No caso de minha decisão de levantar o braço, sabemos que do lado mental haveria uma "intenção" e do lado neuronal haveria um "impulso elétrico". Como então ligar os dois tipos diferentes de entidades numa relação causal?

É fácil perceber que a VS tem dois grandes problemas. O primeiro deles é sua ontologia geral, que assume dois tipos de substâncias *completamente* diferentes, impedindo qualquer possibilidade de relação entre elas. Se esse fosse o caso e a pessoa fosse idêntica a uma parte apenas do todo, ou seja, idêntica à sua alma, resultaria difícil explicar como alguém decide levantar o braço e o faz. A solução dessa dificuldade traria consigo outra questão a ser resolvida, a saber: seria preciso elaborar uma teoria causal capaz de garantir a passagem de algum elemento da causa ao âmbito do efeito. Os vários modelos da VS se esforçam para montar um quadro teórico capaz de resolver essas objeções, mas não se concentram em "sair da caixa cartesiana" a fim de enxergar a solução.

2.2 A visão psicológica de Shoemaker

A visão psicológica (VP) constitui uma reação à visão simples enquanto critica a concepção substancialista de pessoa, que atesta ser a pessoa idêntica a uma alma independente do corpo. O *locus classicus* da VP constitui a distinção de John Locke entre "alma", "ser humano" e "pessoa", na qual a pessoa não é simplesmente idêntica à alma, mas às suas memórias, pois são estas que garantem a uma alma ser quem ela é e a identificam para uma recompensa ou punição após a morte. Também David Hume reage contra a visão simples mostrando que a pessoa ou o "eu" seria um feixe de percepções, e não uma substância imaterial e imperceptível. Essas teorias se desenvolvem no âmbito do empirismo e tendem a considerar o princípio básico de que todo conteúdo mental é formado a partir de sensações empíricas. As versões contemporâneas dessas teorias estão profundamente fundadas numa ontologia geral fisicalista, mesmo que admitam elementos psicológicos ou mentais. De fato, a grande parte das teorias psicológicas assumem um dualismo de propriedades ou fisicalismo não reducionista, no qual se defende uma substância única (material) com propriedades não redutíveis à matéria. A visão mais proeminente da visão psicológica fundada sobre o fisicalismo não reducionista representa a concepção de Sydney Shoemaker.

Shoemaker desenvolve uma teoria causal de propriedades a partir de uma ontologia fisicalista e funcionalista. Além das propriedades físicas existem também propriedades não físicas ou mentais que são sempre *realizadas* de forma múltipla por propriedades físicas, ou seja, propriedades mentais são como "funções" não idênticas a alguma estrutura física determinada, mas sempre *realizadas* por uma base física qualquer. O mais importante nessa concepção é o conceito de "realização", com o qual Shoemaker tenta resolver os problemas da causação mental[1]. Como vimos, uma solução para o problema da causação mental geralmente pressupõe três teorias diversas, cada uma com suas dificuldades próprias, ou seja, pode pressupor um fisicalismo reducionista, um dualismo interacionista ou o epifenomenalismo. Shoemaker

---

1. Shoemaker desenvolve plenamente seu conceito de *realização* em SHOEMAKER, S., *Physical Realization*, Oxford: Oxford University Press, 2007.

não aceita nenhuma dessas teorias e procura dar uma solução mais adequada ao problema da causalidade psicofísica assumindo um fisicalismo não reducionista. Sua estratégia, porém, acaba caindo em grave ambiguidade em relação à natureza do mental. Na verdade, seu conceito de "realização" demonstra bem esta aporia. Shoemaker explicita seu conceito de "realização" da seguinte forma: propriedades mentais não são idênticas a propriedades físicas, mas seu poder causal é realizado por propriedades físicas pelo fato de constituírem um subconjunto dos poderes causais de propriedades físicas. Shoemaker ilustra essa ideia com a seguinte analogia:

> Nós podemos comparar isto com o caso em que Smith morreu como resultado de uma salva de tiros realizada por uma esquadra, mas na qual o único tiro desta esquadra que derrubou Smith foi aquele realizado por Jones – a salva de tiros matou Smith, mas ela fez isso apenas porque incluía um tiro particular, aquele de Jones, que matou Smith. Este não é obviamente um caso de sobredeterminação[2].

Isso significaria que na salva de tiros estava contida uma parte capaz de realizar o efeito de matar Smith, ou seja, a bala de Jones. A analogia quer mostrar que os poderes causais do mental (no exemplo: o tiro de Jones) estão contidos no conjunto dos poderes causais das propriedades físicas (no exemplo: a salva de tiros). Embora toda analogia manque, vê-se bem neste exemplo que a parte que matou Smith (a bala de Jones) tem poder para destruir o corpo de Smith, mostrando que o efeito foi causado por uma propriedade física. Transportando essa analogia para a concepção de Shoemaker, vemos que o poder do mental contido no conjunto dos poderes físicos não atuou enquanto mental, mas enquanto físico. A ideia de Shoemaker é que, de fato, propriedades mentais exercem poder causal se e somente se forem realizadas por propriedades físicas. No entanto, aqui devemos pedir coerência à posição de Shoemaker: ou 1) as propriedades mentais contidas no conjunto dos poderes causais são diferentes (ou seja: não redutíveis, como seria de se esperar num fisicalismo não reducionista), e, nesse caso, se deveria explicar como poderes causais mentais produziram um efeito

---

2. Cf. SHOEMAKER, S., op. cit., 13.

físico; ou 2) propriedades mentais não atuam *enquanto mental*, mas enquanto são realizadas pelas propriedades físicas. Esta última opção parece ser aquela de Shoemaker. Contudo, nesse caso, por que continuar chamando propriedades mentais de não redutíveis, uma vez que a redução está clara? Propriedades mentais não executam um poder mental, mas devem ser reduzidas a um poder físico através da realização. No final das contas, Shoemaker acaba por identificar propriedades físicas e mentais em seu conceito de realização. Caso Shoemaker continuasse a chamar propriedades de não redutíveis, como na primeira opção, então deveria reconhecer que tais propriedades não contribuem para a execução do efeito físico, ou seja, seriam propriedades epifenomenais. Assim, Shoemaker parece oscilar entre o fisicalismo reducionista e o epifenomenalismo.

Na relação entre mental e físico, Shoemaker não explica como poderes causais mentais se transformaram de repente em poderes físicos. Que leis psicofísicas estariam por trás desta transformação ou realização? A lacuna explicativa fica aberta no programa de Shoemaker. Apesar disso, propriedades mentais têm um papel determinante para a sua visão psicológica, pois são elas que determinam as condições de identidade da pessoa. Tais propriedades são chamadas de *grossas*, enquanto aquelas *finas* são propriedades compartilhadas por causa da relação de coincidência espaciotemporal das propriedades mentais e físicas. Por exemplo, o corpo compartilha com a pessoa certas propriedades finas, como "pesar 80 kg", "ter cabelos brancos" etc. Assim, posso dizer não apenas que o corpo de Carlos tem 80 kg ou cabelos brancos, mas que a pessoa de Carlos tem 80 kg e cabelos brancos. Ao contrário, propriedades grossas são aquelas que determinam as condições de persistência de algo no tempo. Assim, ter memórias é uma propriedade grossa da pessoa e não do corpo, enquanto define o que a pessoa é, enquanto "pesar 80 kg" constitui uma propriedade grossa do corpo e não da pessoa. Para Shoemaker, as propriedades ou estados psicológicos que determinam a identidade da pessoa não são apenas as memórias, como era para Locke, mas incluem crenças, gostos, temperamento, personalidade etc. Dessa forma, se houver a continuação de algum aspecto psicológico entre tempo 1 e 2, então pode-se falar que pessoa$_1$ é idêntica a pessoa$_2$.

A partir de sua teoria causal de propriedades, não fica claro nem como propriedades mentais se realizam em propriedades físicas, muito menos como propriedades mentais ou estados psicológicos interagem com outros estados psicológicos formando uma cadeia causal capaz de garantir a identidade pessoal. Se propriedades mentais são realizadas por propriedades físicas e não possuem poder causal *enquanto* mentais (mas somente enquanto realizadas por propriedades físicas), pode-se perguntar se essa solução não traz uma séria lacuna explicativa, a saber: como conteúdos psicológicos passaram *pela* cadeia causal de estados físicos? É difícil entender como propriedades físicas possam causar estados psicológicos em continuação com estados psicológicos passados, pois parece não haver *proporcionalidade* entre causa e efeito, uma vez que a causa (estado físico) não é proporcional ao efeito (estado mental)[3]. A desproporcionalidade advém do fato de que estados mentais estão repletos de conteúdos semânticos e intencionais, tornando difícil de explicar como tais conteúdos poderiam passar *através* de estados físicos. Voltaremos adiante a esse problema quando analisarmos a solução de redução funcional de Kim.

Em resumo: a visão psicológica de Shoemaker utiliza o conceito de "realização" de propriedades mentais em propriedades físicas. Com esta estratégia, tenta-se superar três dificuldades da causação mental: 1) a ideia de identidade ou redução do fisicalismo reducionista; 2) a sobredeterminação do dualismo interacionista; 3) a ineficácia de estados mentais do epifenomenalismo. Assim, Shoemaker defende um tipo de fisicalismo não reducionista incoerente, pois vem assumida uma suposta *diferença* entre mental e físico, da qual não se sabe explicar bem a natureza e interação. O quadro teórico geral assumido por Shoemaker, isto é, sua ontologia fisicalista não reducionista, acaba corroendo sua visão psicológica de pessoa, pois no final das contas não se sabe bem o que significa dizer que a identidade pessoal é dada pela continuação de estados psicológicos, uma vez que tais estados são realizados por (reduzidos a?) estados físicos.

---

3. Para o aprofundamento desta crítica, cf. MCLAUGHLIN, B. P., Mental Causation and Shoemaker-Realization, *Erkenntnis* (1975-), v. 67, n. 2 (set. 2007), 149-172.

2.3 O animalismo de Eric Olson

A ideia básica do animalismo é a de que eu e você somos idênticos ao nosso corpo biológico da espécie *homo sapiens*. Isso significa que a condição de persistência do ser humano não são suas memórias ou continuidade psicológica, pois estas surgem apenas muito tempo depois de nascermos e podem ir embora antes mesmo que nosso corpo padeça. De fato, Olson pensa que toda a questão sobre a identidade pessoal é conduzida de forma errada ao se ter o conceito de "pessoa" como principal na discussão. Para Olson, ser pessoa é igual a ser um adolescente ou um presidente da república, ou seja, não constitui algo que persiste desde o início de nossa existência até o final, mas são apenas fases da vida, que vêm e vão. Assim, começamos a ser pessoas com o surgimento de estados psicológicos em algum momento depois da formação de nosso cérebro na gestação e deixamos de ser pessoas quando perdemos tais estados, quem sabe em um estado vegetativo, antes da morte. Ao contrário, o que nos acompanha desde o feto até os últimos suspiros consiste em nosso corpo animal vivo, que tem suas condições de persistência em suas funções vitais, como metabolismo, respiração, circulação sanguínea etc.

O animalismo pode ser sustentado a partir de várias ontologias gerais e não significa por si uma rejeição da diferença entre estados mentais e estados físicos. É possível, por exemplo, encontrarmos entre os defensores do animalismo a ideia de que o corpo animal constitui parte essencial da pessoa humana, como no caso do hilemorfismo, que em breve veremos. O que faz o hilemorfismo ser outra teoria consiste no fato de que a pessoa não é apenas sua parte animal, senão também sua parte imaterial. No entanto, o que caracteriza a forma atual de animalismo é, sobretudo, sua ontologia de base, seja ela fisicalista ou fisicalista não reducionista. Em geral, a ideia é que animais humanos não possuem uma parte imaterial, tipo uma alma ou estados mentais essencialmente diferentes de estados materiais. Pelo contrário, animais humanos são organismos com base física determinante, embora suas funções vitais e psicológicas constituam um "físico diferente" ou mais refinado. Isso parece dar vantagem ao animalismo diante do problema da interação. De fato, caso assuma o fisicalismo como teoria básica, o problema da interação é dissolvido através da redução de estados vitais e mentais a estados físicos, mas enfrentará a dificuldade de explicar essa redução. Caso assuma um fisicalismo não reducionista, o animalismo enfrentará a crítica da incoerência própria do dualismo de propriedades, como veremos na próxima seção.

Um dos argumentos usados por Olson na defesa do animalismo é o chamado "argumento do animal pensante" (*thinking animal argument*), que se articula assim[4]:

P1: Há um animal humano sentado em sua cadeira.
P2: O animal humano sentado em sua cadeira está pensando.
P3: Você está pensando sentado em sua cadeira.
C: Logo, o animal humano sentado em sua cadeira é você.

Queremos aqui apenas analisar a premissa P2, pois nela se encontra o problema da interação psicofísica. De fato, a grande dificuldade do argumento constitui saber se é realmente o cérebro do animal humano aquele capaz de produzir o pensamento. Na tradição aristotélico-tomista se fala que o cérebro não pode causar pensamentos porque não seria uma causa proporcional, ou seja, um elemento material não poderia produzir algo espiritual. Assim, nessa tradição se explica que não é o cérebro que pensa, mas a alma espiritual que pensa por meio do cérebro. Olson contesta essa explicação afirmando que defender uma alma pensante acarretaria todos os problemas da interação psicofísica e, por isso, deve ser rejeitada tal tese, e assumida a tese de que bilhões de neurônios podem, sim, produzir estados mentais. Não haveria nenhum argumento convincente, segundo Olson, capaz de refutar esta última tese, pois afirmar que um cérebro adulto e normal não pode pensar, mesmo tendo todas as condições materiais para isso, seria um contrassenso. Cabe avaliar o argumento clássico mais uma vez, pois o fato de que estados mentais sejam essencialmente diferentes de estados físicos nos faz levar a sério o argumento da não proporcionalidade causal entre estados mentais e físicos.

---

4. Cf. OLSON, E. T., An Argument for Animalism, in: MARTIN, R.;BARRESI, J., (eds.), *Personal identity*, Blackwell: Oxford, 2003, 318-334; OLSON, E. T., *The Human Animal: Personal Identity Without Psychology*, New York: Oxford University Press, 1997, 106-109.

Por que estados físicos não poderiam criar estados mentais, assumindo que estes sejam ontologicamente diferentes? A visão emergentista defende a posição de que estados físicos complexos poderiam produzir estados ontologicamente superiores, o que explica os saltos ontológicos da evolução. Mas qual o problema dessa solução? A visão emergentista afirma que entidades superiores ontologicamente surgiram de forma *imprevista* e *microdeterminadas* na evolução. A não previsibilidade das qualidades emergentes significa que elas não constituíam elementos potenciais desde o início, mas que foram aparecendo a partir da complexificação da matéria. Contra essa concepção, a FES contrapõe seu princípio do grau ontológico (PGO), que afirma: "algo de grau ontológico mais elevado ou superior não pode vir a ser ou ser explicado exclusivamente a partir de algo de grau ontológico mais baixo ou inferior"[5]. Para explicar a evolução a partir desse princípio, basta acrescentar ao PGO que *tudo na evolução somente ocorre porque podia ocorrer*. Isso significa que entidades superiores somente apareceram na evolução porque estava encravada no mundo material a potencialidade remota para tais entidades, o que desqualifica a não previsibilidade da teoria emergentista. Assim, a tese do surgimento da dimensão espiritual como vinda da dimensão material no andar da evolução só pode ser inteligível se aceitarmos a existência de potencialidades espirituais desde o início. Além disso, o problema da proporcionalidade causal nos faz virar a compreensão do surgimento dessas entidades superiores, mostrando que não são os estados materiais que causam o surgimento das espirituais, mas que a evolução deveria ser entendida como um *desabrochar* das entidades superiores em dado momento oportuno da evolução. Ou seja, embora as entidades superiores tenham aparecido apenas numa determinada fase da evolução, elas já deveriam estar presentes como uma dimensão possível desde o início. Ora, mas se as entidades materiais não causaram o surgimento das entidades espirituais ou mentais, por que há uma correlação entre esse surgimento e a complexificação/auto-organização da matéria? Na verdade, a separação radical dessas

---

5. *EeS*, 603.

duas dimensões é que causa esse tipo de pergunta. Na FES não existe nenhum *gap* ontológico, o que pode bem explicar a interação entre as dimensões no processo evolutivo. Voltaremos a esse ponto adiante (cf. capítulo 4).

Qual o resultado dessa análise para avaliar a posição animalista? Embora o argumento clássico assuma uma teoria causal pouco desenvolvida, o problema da proporcionalidade causal não é tão simples de resolver, pois, de fato, estados neuronais não podem sozinhos, ou seja, sem a dimensão espiritual, produzir estados mentais. A dimensão física, por si só, não pode produzir o efeito de estados mentais, uma vez que estes têm qualidades como intencionalidade, não espacialidade etc., diferentes essencialmente de qualidades físicas. Assim, Olson não pode querer resolver a interação psicofísica simplesmente afirmando que um cérebro adulto e normal pode produzir estados mentais porque sua função é justamente essa[6]. Da mesma forma que é difícil explicar *por que* um animal não pode pensar, é também difícil defender *por que* ele pode pensar. Em ambos os casos, precisa-se esclarecer uma série de pressupostos e elaborar uma teoria causal capaz de explicitar a relação entre as duas dimensões, coisa que Olson não faz.

2.4 A visão constitucional de Lynne Baker

Lynne Rudder Baker desenvolveu uma concepção de pessoa contraposta às clássicas posições lockeana da memória e biológica ou animalista. Enquanto as primeiras identificam a pessoa com suas memórias, as segundas a identificam com seu corpo. Baker critica as duas posições, embora sua visão esteja mais ligada à corrente lockeana. Para Baker, a pessoa é caracterizada por uma perspectiva em primeira pessoa *constituída* por um corpo, dando o nome de visão constitucional de pessoa (VCP) ao seu programa. Para a VCP, pessoas não são idênticas ao seu corpo ou às suas memórias, mas constituem uma enti-

---

6. Cf. OLSON, E.T., What does functionalism tell us about personal identity?, *Noûs*, 36 (4) (2002), 682-698.

dade ontológica original. Para defender essa tese, Baker afirma uma diferença fundamental entre *constituição* e *identidade*, pelo menos no modo como "identidade" é entendida na mereologia. A pessoa seria constituída pelo corpo, mas não estritamente idêntica a ele. Ou seja, enquanto o conceito de "identidade" (geralmente) implica o modo da necessidade, o conceito de "constituição" se refere ao modo da contingência. De fato, "constituição" para Baker seria um tipo de "identidade contingente", representado da seguinte forma[7]:

$$IC\%: x = y \rightarrow \nabla(x = y)$$

A ideia de constituição retoma a concepção aristotélica de *matéria* e *forma*, que Aristóteles explicita com o exemplo da estátua de Apolo. A estátua não é idêntica ao mármore no sentido de haver uma identidade necessária entre a estátua de Apolo e o mármore. É preciso distinguir, segundo Baker, propriedades essenciais e propriedades não essenciais na relação de constituição. As primeiras consistem naquilo que faz com que o mármore seja mármore e a estátua de Apolo seja uma estátua de Apolo, enquanto as segundas são aquelas partilhadas pela estátua de Apolo e pelo mármore devido à relação constitucional. Ou seja, a propriedade que faz com que a estátua de Apolo seja uma estátua de Apolo não é a propriedade "ser mármore", uma vez que se poderia ter uma estátua de Apolo também de barro ou bronze. Porém, porque a estátua de Apolo é constituída pelo mármore, ambas compartilham propriedades não essenciais, como por exemplo, "pesar 10 kg". Baker chama propriedades essenciais de "não derivadas" (*nonderivative property*) e propriedades não essenciais de "derivadas" (*derivative property*). A propriedade não derivada diz o que uma coisa é fundamentalmente, e a propriedade derivada é possuída por algo que tem uma propriedade não derivada devido à relação de "constituição". Se x é constituído por y em t, significa que x possui uma propriedade não derivada que o define como x, por exemplo, P1 e, ao mesmo tempo, possui uma

---
7. O símbolo ∇ é utilizado aqui para a modalidade da contingência. Esse símbolo foi introduzido por Montgomery e Routley, cf. MONTGOMERY, H. A.; ROUTLEY, F. R., Contingency and non-contingency bases for normal modal logics, *LA*, v. 9, n. 35-36 (1966), 318-328.

propriedade derivada *y* pela qual é constituída, por exemplo, P2. Nesse caso, *x* é estritamente idêntico a P1, mas contingentemente idêntico a *y*, que tem P2 como propriedade essencial, isto é, *x* e *y* compartilham as propriedades P1 e P2 em t, mas de maneira diferente. Por fim, a ideia de constituição daria a *x* e *y* uma unidade genuína.

Aplicada à pessoa, a distinção entre propriedades não derivadas e derivadas traz o seguinte resultado: a pessoa não é idêntica ao seu corpo porque não possui a corporalidade como propriedade não derivada, mas apenas como propriedade derivada por causa da relação constitucional. O que faz com que uma pessoa seja pessoa não é seu corpo, mas, segundo Baker, uma *perspectiva em primeira pessoa* (PPP). A pessoa é *constituída* por um corpo, o que significa: 1) a pessoa é idêntica à sua PPP e 2) a pessoa compartilha algumas propriedades com o corpo. Se o corpo de Paulo pesa 70 kg, então é Paulo quem pesa 70 kg, mas apenas de forma derivada, e não enquanto é pessoa. Se Paulo tem atos intencionais, então seu corpo também compartilha de forma derivada de tal propriedade. Para Baker, afirmar que Paulo é (não derivadamente) sua PPP *e* Paulo é (derivadamente) seu corpo não significa que existem dois Paulos em um mesmo lugar (*too many minds problem*), mas apenas que Paulo é constituído por um corpo[8].

A PPP consiste na capacidade de ter uma vida interior e tomar decisões livres a partir de crenças e desejos; em uma palavra, consiste na *autoconsciência* que seres humanos apresentam. Segundo Baker, a PPP não é um fator apenas psicológico e reduzível a estados neuronais, mas possui um *status* ontológico específico, fazendo diferença causal no mundo físico. Para muitos críticos, esse é um sinal de que a VCP defende uma espécie de dualismo e imaterialismo. No entanto, Baker professa claramente um fisicalismo não reducionista, no qual é afirmado um monismo fisicalista junto a um dualismo de propriedades. De um lado, propriedades mentais, como a PPP, fazem ontologi-

---

8. Percebe-se logo que a visão constitucional muito se assemelha à visão psicológica de Shoemaker, embora haja também grandes diferenças. Uma delas é que o conceito de "realização" de Shoemaker tende mais para o fisicalismo que o conceito de "constituição" de Baker. No entanto, veremos que Baker também cai nas mesmas incoerências de Shoemaker.

camente parte do mundo material; de outro lado, elas são causalmente eficazes e não podem ser reduzidas a propriedades físicas[9].

O grande mérito da VCP é aquele de procurar resgatar a especificidade ontológica de estados mentais sem tentar reduzi-los a estados físicos. Para Baker, a ideia de "constituição" representa o conceito chave, por meio do qual é possível distinguir propriedades não derivadas de propriedades derivadas, unindo-as numa unidade primária. No entanto, a busca de conciliação entre dualismo e fisicalismo leva a VCP a uma incoerência radical. Nesse ponto, levantamos pelo menos três críticas que se podem fazer à VCP, a fim de evidenciar melhor como a teoria holístico-configuracional da FES resolve tais dificuldades.

[1] O primeiro problema da VCP constitui sua ontologia geral. A esse respeito, duas incoerências podem ser mostradas: 1) a incoerência de seu fisicalismo não reducionista e 2) a incoerência da ontologia da substância assumida. A primeira incoerência advém do fato de que o fisicalismo não reducionista sinaliza para a novidade dos estados mentais em relação aos estados físicos através de uma suposta irredutibilidade, que não é definida com precisão, ou seja: persiste uma incoerência insuperável ao se afirmar um monismo físico para *todas* as entidades, ao mesmo tempo que uma "diferença" entre níveis ontológicos é defendida. A segunda incoerência advém da assunção da ontologia da substância, pois, embora rejeite o dualismo cartesiano de substâncias e aceite apenas substâncias materiais com dualismo de propriedades, a VCP não reflete sobre a coerência dessa ontologia e semântica. Vejamos de perto cada uma dessas incoerências.

Como já sabemos, o fisicalismo não reducionista surge como uma forma de resolver o problema da interação psicofísica, criada por Descartes, a saber: ao mesmo tempo que procura salvar a peculiaridade ontológica de estados mentais (através da sua irredutibilidade), também afirma a eficácia causal do mental no mundo físico (contra o epifenomenalismo). Em geral, o fisicalismo não reducionista defende três teses: 1a) propriedades mentais são diferentes de propriedades físicas; 2a)

---

9. Cf. BAKER, L. R., Nonreductive Materialism, in: MCLAUGHLIN, B.; BECKERMANN, A. (eds.), *The Oxford Handbook for the Philosophy of Mind*, Oxford: Oxford University Press, 2008, 109-120.

existe uma dependência de propriedades mentais sobre propriedades físicas; 3a) propriedades mentais são causalmente eficazes[10]. A dificuldade é que as três teses são difíceis de conciliar, sobretudo as teses 1a) e 2a), dependendo do grau de "superveniência" entre estados mentais e físicos, que pode ser muito fraco ou brando (possibilitando a "diferença" atestada na tese 1a), ou ainda forte ou muito forte (impossibilitando a "diferença" afirmada na tese 1a)[11].

Baker chama sua versão fisicalista não reducionista de "PC-View" (visão de propriedades constitucionais), na qual pretende defender três concepções: 1b) propriedades podem ter diferentes níveis ontológicos (dando razão à tese 1a); 2b) constituição de propriedades (supostamente apoiando a tese 2a); 3b) independência da eficácia causal (sustentando tese 3a). Em sua visão, a concepção de diferentes níveis ontológicos deve ser conciliada com a tese da dependência entre tais níveis a partir da relação de constituição. Sua ideia é a seguinte: na relação de constituição, encontramos propriedades em diferentes níveis ontológicos com poderes causais diferentes, ao mesmo tempo que há uma dependência entre esses níveis. Por exemplo, devido à relação constitucional, uma estátua que possui uma propriedade não derivada de "ser um artefato estético" tem não apenas um poder causal em seu nível ontológico (e.g., o poder de seduzir um comprador), mas também compartilha o poder causal de propriedades num nível inferior (e.g., o poder de esmagar uma barata). Por outro lado, há uma dependência da propriedade "ser um artefato estético" com a propriedade "ser de bronze", uma vez que a estátua é constituída pelo bronze. Porque tais propriedades têm poderes causais diferentes, Baker pensa justificar

---

10. Cf. BAKER, L. R., Nonreductive Materialism, in: MCLAUGHLIN, B.; BECKERMANN, A. (eds.), *The Oxford Handbook for the Philosophy of Mind*, Oxford: Oxford University Press, 2008, 110 s.

11. A relação de superveniência possui três características: 1) covariância, 2) determinação e 3) irredutibilidade. No entanto, vale ressaltar que as características 1) e 3) são inversamente proporcionais, ou seja: quanto maior for a covariância, menor será a irredutibilidade e vice-versa. Uma covariância 0 entre mental e físico eleva ao máximo a irredutibilidade, gerando o dualismo; por outro lado, uma covariância máxima levaria à total redução do mental ao físico, gerando o fisicalismo. Cf. CARVALHO VIANA, W., *Hans Jonas e a filosofia da mente*, São Paulo: Paulus, 2016, 70-72.

a tese 1b) de seu fisicalismo não reducionista. Para justificar a tese 2b) (da dependência ontológica), ela afirma que há dois tipos de dependência: uma necessária e estrita (superveniência), outra ampla e contingente (constitucional). E, neste ponto, encontramos o problema. Cito aqui todo um parágrafo de Baker:

> Em que, então, reside a dependência do mental para com o físico, ou mais geralmente, das instâncias de propriedade constituídas para com seus constituintes? Apesar de constituição não ser em si uma relação de superveniência, onde existe constituição existe uma relação de superveniência por perto. Uma instância de propriedade constituída supervém, em última análise, em seus constituintes subatômicos, juntamente com a superveniência microfísica base de todas as circunstâncias em que a instância da relação de constituição é obtida. A base de superveniência será muito ampla – ampla demais para ser especificada ou útil para explicação –, mas será metafisicamente suficiente para a instância de propriedade constituída[12].

Baker afirma que, onde há constituição, há também superveniência: "Apesar de constituição não ser em si uma relação de superveniência, onde existe constituição, existe uma relação de superveniência por perto". Ou seja, de uma parte, como um "vero" fisicalista, Baker afirma que *todas* as entidades supervêm, no fim das contas, sobre entidades físicas: "uma instância de propriedade constituída supervém, em última análise, em seus constituintes subatômicos, juntamente com a superveniência microfísica base de todas as circunstâncias em que a instância da relação de constituição é obtida". Ora, para ser realmente um fisicalista, tal superveniência precisa ser forte ao ponto da identi-

---

12. Cito aqui o texto original: "Wherein, then, lies the dependence of the mental on the physical, or more generally, of the constituted property instances on their constituters? Although constitution is not itself a supervenience relation, where there is constitution, there is a supervenience relation in the neighborhood. A constituted property-instance supervenes ultimately on its subatomic constituters together with the microphysical supervenience base of all the circumstances in which the instance of the constitution relation obtains. The supervenience base will be very broad – too broad to be specified or to be useful in explanation – but it will be metaphysically sufficient for the constituted property instance" (cf. BAKER, L. R., Nonreductive Materialism, in: MCLAUGHLIN, B.; BECKERMANN, A. (eds.), *The Oxford Handbook for the Philosophy of Mind*, Oxford: Oxford University Press, 2008, 123).

dade, em que entidades superiores *são* (no sentido de identidade) ou *podem ser* reduzidas a entidades físicas. Uma superveniência fraca traria um problema para o fisicalista, a saber: persistiria um resíduo de "independência" ou "irredutibilidade" que arruinaria sua posição, caso não encontrasse um meio de reduzir ou eliminar tal resíduo[13]. Assim, qualquer fisicalista coerente precisa ser reducionista ou eliminativista.

De outro lado, Baker assevera uma "superveniência ampla" ou "dependência constitucional" a ponto de salvaguardar a irredutibilidade do nível superior: "a base de superveniência será muito ampla – ampla demais para ser especificada ou útil para explicação –, mas será metafisicamente suficiente para a instância de propriedade constituída". A pergunta crítica é se realmente tal "superveniência ampla" da relação constitucional é suficiente para colocar Baker no rol dos fisicalistas. Baker pensa que sim e se explica da seguinte forma:

> A PC-View separa constituição de superveniência: constituição é contingente e altamente dependente do contexto; superveniência é necessária e independente de contexto. No entanto, a superveniência fornece a dependência das instâncias de propriedade constituídas de seus constituintes; constituição fornece as propriedades causais referidas na explicação causal[14].

Como é possível que haja *simultaneamente* superveniência e constituição como são definidas por Baker? Se há uma relação de super-

---

13. Até mesmo a proposta de fisicalismo mínimo de Kim se torna incoerente (cf. KIM, J., *Physicalism, or something near enough*, Princeton University Press: Princeton/Oxford, 2005, 162), pois o "resíduo mental" (os *qualia*), que ele admite como não reduzível ao físico e, por isso, sem nenhum poder causal, acaba gerando a seguinte questão: o que são os *qualia* ontologicamente? Kim responde afirmando que são "epifenômenos". Mas "epifenômenos" *são* algo, ou seja, um não nada-absoluto. Ora, se este algo não é físico, como ele admite, então o fisicalismo não rege como dimensão oniabrangente. Voltaremos à proposta de Kim mais adiante (cf. capítulo 8).

14. Cito também o texto original: "The PC View separates constitution from supervenience: Constitution is contingent and highly context-dependent; supervenience is necessary and independent of context. However, supervenience supplies the dependence of the constituted property instances on their constitutors; constitution supplies the causal properties referred to in causal explanations" (BAKER, L. R., Nonreductive Materialism, in: MCLAUGHLIN, B.; BECKERMANN, A. (eds.), *The Oxford Handbook for the Philosophy of Mind*, Oxford: Oxford University Press, 2009, 123).

veniência, "necessária e independente de contexto", de propriedades superiores sobre suas estruturas microfísicas, como é possível ainda defender, ao mesmo tempo, uma "contingência e dependência de contexto" para com as propriedades constitucionais? Em que consistiria tal "contingência e dependência de contexto", uma vez que já foi afirmada uma superveniência "necessária e independente de contexto" sobre estruturas microfísicas? Em que sentido uma propriedade superior *qua* propriedade superior (i.e., sem que seja reduzida) pode ser superveniente (fortemente) sobre suas estruturas microfísicas? Tomemos o exemplo da estátua de bronze. Para ser uma postura fisicalista (coerente), a propriedade "ser um artefato estético" com o poder causal de "seduzir um comprador" deveria ser ("necessária e independente de contexto") superveniente ao bronze. Porém, se esse for o caso, então não há mais espaço para se defender uma "contingência e dependência de contexto" dessas propriedades, como afirma Baker, para com suas propriedades constitucionais. Em suma: a partir de sua afirmação acima, Baker tem três saídas: ou 1) defende um fisicalismo redutivo (ou eliminativo), a fim de salvaguardar sua tese da superveniência; ou 2) defende um dualismo, a fim de salvaguardar sua tese da irredutibilidade; ou, o que é pior e constitui o caso de Baker, 3) afirma as duas teses, caindo em incoerência.

De fato, essa é a incoerência de todos os fisicalismos não reducionistas, que procuram afirmar a irredutibilidade e eficácia causal de (macro) propriedades mentais, ao mesmo tempo que defendem uma superveniência (forte) sobre (micro) propriedades físicas. Ao final, um dos elementos permanece obscuro ao se pretender defender o outro, ou seja: caso se defenda a irredutibilidade, o conceito de "fisicalismo" não fica claro ou mostra-se fraco demais para ser um monismo; caso se defenda um real "fisicalismo", o conceito de "irredutibilidade" perde o sentido. Vai nessa direção a crítica de Puntel à tese de Searle:

> Searle afirma duas teses que se contradizem: (1) físico$_0$ ≠ físico$_1$ (p.e., o subâmbito mental) ≠ físico$_2$ (p.e., o subâmbito social) ≠ ... ≠ físico$_n$; (2) físico$_0$ = físico$_1$ (p.e., o subâmbito mental) = físico$_2$ (p.e., o subâmbito social) = ... = físico$_n$. Searle conseguiria escapar da autocontradição somente se aclarasse e formulasse com precisão o

conceito do *físico* (*physical*). Se for introduzida e assumida uma diferença entre o "físico" e o "não físico", então só pode tratar-se de dois diferentes subâmbitos de um "âmbito abrangente ou fundamental" a ser pressuposto. Se, para esse âmbito abrangente ou fundamental, for empregada ou se quiser empregar mais uma vez a palavra "físico", então é preciso especificá-la com toda clareza, para distingui-la dos subâmbitos que se diferenciam em "físico" e "não físico"[15].

A segunda incoerência decorre da ontologia da substância assumida. Indicamos aqui rapidamente em que consiste. A VCP assume uma ontologia da substância e atributos (propriedades e relações). No nível elementar, haveria apenas um tipo de substância, a material. No nível das propriedades, haveria uma diversidade ontológica. A pessoa seria um conjunto de propriedades superiores *constituídas* por propriedades físicas inferiores. Tomemos mais uma vez o exemplo da estátua de bronze, chamemo-la de x. O que seria x para além de suas propriedades (superiores ou inferiores)? De fato, a VCP explica que a propriedade de "ser um artefato estético" é constituída pela propriedade "ser de bronze". Ora, mas nesse caso teríamos uma propriedade como portadora (*bearer*) de outra propriedade. Qual seria a substância das duas? Por mais que se tente, será impossível tornar o x, a suposta substância ou objeto, algo inteligível para além de qualquer propriedade. Tal elemento substancial, portador de propriedades, não é compreensível e vem simplesmente pressuposto na VCP. Retornaremos a este ponto mais à frente (cf. capítulo 3).

[2] Outro problema da VCP é a ausência de uma reflexão profunda sobre a *linguagem* e sua relação com a ontologia. Baker afirma que estados mentais, pessoalidade, intencionalidade, macropropriedades têm um *status* ontológico irredutível a estados físicos, mas não tematiza qual a relação entre estas entidades e a linguagem que ela mesma utiliza para explicitá-las. O grande tema da linguagem/semântica fica simplesmente pressuposto na VCP, e a *linguagem ordinária* é utilizada para elaborar as sentenças dessa concepção. No entanto, nenhuma teoria ontológica pode ser elaborada adequadamente se não tematiza a

---

15. *EeS*, 380.

linguagem e a questão da relação de suas sentenças com o mundo real. Caso contrário, elementos como consciência, estados mentais, intencionalidade etc. correm sério risco de passar por fatores apenas *representacionais*, ligados à pura subjetividade, sem nenhum valor *expressivo* da realidade. Lembremos que sentenças do tipo "estou com dor", "estou pensando" são sim incorrigíveis, mas não as sentenças teóricas que procuram explicar o que seja a dor, pensamentos, estados mentais. "Teorias" precisam ser elaboradas dentro de um quadro linguístico coerente e adequado, algo que as atuais teorias sobre a pessoa negligenciam. De fato, Baker não chama sua concepção de "teoria", mas de "visão" (*view*), talvez indicando que tenha consciência do pouco rigor teórico de suas afirmações, que podem facilmente ser interpretadas a partir de uma perspectiva subjetiva e particularista da realidade. Adiante, vamos mostrar por que e como a FES se dedica a esta tarefa (cf. capítulo 3).

[3] Por fim, o problema mais crucial da VCP é a falta de uma metafísica do Ser, para além de uma ontologia do ente pessoa. Essa dificuldade perpassa praticamente todas as teorias atuais acerca da pessoa. Para entender essa questão, faz-se mister relembrar a famosa divisão de metafísica de Francisco Suárez, do século XVI, depois assumida por Christian Wolf. Para Suárez, a metafísica era dividia em *metaphysica generalis* e *metaphysica specialis*. Enquanto a primeira tratava do *ente enquanto ente* (ontologia), a segunda tematizava três entes especiais: Deus (teologia natural), mundo (cosmologia) e alma (psicologia racional). A metafísica da pessoa, como a conhecemos hoje, retoma a metafísica especial sobre a alma, tematizando sua natureza, seu lugar no mundo físico, o problema da liberdade etc. Foi a crítica de Heidegger à metafísica clássica que despertou a filosofia contemporânea para uma teoria geral do Ser. A tradição metafísica, segundo Heidegger, teria esquecido a diferença entre Ser e ente (*ontologische Differenz*), não conseguindo elaborar uma teoria do Ser, visto como uma dimensão oniabrangente e condição de possibilidade de todos os entes.

Como já tivemos oportunidade de ver, desde Descartes a divisão da pessoa em *res cogitans* e *res extensa* aprofundou ainda mais o esquecimento do Ser, uma vez que não se tratava de nenhuma dimensão oniabrangente, capaz de intermediar a interação entre elas. De fato, filósofos contemporâneos, herdeiros deste impasse, são incapazes de resolver o chamado "problema da interação psicofísica" devido à falta de reflexão sobre a própria diferença. A VCP não é uma exceção. A incapacidade de conciliar a irredutibilidade de estados mentais com o fisicalismo se dá porque é assumida uma visão oniabrangente do Ser (entendido apenas como uma dimensão física), que estrangula, *ab ovo*, qualquer diferença ontológica e acaba conduzindo a VCP à total incoerência[16]. O grande desafio da metafísica contemporânea da pessoa, que este livro procura afrontar, consiste em tematizar o ser humano dentro de uma teoria mais abrangente capaz de dar conta das diferenças ontológicas existentes no ente pessoa, ao mesmo tempo que preserva a unidade e a interação entre tais dimensões. Nos próximos capítulos, vamos apresentar uma teoria do Ser como tal e em seu todo, capaz de enfrentar esses desafios de forma adequada.

2.5 A visão hilemórfica de Tomás de Aquino

A visão hilemórfica remonta a Aristóteles e Tomás de Aquino e tem sido bastante discutida nas últimas décadas. A ideia básica desta posição é que indivíduos, inclusive a pessoa humana, são compostos de matéria e forma, gerando uma unidade original. Além dos entes inanimados, compostos de matéria e forma, existem também os entes com capacidades diferenciadas como animação, sensibilidade e pensamento, nos quais a *forma* é identificada com um princípio animador chamado "alma". Aristóteles em seu *De anima* classificou três tipos de almas: vegetativa, sensitiva e racional. A alma não é um elemento justaposto à matéria, mas constitui uma unidade substancial com ela. Nesse sen-

---

16. É preciso fazer aqui uma rápida alusão crítica à tese do "fisicalismo", que é tão obscura quanto é o conceito de *físico* adotado. De fato, dever-se-ia recuperar o famoso "dilema de Hempel" (1970), que dava ao fisicalismo duas opções: ou 1) entende-se por "físico" aquilo que as teorias físicas atuais compreendem, ou 2) entende-se por "físico" algo totalmente novo, capaz de incluir fenômenos como a consciência, o que geraria uma "nova ciência". A primeira opção não é satisfatória, porque a física atual não consegue explicar fatos como a consciência ou a intencionalidade. A segunda opção é vazia, porque não temos a mínima ideia do que seja uma "nova ciência física".

tido, a pessoa humana constitui um todo substancial composto de duas substâncias incompletas ou partes essenciais, a saber: corpo e alma racional (chamada espírito). Enquanto o espírito é imaterial e imortal, o corpo constitui aquela porção de matéria determinada, destinada à corrupção. O que nos interessa nessa visão, em primeiro lugar, é entender como é explicada a interação psicofísica, uma vez que também aqui as duas partes são ontologicamente diferentes uma da outra.

A versão hilemórfica de Tomás de Aquino constitui a melhor opção para se verificar a interação psicofísica. De fato, Tomás, diferentemente de Aristóteles, desenvolve uma filosofia do ser (*esse*) da qual corpo e espírito participam. Ou seja, ambas as partes não são *totalmente* diferentes como no caso do dualismo cartesiano. O espírito participa do ser (*esse*) ao ser criado e informa a matéria prima, constituindo a "*forma corporis*" capaz de transmitir ao corpo o mesmo ato de ser (*actus essendi*). Daqui se percebe que corpo e espírito formam uma unidade ou um ente, no qual ambas as dimensões participam do mesmo ser. O corpo só é corpo quando informado pelo espírito. Na ausência do espírito, o corpo não passa de um cadáver, enquanto o espírito continua com o ato de ser, mesmo depois da morte corporal. Isso não significa que a unidade substancial é contingente. A sobrevivência do espírito sem o corpo não pode ser permanente, pois tanto o corpo como o espírito são essenciais para a pessoa humana. Tomás concilia a concepção aristotélica com a esperança cristã da ressurreição. Assim, o espírito se unirá novamente com seu corpo restabelecendo a unidade pessoal na Parusia. Voltaremos a esse problema mais para frente, para constatar algumas dificuldades da visão hilemórfica.

O modelo de Tomás não tinha como articular questões muito atuais como a interação do espírito com os estados neuronais. No entanto, Tomás é claro ao afirmar que não é o cérebro que pensa, mas o espírito por meio do cérebro. Como vimos acima, o grande problema de afirmar que o cérebro é capaz de pensamento constitui a questão da proporcionalidade causal: estados materiais não podem produzir o universal. Embora concordemos com essa conclusão, Tomás não esclarece *como* o espírito utiliza o cérebro para pensar, nem como estados físicos influenciam o espírito. Tudo é dito de uma forma geral a partir da possibilidade de relação entre corpo e espírito, uma vez que ambos são modos de ser. O fato de existir uma ponte (que é o *esse*) entre ambas as dimensões já é meio caminho andado na superação do problema da interação, mas falta ainda uma teoria causal mais atualizada. De fato, Tomás já nos fornece as bases de uma teoria causal potente enquanto se utiliza das categorias de ato e potência de Aristóteles. Segundo esta concepção clássica, somente pode ser causa aquilo que está em ato, e o efeito surge apenas em algo que estava em potência para ser afetado. Isso mostra que a interação entre corpo e espírito vai se basear na capacidade intrínseca do espírito de afetar o corpo e vice-versa, porque ambos estão de alguma forma em ato e potência (não simultaneamente e sob o mesmo aspecto). Por exemplo, o espírito enquanto está em ato pode causar de alguma forma o movimento de estados neuronais, que são passíveis de receber alguma influência do mental. O leitor inteligente já percebe o quanto essa asserção é complicada, uma vez que pressupõe uma série de lacunas explicativas, que a concepção de Tomás não consegue preencher: o que passa da dimensão espiritual para a dimensão física: uma força física, um *movimentum* ou o quê? Quando o espírito é afetado pela sensibilidade, o que passou para a dimensão espiritual? Estas são perguntas muito atuais, que Tomás não tinha como responder. Voltaremos a elas no quadro teórico da FES.

Apesar de ser uma teoria bastante intuitiva e com uma série de vantagens, encontramos na visão hilemórfica muitas dificuldades e aporias em seu quadro teórico geral. Podemos aqui citar duas. A primeira diz respeito à própria ideia de ser (*esse*) de Tomás, pois, apesar de constituir uma dimensão que abarca corpo e espírito, não representa aquela dimensão abrangente da qual fala a FES, que exporemos no capítulo 4. Para Tomás, o ser é entendido como *actus essendi* (atualidade), como tão bem mostraram os neotomistas no início do século XX ao defenderem a originalidade da metafísica de Tomás contra as críticas de Heidegger à metafísica clássica. Contudo, a concepção de ser como *actus essendi* traz consigo suas aporias, o que podemos mostrar aqui brevemente.

Na história do Tomismo, sempre foi polêmica a discussão em torno da chamada "distinção real" entre essência e existência. Em seus escritos, Tomás deixa claro que não pertence à natureza intrínseca da essência o fato de ela existir ou ser atual. De fato, posso pensar na ideia de fênix e nem por isso ela deve existir. A existência (*actus essendi*) é uma qualidade que vem "de fora" da essência (*potentia essendi*), como um ato participado pelo *ipsum esse per se subsistens* (Deus), que constitui o único no qual essência e existência se identificam. Veja-se aqui que Deus é entendido como *actus purus*, uma vez que é o único capaz de atualizar a essência no ato da criação. Porém, esta identificação de essência e existência em Deus causa o seguinte problema: como são dois princípios opostos, não podem simplesmente ser identificados em Deus. De fato, a essência deveria ser anulada no *actus purus*, não rendendo conta da sua originalidade ontológica. Como entender, por exemplo, a potência divina de criar novos mundos, de ter ideias não ainda atualizadas ou de explicar qualquer "movimento" Nele? Se Deus fosse somente ato, seria uma pura determinação, e tudo aquilo que é possível simplesmente já seria atualizado. Dessa forma, a concepção de *esse* em Tomás se restringe ao *actus essendi* ou atualidade e não representa uma dimensão oniabrangente, na qual se inclui tudo, inclusive essências não atualizadas, mundos possíveis etc.

A segunda grande dificuldade não constitui uma falha apenas da visão hilemórfica, mas também de todas as outras concepções elencadas, a saber: a pressuposição de uma ontologia da substância/objeto e sua semântica. Como já vimos este problema na visão constitucional e voltaremos a ele nos capítulos seguintes, deixemos o aprofundamento para depois. No entanto, cabe ressaltar que, de todas as teorias sobre a pessoa, a visão hilemórfica representa aquela que mais se utiliza da ontologia da substância e de sua semântica composicional. Elaborar uma teoria da pessoa neste quadro teórico traz consigo uma série de obstáculos do ponto de vista epistemológico, linguístico e ontológico.

A solução para as aporias de todas essas teorias ou visões sobre a pessoa humana não é apenas aquela de melhorar seus quadros teóricos, mas de abandoná-los totalmente, seja rejeitando suas ontologias fisicalistas (reducionistas ou não reducionistas) com suas semânticas confusas – no caso do animalismo, visão psicológica ou constitucional –, seja aproveitando suas intuições básicas – como a da diferença e irredutibilidade ontológica de corpo e alma, na visão simples, e a da unidade original dessas dimensões e concepção de ser, na visão hilemórfica. Isso requer a construção de um novo quadro referencial teórico capaz de articular melhor o que sejam os indivíduos, especialmente a pessoa humana. O descuido na elaboração de um quadro teórico linguístico adequado consiste num erro fatal de muitas teorias filosóficas. Em geral, são pressupostos quadros teóricos incoerentes e inadequados sem mesmo se atinar para essa lacuna. Por isso, a primeira tarefa da FES constitui aquela de elaborar uma linguagem filosófica adequada ao seu escopo, que consiste em apresentar a realidade da forma mais clara e inteligível possível. Com essas premissas, podemos agora apresentar o quadro teórico da FES e, posteriormente, a teoria holístico-configuracional de pessoa, a fim de esclarecer melhor a questão da interação psicofísica.

CAPÍTULO III
O quadro teórico da
filosofia estrutural-sistemática (FES)

O projeto filosófico de L. B. Puntel é resultado de uma longa reflexão sobre a história da filosofia, passando em revista todas as grandes questões dessa disciplina. O caráter abrangente desta proposta reflete a história pessoal de seu autor, que estudou demoradamente os principais problemas filosóficos até encontrar o ponto central da derrocada de muitas teorias. Podemos iniciar a apresentação desta teoria a partir de uma questão muito pontual, mas que servirá como ponto de partida. Pode-se dizer que a filosofia estrutural sistemática aparece como uma síntese adequada entre duas longas tradições, notadamente aquelas chamadas *analítica* e *continental*. Num escrito marginal, Puntel identificava o ponto alto do debate entre filosofia analítica e continental na "quase polêmica" entre Carnap e Heidegger. Em seu artigo de 1997 "Metaphysik bei Carnap und Heidegger: Analyse, Vergleich, Kritik" (MCH)[1], ele revelava as características de um novo caminho para a me-

---
1. Este artigo foi publicado posteriormente em PUNTEL, L. B., *Auf der Suche nach dem Gegenstand und dem Theoriestatus der Philosophie*, Tübingen: Mohr Siebeck,

tafísica, que somente viria a ser detalhadamente desenvolvido em seu livro *Struktur und Sein* (2006).

Em MCH, Puntel critica Carnap e Heidegger exatamente em três pontos. Primeiro, ele observa uma carência em ambas as filosofias: a princípio, falta em Carnap o "desenvolvimento de uma real dimensão ontológica"; depois, em Heidegger, omite-se um "verdadeiro desenvolvimento filosófico (lógico-conceitual-teórico) de suas intuições". Por meio da famosa analogia utilizada por Kant, alega Puntel que "quadros teóricos sem uma dimensão ontológica são vazios, mas dimensão ontológica/intuições sem quadros teóricos são cegos". Nesse sentido, Carnap seria caracterizado por um pensamento "ontologicamente vazio" (*ontologische Leere*), e Heidegger por um pensamento "logicamente cego" (*logische Blindheit*)[2]. A segunda crítica dizia respeito à capacidade da filosofia em produzir *teorias* (*Theoriefähigkeit*). Carnap supõe que os únicos quadros linguísticos disponíveis são feitos de uma "linguagem de coisas" (*Dingsprache*). Tal linguagem levanta *pretensões de verdade* sobre os fatos do mundo *empírico* e *matemático* e nada mais! Heidegger tenta formular um *pensamento original, inicial* e *essencial*, ao qual ele próprio jamais deu uma forma elaborada. No terceiro ponto crítico Puntel observa que tanto Carnap como Heidegger fazem uma distinção entre "forma" e "conteúdo" chegando ao ponto de reduzir uma dimensão à outra, ou seja: Carnap reduz o conteúdo à dimensão formal, enquanto Heidegger faz o contrário.

Puntel afirma que ambos os críticos da metafísica a princípio têm razão: formas e conteúdos, estrutura e ser, espírito e matéria pertencem intrinsecamente à realidade e não podem ser reduzidos uns aos outros. Uma renovada metafísica deveria, portanto, levar em consideração a crítica de ambos os filósofos, o que somente pode acontecer se ela dispuser de um novo "quadro referencial teórico" (*Theorierahmen*) com uma semântica apropriada. Esses elementos críticos em relação a Carnap e Heidegger representam bem a solução depois oferecida por

---

2007. Tradução brasileira: *Em busca do objeto e do estatuto teórico da filosofia. Estudos críticos na perspectiva histórico-filosófica*, São Leopoldo: Unisinos, 2010, cap. VII: A crítica da metafísica em Carnap e Heidegger: análise, comparação, crítica, 229-258.
2. Id., 283.

Puntel em sua filosofia sistemática, nomeadamente: *a realidade-ser é inteligível e pode ser articulada pelo pensamento-linguagem*. Os binômios linguagem e mundo, forma e conteúdo, pensamento e ser, espírito e matéria, *estrutura e ser* compõem uma *identidade* mediada pelo conceito de verdade.

Neste capítulo, fazemos o esforço de apresentar a FES de forma rápida e condensada, a fim de oferecer um panorama sintético das imensas discussões desenvolvidas na trilogia do Ser de Puntel[3]. No próximo capítulo vamos nos deter mais na análise da teoria do Ser da FES ou einailogia, a fim de evidenciar o horizonte último da teoria holístico-configuracional da pessoa, pretendida neste livro.

3.1 Ideia geral da FES

Sem dúvidas, há muitas concepções de filosofia na história. A *filosofia estrutural-sistemática* (FES) constitui uma concepção que entende filosofia como um *empreendimento teórico*. Isso significa que seu objetivo é esclarecer/descrever/articular/tematizar/expressar a realidade mesma por meio da linguagem, que constitui um pressuposto sem o qual uma teoria não pode se articular. Nesse sentido, a linguagem exerce um papel fundamental a ponto de determinar o sucesso ou fracasso da filosofia em sua pretensão. Por isso, nenhum empreendimento teórico deveria ser iniciado sem antes analisar o fenômeno da linguagem em sua capacidade de expressar o mundo. De fato, a primeira tarefa da FES constitui mostrar a centralidade da linguagem na filosofia e, assim, realizar uma crítica da linguagem a ser utilizada em seu empreendimento, a fim de adequá-la o melhor possível a esta tarefa, ou seja: a FES se aplica no início à elaboração de um "quadro linguístico-referencial teórico" capaz de expressar a realidade com a maior clareza possível de forma condizente com os critérios de inteligibilidade e coerência que se esperam de uma teoria.

---

[3]. A trilogia do Ser de Puntel inclui: *Estrutura e Ser* (2006), *Ser e Deus* (2010), *Ser e Nada* (2022). Para uma exposição mais demorada e discutida da FES, cf. CARVALHO VIANA, W., *A filosofia estrutural-sistemática: uma análise interpretativo-sistemática*, São Leopoldo: Unisinos, 2019.

A linguagem pode ser comparada a um grande tabuleiro de xadrez, com sua estrutura e regras, no qual as peças são colocadas e o jogo se desenvolve. Não pode acontecer o jogo de xadrez sem essa estrutura inicial, da mesma forma que não se pode expressar a realidade de forma adequada sem uma estrutura linguística apropriada. De fato, quanto mais a estrutura for adequada ao conteúdo, mais o conteúdo será expresso em sua objetividade. Na verdade, quando se fala em conteúdo em relação à linguagem, deve-se entendê-lo como aquele universo do qual um discurso qualquer se torna expressão, isto é, o *universo do discurso* (*universe of discourse*), para usar uma expressão já consagrada na filosofia da linguagem. É dessa forma que os conceitos de estrutura (linguagem) e de universo do discurso (conteúdo/realidade/mundo/Ser) são parte essencial da tarefa teórica e constituem os dois conceitos centrais, que podem indicar uma definição programática, ou uma quase definição, da filosofia estrutural-sistemática, a saber:

> (Q-DEF) A filosofia estrutural-sistemática é a teoria das estruturas universais (mais gerais) do universo ilimitado do discurso [= *universe of discourse*].

Nessa Q-DEF encontramos dois adjetivos dignos de comentário. O primeiro é o adjetivo "universal" referente às estruturas explicitadas pelas FES, ou seja: as estruturas tematizadas são "as mais universais" no sentido de que abarcam tudo aquilo que "existe ou pode existir". Esta expressão "tudo aquilo que existe ou pode existir" deve ser melhor precisada, pois o verbo "existir" traduz somente uma pequena parte de tudo aquilo que "é". Contudo, para início de conversa, utilizamos o termo "existir" para falar do mundo, da realidade, do ente atual. A expressão "estruturas mais universais" quer mostrar que a filosofia não é uma ciência particular como a biologia, química ou física, mas uma ciência que tem como objeto a *totalidade* do Ser. O segundo adjetivo "ilimitado", referente ao universo do discurso, ajuda a esclarecer melhor o que significa a expressão "totalidade do Ser". De fato, o universo do discurso representa todo o domínio temático da atividade filosófica e não tem um "limite", porque inclui absolutamente tudo, isto é: podemos expressar "tudo" por meio da linguagem, ou ainda, dito de outra forma, "tudo" pode ser expresso por meio da linguagem. Outra palavra para "tudo", que utilizaremos neste contexto, é a clássica palavra "Ser". De fato, tudo *de* Ser (*genitivo subjetivo*) pode ser expresso pela linguagem, e os termos "estrutura" e "Ser" querem traduzir este fato, ou seja: o Ser enquanto tal é inteligível e pode ser articulado pela linguagem. De fato, o Ser revela duas dimensões: uma dimensão capaz de expressar (linguagem num sentido bem amplo, como será explicitado adiante) e uma dimensão capaz de ser expressa (Ser). Esta tese deve ser defendida mais à frente. Por enquanto basta o que dissemos para explicitar a Q-DEF da FES.

As dimensões da "estrutura" e do "Ser" não podem ser vistas como separadas, mas possuem uma unidade intrínseca. De fato, as estruturas são *do* Ser da mesma forma que o Ser *é* estruturado. Qual é, então, a diferença entre "estrutura" e "Ser"? Na realidade, o termo "estrutura" pertence ao Ser e quer significar aquela dimensão que tematiza/esclarece/expressa o próprio Ser. Embora o Ser como um todo possa ser tematizado/esclarecido/expresso, apenas uma parte do Ser, a saber, o espírito, é *intencionalmente coextensiva com o Ser em seu todo*. Dessa forma, a unidade entre "estrutura" e "Ser" acontece quando o espírito apreende e expressa o Ser mesmo. Veremos adiante como se dá este fenômeno, mas podemos aqui apenas anunciá-lo: a unidade se dá no fenômeno da *verdade*.

Podemos definir incoativamente a verdade como a identidade entre a dimensão da estrutura e o Ser, que ela expressa. Na história da filosofia, os termos "estrutura" e "Ser" foram expressos de várias formas: para *estrutura*, costuma-se usar termos como pensamento, subjetividade, autoconsciência, conhecimento, linguagem, forma, conceito, categoria etc.; para Ser, usam-se termos como mundo, realidade, conteúdo, essência etc. O grande problema desses termos é que representam um tipo de dualismo insuperável, como se houvesse um abismo entre eles. Quando isso não acontece, geralmente, defende-se um tipo de monismo reducionista, no qual uma das dimensões é negada. Nenhuma dessas soluções é adequada, e a FES mostra isso a partir da sua compreensão de estrutura e Ser.

Logo se percebe que a linguagem tem um papel fundamental, pois é ela que exercerá a função de expressar o Ser. Qualquer inadequação, ambiguidade ou obscuridade da linguagem influenciará diretamente na boa consecução da tarefa teórica. O problema é que as linguagens naturais que possuímos são cheias de ambiguidades, incoerências e obscuridades e, portanto, mostram-se impróprias para o empreendimento teórico. É por isso que a primeira tarefa da FES será a depuração da linguagem natural em seus aspectos sintáticos e semânticos, a fim de adequá-la melhor à tarefa de expressar o Ser. O resultado será a elaboração de uma linguagem artificial mais coerente e precisa do ponto de vista a) sintático, elaborando sentenças que a FES denomina "sentenças primas", e b) semântico, por meio das chamadas "proposições primas". Quanto mais adequadas forem as sentenças e proposições primas, mais estarão aptas para expressarem os designados "fatos primos", que é a denominação dada pela FES para as entidades onto-einailógicas. No empreendimento teórico, portanto, entram em jogo três tipos de estruturas: sintáticas, semânticas e onto-einailógicas. Como veremos abaixo, o escopo da atividade teórica não é mais que apresentar a identidade dessas estruturas, mostrando como a linguagem (estruturas sintáticas e semânticas) consegue articular a realidade mesma (estruturas onto-einailógicas).

A FES organiza seu trabalho de forma gradual e sistemática através de seis momentos. O primeiro é chamado de *sistemática global*, em que ela apresenta sua autocompreensão, sua tarefa e seu método. O segundo é a *sistemática da teoricidade*, que esclarece os elementos básicos da dimensão teórica à luz da FES, a saber: linguagem, conhecimento, teoria, verdade. O terceiro é a *sistemática estrutural*, que elabora o *quadro referencial teórico* da FES em suas dimensões sintática, semântica e ontológica, apresentando, assim, sua teoria da verdade. O quarto momento é a *sistemática do mundo*, que constitui a aplicação do quadro referencial teórico às dimensões do mundo (natural, humano, estético, ético etc.). O quinto momento é a *sistemática compreensiva*, que constitui o ápice da FES representado por sua chamada einailogia ou teoria do Ser como tal e em seu todo; e, por fim, o sexto momento, que constitui uma *metassistemática*, em que a FES procura realizar uma fundamentação metateórica de seu empreendimento.

3.2 A dimensão da *estrutura*

O termo "estrutura" na FES tem a ver com linguagem, que, por sua vez, tem a ver com aquela dimensão coextensiva intencionalmente com todas as coisas, a saber: o espírito. Além disso, linguagem também diz respeito às coisas do mundo/realidade/Ser enquanto essas podem ser articuladas ou compreendidas pelo espírito. Se usarmos o termo "inteligibilidade" para traduzir o que a linguagem faz, podemos afirmar que o espírito tem inteligência para expressar linguisticamente as coisas, enquanto as coisas são linguisticamente inteligíveis, ou seja, expressáveis pela linguagem. De fato, a *intelecção* não é outra coisa senão a síntese entre a inteligência do espírito e inteligibilidade da realidade. Podemos também utilizar o termo "estrutura": o espírito pode estruturar as coisas, enquanto essas são estruturáveis. O espírito, porém, não impõe uma estrutura à realidade, mas capta a estruturalidade das coisas mesmas, ou seja: o espírito não faz outra coisa senão articular linguisticamente a estrutura onto-einailógica dos entes e do Ser.

Com efeito, a linguagem exerce um papel fundamental na FES enquanto representa aquele *quadro teórico referencial* capaz de expressar o Ser, a realidade, de forma adequada. O termo "quadro teórico" remonta ao *linguistic framework* (*Sprachrahmen*) de Rudolf Carnap, mas bastante modificado, sobretudo através da mudança significativa de "linguístico" para "teórico". A motivação dessa mudança é porque a concepção de linguagem de Carnap se resume à sintaxe e (em um segundo momento) à semântica, enquanto o adjetivo "teórico" se refere a vários componentes: lógicos, semânticos, ontológicos e einailógicos. Quando se fala em "quadro teórico" precisa-se, antes de tudo, levar em conta que estamos falando de um quadro abrangente e não apenas da escolha de algumas palavras capazes de expressar da melhor forma alguma realidade. Isso aconteceu com filósofos como Heidegger, que escolhia palavras e até mesmo criava novas palavras a fim de evitar o malentendido ou expressar melhor algum fato. Tome-se como exemplo o termo "Ereignis", que Heidegger utiliza depois de 1936 para expressar o Ser (*Sein*), depois que ele mesmo experimentou usar "S" (= 'Seyn' em alemão encaixado no símbolo '✕'). A linguagem da FES não tem a ver com "termos adequados" isolados, mas com sentenças e proposições adequadas, ou seja, com o *contexto* linguístico capaz de melhor expressar o mundo.

A dimensão da estrutura é trabalhada pela *sistemática da teoricidade* e, sobretudo, pela *sistemática estrutural*. Se de um lado a sistemática da teoricidade se encarrega de analisar e reinterpretar de forma mais coerente e inteligível os conceitos de teoria, de conhecimento e de verdade, cabe à sistemática estrutural elaborar o quadro referencial teórico da FES em suas dimensões sintática, semântica e ontológica/einailógica. Ao fim deste trabalho, tem-se uma linguagem filosófica mais adequada para articular a estruturalidade da realidade.

3.2.1 A *sistemática da teoricidade*

Em primeiro lugar, a sistemática da teoricidade se ocupa em explicitar o que significa um "empreendimento teórico". A *dimensão teórica* tem a ver com a exposição da realidade e com o conceito de verdade, diferentemente de outras formas de atividade humana como acontece na *prática* e *estética*, que, embora pressuponham a dimensão teórica, não são voltadas *diretamente* para a descrição do mundo. Geralmente, as ciências empíricas são tidas como disciplinas teóricas porque procuram *descrever* e *explicar* os vários âmbitos do mundo, tematizando as estruturas particulares dos entes que os compõem. Assim, a biologia estuda os entes vivos e o meio ambiente, a física estuda os entes inanimados e tudo aquilo composto de matéria, a sociologia estuda os entes humanos enquanto vivem juntos na sociedade e assim por diante. Além delas, a matemática também é entendida como ciência teórica porque articula o chamado *"logical space"* (*espaço lógico*). Da mesma forma, a filosofia não só pode, mas deve ser entendida como uma ciência teórica, uma vez que sua preocupação primeira é articular as estruturas mais universais da realidade. Ou seja, sua preocupação é entender e explicitar a totalidade dos entes e o Ser como tal.

A exposição teórica da realidade é feita por um sujeito cognoscente e, por isso, deve-se observar de perto dois fatores: a linguagem que o sujeito utiliza como meio e o fruto dessa exposição, ou seja, o conhecimento adquirido. Em poucas palavras, uma exposição teórica será adequada se 1) utilizar uma linguagem precisa e clara e se 2) o conhecimento for objetivo e universal. Sobre o primeiro fator, deve-se começar perguntando o que vem a ser a linguagem humana. Não trataremos aqui de outras funções próprias da linguagem como comunicação ou expressão da subjetividade, mas apenas da função expositiva, que diz respeito diretamente à dimensão teórica. O que se pode dizer sobre a linguagem nesse aspecto? O principal problema consiste em saber se a linguagem representa um meio extrínseco ou intrínseco de descrição do mundo. Ou seja: ela impõe à realidade a visão do próprio sujeito sem penetrar naquilo que o mundo é em si mesmo ou é capaz de expressá-lo sem levar em conta a perspectiva puramente particularista do sujeito? Essa questão é bastante discutida na filosofia contemporânea da linguagem e é afrontada pela FES com afinco. A tese da FES é que "linguagem" constitui não apenas uma ferramenta feita e usada pelos humanos, mas aponta para uma característica da realidade mesma, ou seja: esta possui uma capacidade de ser articulada pelo espírito, para a qual podemos dar o nome de *linguisticidade*. Não podemos aqui apresentar todos os argumentos para defender esta tese. Basta dizer que, se defendêssemos a tese de que a linguagem não é capaz de penetrar e expressar a própria realidade, entraríamos em contradição, uma vez que afirmaríamos que *"realmente* a linguagem não conhece a realidade". Isso nos faz perceber que a linguagem não é apenas uma produção humana, mas uma estrutura do mundo.

No entanto, nem todas as linguagens são aptas para descrever o mundo/Ser com clareza e precisão. De fato, temos de início as chamadas *linguagens naturais*, tais como português, alemão, italiano etc., que são utilizadas primariamente para a comunicação humana. Tais linguagens não são apropriadas para a tarefa da exposição teórica devido ao peso determinante de sua função pragmática, pouco preocupada com a clareza e exatidão dos conceitos. As linguagens naturais têm contextos semânticos opacos, isto é, o significado das palavras depende do contexto no qual são usadas, o que acaba gerando uma linguagem contextualista ou particularista demais e incapaz de universalizar seus conceitos. A fase pragmática do chamado *linguistic turn*[4] nos levou à ideia de quase impossibilidade de se aceitar uma semântica desligada da pragmática. Não temos como defender o contrário aqui, mas a FES mostra que a pragmática não constitui o essencial de uma linguagem, sobretudo aquela com o escopo puramente teórico e expositivo. Obviamente, isso não quer dizer que o filósofo possa dispensar a linguagem natural (eminentemente pragmática) para o seu empreendimento, mas apenas que deve superar, corrigir, purificar e esclarecer as imprecisões da linguagem natural, reinterpretando-a do ponto de vista sobretudo semântico. Como a FES desenvolve a sua linguagem filosófica?

A linguagem filosófica deve rever a linguagem natural do ponto de vista sintático e semântico. Do ponto de vista *sintático*, deve-se voltar para as "sentenças" e sua estrutura. Existem diversos tipos de sentenças numa linguagem, por exemplo: sentenças práticas do tipo "faça isso e não aquilo", sentenças estéticas, como "este quadro é belo", e sentenças teóricas, como "animais possuem uma faculdade metabólica". Os dois primeiros tipos de sentenças não interessam *diretamente* para uma disciplina com *status* teórico. A FES apresenta suas sentenças teóricas através do operador 'Ⓣ' na frente das sentenças para diferenciá-las de sentenças práticas ou estéticas (para isso, a FES usa operadores 'Ⓟ' e 'Ⓔ',). O operador teórico 'Ⓣ' tem uma forma básica, a saber: "*é o caso que...*" seguida da sentença teórica (e.g., Ⓣf, onde 'f' representa uma sentença teórica). Esse procedimento mostra uma diferença fundamental das sentenças teóricas da FES em relação à linguagem natural. As sentenças da linguagem natural são, geralmente, formadas sintaticamente pela estrutura sujeito + predicado. A FES rejeita essa estrutura porque ela pressupõe uma ontologia incoerente, como veremos adiante. Dessa forma, a FES prefere utilizar sentenças teóricas 'f' sem a estrutura sujeito-predicado, para as quais dá o nome de *sentenças primas*. Exemplos de sentenças sem a estrutura sujeito-predicado na lin-

---

4. Normalmente se usa essa expressão para falar da reviravolta que passou a considerar a linguagem como elemento fundamental de uma teoria filosófica. Fala-se, então, de uma dupla fase: na primeira, a sintática e semântica tinham primazia; na segunda, a pragmática constitui a dimensão central, em torno da qual gira a semântica.

guagem natural seriam "está chovendo", "faz sol" etc. Se quiséssemos transformá-las em sentenças primas poderíamos escrever "é o caso que 'está chovendo'" ou "é o caso que 'faz sol'" (simbolicamente: ⓣc e ⓣs, onde 'c' denota "está chovendo" e 's' denota "faz sol"). No caso de sentenças teóricas com a estrutura sujeito-predicado, a FES pode transformá-las numa sentença sem essa estrutura ou apenas reinterpretá-las semanticamente sem essa estrutura.

Do ponto de vista *semântico*, as sentenças da linguagem natural também são revisadas e reinterpretadas. De fato, toda sentença teórica possui um *valor semântico* ou *expressum*, que constitui o conteúdo informativo, geralmente chamado de *proposição*. A FES diferencia sua concepção de proposição através da expressão *proposição prima*. Como se pode facilmente perceber, proposições primas são o conteúdo informacional das sentenças primas e, por isso, também elas não possuem a estrutura sujeito-predicado, sendo articuladas pelo operador teórico "é o caso que...". Assim, uma sentença prima do tipo "é o caso que chove" expressa a proposição prima <é o caso que chove>. A característica fundamental de proposições primas constitui sua intrínseca conexão com o mundo/realidade, o que pode ser verificado por seu *status semântico* mais ou menos determinado. Ou seja, *caso* as proposições primas realmente expressem a realidade, então elas são idênticas a um *fato* do mundo, que constitui a dimensão ontológica das proposições primas verdadeiras. A estrutura ontológica assumida pela FES é chamada de *fato primo*. Isso significa que a FES defende uma concepção realista de linguagem no sentido de que não existe um abismo insuperável entre a dimensão linguística (proposição prima) e a ontológica (fato primo). Na realidade, ambas as dimensões estão unidas no fenômeno da *verdade*. Contudo, antes de tocar no problema da verdade, faz-se mister dizer uma palavra sobre a dimensão do conhecimento na produção de uma teoria.

Hoje é muito comum aceitarmos a concepção de que não se pode compreender o mundo sem a perspectiva subjetiva. Isso é correto até certo ponto, pois deve-se precisar o que se entende por "perspectiva subjetiva". Geralmente entende-se que tal perspectiva é particularista ou transcendental, e que não se poderia jamais chegar a uma perspectiva objetiva do mundo. Nesse sentido, opõe-se facilmente perspectiva subjetiva e objetiva como se as duas se anulassem. Isso não é necessário. A FES defende a ideia de que as duas perspectivas estão presentes num empreendimento teórico, mas aquela subjetiva possui apenas um *papel secundário* na exposição do mundo. Para defender essa tese, a FES faz uma distinção entre perspectiva subjetiva *particularista* e *universal*. Se é verdade que a perspectiva subjetiva particularista constitui um empecilho para a clareza da perspectiva objetiva, isso não acontece com a perspectiva subjetiva universal, que não apenas se coaduna com uma perspectiva objetiva, mas coincide com ela. O que quer dizer uma perspectiva subjetiva universal? Tudo tem a ver com o quadro teórico utilizado para tematizar a realidade. No caso da particularista, o quadro teórico assumido traz consigo as determinações muito particulares do sujeito, levando todo o empreendimento teórico a se concentrar apenas no polo subjetivo do conhecimento. Já na perspectiva universal, o quadro teórico exclui toda e qualquer determinação particularista, a fim de se concentrar apenas no polo objetivo do conhecimento. Obviamente, isso não significa que a perspectiva subjetiva seja totalmente excluída, mas apenas que a perspectiva universal do conhecimento não faz referência a qualquer elemento particularista, nem mesmo ao sujeito. Nesse sentido, a FES fala indiscriminadamente de perspectiva teórica, universal e objetiva.

O conceito de *sentença teórica* constitui um elemento importante do quadro teórico. Puntel define a sentença teórica desta forma: "uma sentença teórica é uma *sentença declarativa*, cuja estrutura é mais bem articulada mediante a explicitação de um operador (do operador teórico), que é anteposto explícita (raras vezes) ou implicitamente (na maioria das vezes) a uma sentença concebida como declarativa"[5]. A FES trabalha com operadores e não com sentenças no modo sujeito-predicado. Isso significa que ela utiliza um operador teórico ilimitado "Ⓣ" na frente de sentenças teóricas, inspirada na definição de Wittgenstein sobre sentenças teóricas[6], trazendo a forma "é o caso que

---

5. *SeN*, 240.
6. Cf. *Investigações filosóficas* (§ 114).

(por exemplo φ)", ou seja, Ⓣ(φ). O operador é ilimitado porque não está restrito a nenhum fator do tipo subjetivo, temporal, espacial, circunstancial ou qualquer outro fator.

O último elemento a tratar numa Sistemática da teoricidade é o conceito de verdade. De fato, a *verdade* constitui o escopo do empreendimento teórico e é preciso esclarecer o que a FES entende por este conceito. Há muitas teorias da verdade à disposição, cada uma respondendo, às vezes, a questões diferentes acerca da verdade. As teorias da verdade que nos interessam aqui têm a ver com a *definição* mesma de verdade e, geralmente, vêm divididas inadvertidamente em dois tipos de teoria, a saber: aquelas chamadas *deflacionistas* e as *substancialistas*. Enquanto as primeiras afirmam que o conceito de verdade é totalmente redundante porque apenas repete o que já foi dito antes e não diz nada sobre a realidade, as segundas afirmam o contrário, mostrando que só tem sentido falar em "verdade" caso exista um nexo intrínseco entre linguagem e mundo. A teoria defendida pela FES assume os aspectos positivos e rejeita as inconsistências de ambas as teorias. De um lado, defende que o conceito de verdade diz algo sobre a realidade; de outro, reconhece que a sentença verdadeira pode continuar a mesma do ponto de vista sintático, mas não do ponto de vista semântico.

De fato, o conceito de verdade diz respeito às três estruturas acima apresentadas, chamadas pela FES de *sentenças primas, proposições primas* e *fatos primos*. Como dissemos, do ponto de vista sintático, o conceito de verdade pode não acrescentar nenhuma modificação da sentença prima, tida como verdadeira. Isso quer dizer que, quando afirmo que "p" é verdadeira, nada vem acrescentado à sentença "p" do ponto de vista sintático. Porém, do ponto de vista semântico é totalmente diverso, pois "afirmar/acreditar que p" não é a mesma coisa que dizer "é verdade que p". A diferença é que o *status* semântico de "p", ou seja, a proposição expressa pela sentença "p", vem determinada por um fato ocorrido no mundo. Assim, o conceito de verdade na FES se refere diretamente às proposições primas e fatos primos, ou seja: *uma proposição prima é verdadeira se, e somente se, é idêntica a um fato primo*. Nesse caso, o operador "é o caso que" de uma sentença prima será especificado e, assim, plenamente determinado pelo operador "é verdade que" no empreendimento teórico, caso a proposição prima tenha seu *status* semântico determinado por um fato primo. Vamos ainda retomar o conceito de verdade no próximo tópico, que tem a tarefa de apresentar a *sistemática estrutural*, responsável pela explicitação das estruturas básicas do quadro teórico da FES.

3.2.2 A *sistemática estrutural*

Como afirmamos acima, o quadro teórico da FES é composto de sentenças primas, proposições primas e fatos primos. Cabe à *sistemática estrutural* explicitar essas estruturas básicas. Antes de tudo, é preciso entender o caráter "abstrato" e "concreto" dessas estruturas. De fato, sentenças e proposições primas são "estruturas" ou "formas" que serão preenchidas ou determinadas por fatos primos. Não é o caso que estrutura e fato sejam dois elementos contrapostos. Ao contrário, estruturas e fatos são dois lados de uma mesma moeda. Ou melhor, o *status* semântico das proposições primas, que são os *expressa* das sentenças primas, pode passar de um *status* abstrato a outro concreto, quando tais proposições realmente expressam algo ocorrido no mundo, isto é, quando são proposições verdadeiras. Vê-se claramente a importância da entidade semântica "proposição" no empreendimento teórico, uma vez que é ela a "medianeira" entre linguagem e realidade, pertencendo, assim, aos dois âmbitos. Na realidade, proposições primas abstratas não são um *nada-de-ser*, mas *algo-de-ser*, enquanto são entes-possíveis, que são atualizados ou não. Isso significa que o seu *status* abstrato já faz dela uma entidade ontológica com uma determinação mínima. Dessa forma, na determinação máxima ocorrida no fenômeno da verdade, acontece uma passagem do *status* abstrato para um *status* concreto das estruturas, mostrando que a proposição diz algo do mundo atual e não apenas de mundos possíveis.

Esclarecendo melhor, podemos afirmar que os âmbitos da linguagem e do universo ilimitado do discurso são divididos em três tipos de estruturas fundamentais, a saber: estruturas formais (lógicas e matemáticas), estruturas semânticas e estruturas ontológicas. Enquanto as primeiras são estruturas *formais*, as duas outras constituem estruturas *conteudísticas*. Explicitemos melhor cada uma delas.

Estruturas formais são aquelas lógicas e matemáticas, que não serão apresentadas aqui devido ao escopo específico deste livro. Bastará apenas afirmar que sua formalidade não significa que tais estruturas também não tenham uma dimensão ontológica. De fato, as linguagens da lógica e da matemática não têm outro sentido senão explicitar "fatos" lógicos e matemáticos. Essa é uma tese bastante controversa em alguns ambientes construtivistas, mas a FES defende exaustivamente que tais estruturas não podem dizer algo somente do pensamento ou da linguagem como se fossem esferas fechadas em si mesmas e incapazes de afirmar algo sobre o mundo[7]. Prova de que lógica e matemática dizem algo acerca do mundo é a eficácia de suas teorias na física e na tecnologia. Por fim, é importante lembrar que a lógica, diferentemente da matemática, tematiza suas próprias estruturas distinguindo os planos *sintático* e *semântico*. Enquanto o primeiro tematiza a relação entre os símbolos linguísticos, o segundo se preocupa com sua interpretação a partir de determinado contexto/mundo.

O mais importante para essa apresentação são as *estruturas semânticas* e *ontológicas*. Antes de tratar sobre cada uma delas, cabe lembrar que a semântica diz respeito ao *expressum* de uma sentença. As sentenças de uma linguagem natural possuem duas características: elas são 1) verdadeiras ou falsas e 2) formadas a partir do princípio de composicionalidade, ou seja, a composição de sujeito e predicado. Sobre o primeiro ponto, deve-se dizer que uma sentença verdadeira é aquela que expressa uma proposição verdadeira, o que nos fará concentrar sobre a verdade da proposição. Já o segundo ponto traz consigo um problema maior e precisa ser analisado mais de perto, mas o faremos quando tratarmos da entidade proposição. Como se vê, os problemas referentes à sentença estão muito ligados aos problemas da entidade proposição, uma vez que a sentença não é mais que um meio simbólico para expressar um determinado conteúdo informacional, que também se pode chamar de valor semântico ou proposição. Como já sabemos, a FES prefere utilizar o termo "proposição prima" para falar da estrutura semântica e "fato primo" para tratar da estrutura ontológica. Na reali-

---

7. Cf. *EeS*, 228 ss.

dade, os conceitos de "proposição" e "fato" trazem consigo questões altamente disputadas na filosofia contemporânea, que não podem ser resumidas aqui. Em vez disso, vamos apresentar as novas concepções de proposição e de fato da FES, tentando diferenciá-las de suas concepções concorrentes.

Os termos "proposição" e "fato" têm uma longa história e resumem termos tradicionais como "conceito", "ideia", "valor semântico", para expressar o primeiro termo, e "substância", "objeto", "propriedade", "coisa", para expressar o segundo. Ambos os conjuntos de termos são "categorias" com as quais nós, humanos, compreendemos tudo. Entretanto, o que são "categorias"? As duas concepções opostas podem ser atribuídas, *grosso modo*, a Aristóteles e Kant. Para Aristóteles, "categorias", como a substância e os diferentes acidentes, são formas de *apresentar* o próprio mundo, enquanto que, para Kant, são apenas formas de *representar* o mundo. Diríamos hoje que, enquanto Aristóteles é um realista sobre "categorias", Kant é um antirrealista. Ambos os filósofos ou tradições cometeram um grande erro em sua doutrina sobre categorias. Por um lado, não podemos apreender categorias do mundo sem mecanismos categóricos internos para fazer esse trabalho; por outro lado, é incoerente afirmar que nosso aparato categórico interno não é capaz de alcançar a realidade, uma vez que essa mesma afirmação procura fazer exatamente isso.

Para encontrar uma síntese entre ambas as concepções, precisamos admitir que "categorias" têm uma natureza de *Janus*, elas pertencem ao mesmo tempo a uma esfera interna e externa, ou seja, têm uma dimensão subjetiva, linguística ou semântica e uma dimensão objetiva, mundana ou onto-einailógica. Devido à longa e confusa tradição do termo "categoria", a FES prefere usar o termo "estrutura" e distingue duas dimensões da mesma estrutura: uma dimensão linguística ou semântica e uma dimensão onto-einailógica. O termo "dimensão" exclui qualquer lacuna ou identificação entre os tipos de estrutura, mas para tornar explícita a dimensão onto-einailógica, a FES usa os termos "ente e Ser".

A característica mais importante da proposição prima é que ela não é composta de termo singular e predicado, mas constitui um *todo* semântico informativo de uma sentença prima. Para entender este ponto é importante ver como o princípio de composicionalidade implica uma ontologia da substância/objeto, que a FES rejeita devido à sua incoerência. De fato, o termo singular (sujeito) e o predicado nada mais são do que termos linguísticos para os chamados "objetos" e seus "atributos", ou, como a tradição filosófica ocidental sustenta, são termos para uma "substância" e seus "acidentes". A dificuldade central desta ontologia é que ela pressupõe uma entidade ininteligível "x" que tem um atributo "F". De fato, nunca podemos compreender "x" sem nenhum "F", o que torna "x" totalmente ininteligível ou apenas pressuposto na compreensão de um ente. A FES rejeita essa ontologia e elabora uma ontologia feita apenas com a parte inteligível da expressão "Fx", ou seja, jogando fora a entidade "x" e mantendo o "F" para transformá-lo em uma sentença prima: "é o caso que F" que expressa uma proposição prima <é o caso que F>. Ora, mas o que acontece com o sujeito/substância/objeto que sustenta seus acidentes?

Na FES, o que em geral é chamado de "substância/objeto" nada mais é do que uma *configuração* de proposições primas/fatos primos. Esta nova ontologia tem muito a ver com a *ontologia de feixes* (*bundle theory*), mas se diferencia dela em muitos aspectos, sobretudo porque o quadro teórico dessas ontologias geralmente assume o princípio de composicionalidade e, implicitamente, acaba retornando à ontologia da substância, ou seja, articula uma nova ontologia, mas conserva a semântica anterior. A FES procura bases mais coerentes e rejeita todo o quadro teórico baseado na composicionalidade semântica e na ontologia da substância. Mas retornemos à configuração. O termo "configuração" desempenha um papel crucial na FES[8]. Qualquer objeto ou indivíduo constitui uma configuração de proposições primas verdadeiras que são unidas por diferentes fatores, dependendo do tipo de proposições primas envolvidas. Quando procuro explicitar um indivíduo, faço isso através de uma série de proposições primas verdadeiras, sendo que o *todo*, ou melhor, a *configuração* dessas proposições é idêntica ao próprio indivíduo. Uma configuração de proposições primas verdadeiras/ fatos primos pode ter uma determinação parcial ou máxima. Uma de-

---

8. Cf. *EeS*, 214 ss.

terminação parcial acontece quando um simples fato primo é incluído em uma cadeia de fatos primos, na qual cada fato primo é diferente um do outro e localizado em um ponto determinado no espaço-tempo. A determinação máxima acontece quando um fato primo é incluído no Ser como tal e em seu Todo.

É preciso esclarecer melhor o sentido de "fato primo". Seria ele uma coisa, uma propriedade, uma entidade linguística, ou o quê? A FES responde a essa pergunta dizendo: no nível fundamental, o fato primo é a única entidade ontológica aceita pela FES, ou seja, fatos primos são a face ontológica/einailógica das proposições primas verdadeiras; ou simplesmente: *fatos primos são estruturas ontológicas/einailógicas* das proposições primas verdadeiras; ou ainda: *fatos primos são estruturas ontológicas/einailógicas expressas linguisticamente*[9]. Uma das teses mais significativas da FES constitui a conexão intrínseca entre a semântica e a ontologia/*einailogia*, da qual emerge o conceito de *verdade* como determinação plena de uma proposição prima, revelando-a como um fato primo. Chegou o momento de explicitar melhor o conceito de verdade para a FES.

Em uma palavra, para a FES, a verdade consiste no processo de transição de um *status* semântico indeterminado ou subdeterminado de uma sentença prima e, consequentemente, de uma proposição prima para um *status* totalmente determinado. Assim, a sentença prima tem um *status* de determinação total se expressa uma proposição prima verdadeira, sendo que uma proposição prima é verdadeira se é idêntica a um fato primo (no mundo). Como aludimos acima, as teorias da verdade estão divididas hoje em teorias *substantivas* e *deflacionárias*. Entretanto, existem problemas para ambas as concepções: por um lado, os substancialistas pressupõem uma lacuna entre linguagem e mundo, ou seja, eles pressupõem uma crença no chamado "mito do dado" (*myth of the given*); por outro lado, os deflacionistas afirmam que o conceito "verdade" é redundante e não diz nada sobre o mundo, mas apenas sobre a própria linguagem, ou seja, "é verdade que 'p'" diria apenas "que p". No entanto, o operador "é verdade que...", colocado na frente de *p*, significa

---

[9]. Cf. *EeS*, 208.

outra coisa em comparação com "eu acho que...", "eu digo que...", "parece que...". Para entender melhor esse ponto, devemos apresentar as características gerais da teoria da verdade da FES, que pode ser vista como uma superação das teorias substancialistas e deflacionistas.

Se partirmos do famoso esquema da verdade de Tarski T'p'↔p ('p' é verdadeiro ↔ p), e o transformarmos em um esquema de verdade para a FES, teríamos que revisar muitas coisas. Primeiro, a verdade na FES não é entendida como um predicado, mas como uma determinação do *status* semântico de uma sentença através do operador "é verdade que...". Nesse sentido, a sentença prima p (que expressa uma proposição prima) passa por diferentes fases de determinação de acordo com o operador que a precede. A sentença prima é uma espécie de PERsentença (PER do latim *perficere* = aperfeiçoar, completar) que deve ser aperfeiçoada, completada através das fases de determinação semântica, ou seja, ela é uma *"sententia perficienda"*. Assim, o *status* sintático da sentença prima pode continuar o mesmo, mas não o *status* semântico, porque o *status* semântico passa de indeterminado a totalmente determinado através do conceito de verdade. A FES estabelece pelo menos três fases de determinação: uma fase indeterminada (ou subdeterminada), uma fase semanticamente determinável, e uma fase totalmente determinada. O que acontece é que, durante o processo de transição, a proposição prima revela seu outro lado, ou seja, sua dimensão ontológica/einailógica, no caso de a proposição prima ser verdadeira.

Portanto, a teoria da verdade da FES é uma *teoria semântico-ontológica/einailógica*, que inclui uma tese da identidade entre uma proposição prima verdadeira e um fato primo. A tese da identidade da FES soa muito diferente das teorias da identidade da verdade disponíveis hoje em dia. De fato, as teorias da identidade apareceram como uma opção contra as teorias da correspondência, que defendem o conceito de correspondência como uma relação entre dois *relata* não idênticos[10]. O núcleo da tese da identidade afirma que não há correspondência entre os portadores da verdade (*truth-bearers*) e os fazedores da verdade (*truth-makers*), tomados como duas entidades completamente diferen-

---

10. Cf. *EeS*, 311.

tes; em vez disso, ela afirma que existe uma identidade entre as verdadeiras proposições e os fatos[11]. A tese da identidade no sentido da FES pode ser traçada a partir da famosa declaração de G. Frege: "O que é um fato? Um fato é um pensamento que é verdadeiro"[12]. E Frege explica: "Nós dizemos que uma frase *expressa* um pensamento"[13]. Com outras palavras, o "pensamento" de Frege é o que hoje chamamos de "proposição", entendida por ele como "modos de apresentação" (*Arten des Gegebenseins*) das coisas.

O mais importante na FES é a concepção de que "proposições primas verdadeiras" são algo objetivo ou universal e não apenas uma perspectiva particularista dos sujeitos, ou seja, elas *são* "fatos primos" (do mundo). É por isso que precisamos agora nos voltar para o próprio mundo, para o Ser como aquela dimensão a ser explicitada pelo quadro teórico até agora elaborado. Faz-se mister enfatizar que a FES não tem a pretensão de oferecer um quadro teórico último e incorrigível, mas apenas um mais adequado e coerente. Isso significa que ela defende a existência de uma pluralidade de quadros teóricos, que deveriam dialogar entre si, a fim de apurar melhor qual deles é o mais inteligível, coerente e adequado para a função teórica de expor a realidade. O que conta no final das contas é quanto o Ser mesmo aparece através das estruturas (linguísticas) no empreendimento teórico filosófico. É por isso que nos voltamos agora para esta dimensão.

3.3 A dimensão do *Ser*: visão geral

Como vimos na quase definição da FES, a dimensão onto-einailógica é chamada de *universo ilimitado do discurso*. Até o momento não foram feitas precisões quanto aos termos "mundo", "realidade", "uni-

---

11. Existe hoje, no contexto das teorias da verdade, também uma *"identity theory of truth"*, que a FES rejeita. Essa teoria simplesmente identifica "verdade" e "identidade", enquanto, segundo a FES, a identidade é somente uma das três fases que definem o conceito de verdade, a saber: a fase definitiva no sentido de "inteiramente determinada".
12. FREGE, G., The Thought: A Logical Inquiry, *Mind*, v. 65, n. 259 (jul. 1956), 307.
13. Ibid., 292.

verso ilimitado do discurso" ou "Ser", e eles foram utilizados como sendo sinônimos. No entanto, chegou o momento de melhor definir essas expressões. Na verdade, a FES não fala apenas de dimensão ontológica, mas de dimensão onto-einailógica. Essas duas dimensões constituem a teoria do Ser como tal e em seu todo e serão explicadas de forma sintética neste capítulo e detalhadamente no próximo. A primeira parte da teoria do Ser é chamada de *sistemática do mundo* e tem como objeto de estudo a dimensão dos entes contingentes, para a qual se utiliza geralmente a palavra "mundo". O mundo representa o palco onde os *entes* (ὄν, ὄντα em grego e *ens, entia* em latim) se apresentam ou são atualizados. Já a *sistemática compreensiva* trata não dos entes, mas do Ser (εἶναι em grego e *esse* em latim). A diferença entre *ente* e *Ser* é fundamental para se entender a teoria do Ser como tal e em seu todo da FES, que distingue muito bem entre uma teoria dos *entes* (na concepção clássica chamada de *ontologia* ou *metafísica geral*) e uma teoria do Ser (na FES chamada de *einailogia* ou *metafísica primordial*).

A clara diferenciação de ente e Ser constituiu uma pilastra na filosofia de Heidegger, que criticou a história da metafísica como aquela que não fez uma *diferença ontológica* (*"ontologische Differenz"*) entre ente e Ser, levando à tematização apenas dos entes e ao *esquecimento do Ser* (*"Seinsvergessenheit"*)[14]. À diferença de Heidegger, a FES prefere falar de *diferença onto-einailógica* para ressaltar os dois polos da distinção, já que na história da metafísica e também nos dias atuais há uma grande confusão de termos. De fato, muitas das atuais línguas, como o francês, o português, o espanhol, o italiano, não fazem diferença terminológica entre ente e Ser[15]. A mesma palavra é utilizada seja para se referir ao ente, seja para indicar o Ser (*être*, ser, *essere, being*). O latim, o grego e o alemão, ao contrário, fazem uma distinção terminológica clara: ente (*ens*, ὄν, *Seiende*) e Ser (*esse*, εἶναι, *Sein*). Essa distinção é importante

---

14. Cf. Heidegger, M., Die Grundprobleme der Phänomenologie (Vorlesung Sommersemester 1927), *Gesamtausgabe*, Band 24 (Frankfurt/M 1975), 322, 452-469.

15. Embora o português (como também as outras línguas neolatinas) tenha também uma palavra para indicar o ὄν grego e o *ens* latino, a saber, o termo "ente", a palavra "ser" também é aplicada no sentido de ente, o que acaba confundindo o uso. No caso do inglês, a confusão é ainda maior porque não há dois termos para designar ente e Ser, senão apenas um, a saber: *being*.

porque os entes devem ser entendidos como *modos de determinação do Ser*, e este, por sua vez, jamais deve ser entendido como um ente, senão como uma dimensão da qual emergem os entes. O âmbito dos entes contingentes é chamado pela FES de *entitatividade* ou *entidade* (*Seiendheit*)[16], enquanto o âmbito do Ser constitui a dimensão última e necessária, para além da qual não se pode pensar absolutamente nada, e a partir da qual tudo o mais pode ser pensado.

O conceito de Ser é fundamental para a FES porque representa o conceito mais primitivo possível, que não pressupõe nenhum outro e é pressuposto por todos os outros. O Ser deve ser entendido como a absoluta oposição ao Nada, não havendo algum intermédio entre Ser e Nada. "Nada" aqui tem o sentido de nada-absoluto e não de um nada-relativo. De fato, se observarmos os entes veremos que eles representam um tipo de nada-relativo, uma vez que constituem uma determinação do Ser. Ora, segundo o axioma de Leibniz, toda determinação é uma negação (*omnia determinatio negatio est*), ou seja, determinar algo significa separá-lo de outras determinações. Assim, um ente é algo que *não é um outro* e, por isso, ele é um nada-relativo, a saber, um nada-de-outro, mas sempre um algo-de-Ser idêntico a si mesmo. O nada-absoluto, ao contrário, representa a total negação do Ser e de todos os entes e, por expressar literalmente nada, constitui apenas um pseudoconceito ou uma mera negação. Isso significa que o conceito de Ser não conhece alguma oposição e sua posição é total e absoluta. Qualquer outro candidato à dimensão mais primitiva, como são os conceitos de Uno, Bem, Logos etc., logo cedem o lugar ao conceito de Ser, uma vez que todos eles pressupõem o conceito de Ser para enfrentar qualquer concorrência.

A dimensão da Entidade representa o âmbito *extensional* e *intensional* de todos os entes contingentes. A palavra "ente" é substituída por muitas outras, como "objeto", "entidade", "coisa" etc. No entanto, a palavra "ente" é a mais adequada por fazer referência direta à dimensão última do Ser. De fato, a dimensão da Entidade constitui o âmbito da pluralidade dos entes, e nenhum outro termo expressa melhor a

---

16. O termo "Entidade" em português não é o mais adequado para expressar a dimensão dos entes, uma vez que o termo também significa ente, criatura, essência. Para distinguir essas duas noções, a FES usa o termo "Entidade" com inicial maiúscula.

"unidade" dessa pluralidade senão o termo "ente". A palavra "ente" traduz o *"ens"* latino e *"ὄν"* grego, que são o particípio presente do verbo *"esse"*, *"εἶναι"*, o que significa que "ente" é algo que atualiza o Ser, da mesma forma que "potente" é algo/alguém que atualiza o verbo "poder", ou seja, que age com poder. "Ente" significa algo-que-está-exercitando-o-Ser, ou ainda, um não nada-absoluto ou um nada-relativo, como dissemos acima. A dimensão da Entidade inclui todos os tipos de entes, sejam eles *concretos-atuais*, *abstratos-atuais*, *possíveis* ou *fictícios*.

Para esclarecer essa divisão dos entes é preciso entender melhor o conceito de "existência". Na FES, os termos "Ser" e "existência" não têm o mesmo significado e extensão, ou seja, o termo "existência" se aplica apenas aos entes *atuais* sejam eles concretos ou abstratos. Entendemos "atualidade" aqui como uma determinação semântico-ontológica do Ser em nosso mundo concreto. Podemos, então, dizer que tais entes "existem" em nosso mundo. Ao contrário, o termo "Ser" se aplica não apenas aos entes atuais, mas a todos os tipos de entes da Entidade (incluindo os possíveis e fictícios), como também, e sobretudo, à dimensão necessária do Ser, constituindo, assim, aquela dimensão última e oniabrangente. À vista disso, entes *possíveis* e *fictícios* não são atuais, ou seja, não existem no mundo atual, mas são sempre *algo-de-Ser*, ou, ainda, um não nada-absoluto ou um nada-relativo. Da mesma forma, não se pode simplesmente afirmar que o Ser enquanto tal e em seu todo "existe", uma vez que "existência" é apenas uma dimensão do todo do Ser.

A pergunta que se deve fazer agora é esta: como o quadro teórico da FES consegue explicitar a dimensão dos entes/Entidade e do Ser como tal e em seu todo? Como dissemos acima, a primeira dimensão é explicitada pela *sistemática do mundo* e a segunda pela *sistemática compreensiva*. A sistemática do mundo se preocupa em esclarecer as estruturas mais gerais do mundo ou da dimensão da Entidade, à diferença das ciências particulares, que tematizam apenas as estruturas particulares dos entes ou sub-âmbitos dos entes, como é o caso da física, da química, da biologia etc. Logo se percebe que a diferença básica entre a sistemática do mundo e a sistemática compreensiva é que a primeira trata da dimensão dos entes, enquanto a segunda da dimensão do Ser. Outra diferença fundamental entre as duas dimensões é que a dimensão dos entes é puramente *contingente*, enquanto a dimensão do Ser é *necessária*, como veremos adiante. Importante é também ressaltar que a dimensão conteudística explicitada pela sistemática do mundo e compreensiva não afirma a existência de um mundo ou do Ser para além das estruturas, como se já existisse um mundo e um Ser prontos à parte das estruturas. O mundo/Ser nos é dado *através* das estruturas de tal forma que a sistemática estrutural, que tematiza o quadro teórico da FES, representa apenas um momento de abstração das estruturas, uma vez que estrutura e mundo são inseparáveis e interdependentes. Em poucas palavras: "Sem as estruturas, a dimensão dos dados é vazia; sem os dados, a dimensão das estruturas é puramente abstrata e, sob outro aspecto, igualmente vazia"[17].

A *sistemática do mundo* começa classificando os entes em geral (atuais concretos e abstratos, possíveis e fictícios) e, depois, tematiza os vários âmbitos ontológicos da Entidade, que correspondem mais ou menos às tradicionais disciplinas filosóficas que tratam da natureza, do ser humano, do bem moral, do belo etc. A grande diferença é que tais âmbitos ontológicos são tematizados a partir do quadro teórico linguístico da FES. Assim, por exemplo, pode-se articular todo o conteúdo tradicional da filosofia da natureza através do quadro teórico da FES. Da mesma forma, a antropologia filosófica da FES procura tematizar o ser humano em seu quadro teórico, mostrando que na *configuração* pessoa humana há uma diversidade ontológica de fatos primos (materiais, biológicos, espirituais, éticos etc.), que situam a pessoa humana num lugar sistemático privilegiado no todo do Ser, a saber: ela é coextensiva intencionalmente com o universo ilimitado do discurso, retomando a clássica intuição de Aristóteles no *De anima*: "a alma é de algum modo tudo" (ἡ ψυχὴ τὰ ὄντα πώς ἐστι πάντα)[18]. A aplicação do quadro teórico da FES pode/deve ser feita em todos os outros âmbitos da filosofia e dimensões do mundo humano, como ética, estética, filosofia da história etc., a fim de os explicitar de modo mais adequado. Neste livro, escolhemos o âmbito da antropologia para aplicar o quadro teórico da FES

---

17. *EeS*, 359.
18. ΠΕΡΙ ΨΥΧΗΣ (*De anima*), Γ 431 b 21.

e procurar explicitar melhor o que seja a pessoa humana, como veremos no capítulo 5.

A *sistemática compreensiva*, por outro lado, eleva-se do âmbito dos entes à dimensão do Ser enquanto tal e em seu todo. A dimensão do Ser aparece como uma necessidade a certa altura do empreendimento teórico e pode ser apreendida de várias formas. Uma delas constitui aquele momento sistemático no qual a pesquisa se depara com duas diferentes dimensões da Entidade, a dimensão objetiva e a subjetiva, a saber: a dimensão dos objetos/indivíduos que são inteligíveis, mas que não podem compreender nada, e aqueles que são inteligíveis e possuem inteligência para compreender tudo o mais. Esta "relação" se apresenta de forma clara no encontro entre o ente humano e os outros tipos de entes através do raio intencional que a pessoa humana lança em direção ao mundo. Como entender esta "relação"? Colocamos o termo "relação" entre aspas porque ele não é o mais adequado para tematizar o que acontece entre as duas dimensões, uma vez que não são dois polos totalmente distintos, que precisariam de uma ponte para se atravessar de um lado para o outro, como aparece claro num tipo de dualismo cartesiano (entre *res cogitans* e *rex extensa*). Pelo contrário, pelo simples fato de se perceber esta diferença, as dimensões da objetividade e subjetividade pressupõem sempre uma unidade horizontal (a Entidade) e uma unidade vertical (o Ser primordial). Ora, a condição de possibilidade para se perceber qualquer diferença não é outra senão a pressuposição de uma unidade fundamental entre as partes. Para a FES, tal unidade se encontra na dimensão oniabrangente do Ser, uma vez que a dimensão objetiva e subjetiva são ambas algum-modo-de-Ser, podendo-se falar do Ser-no-sentido-objetivo e do Ser-no-sentido-subjetivo.

O esclarecimento da dimensão oniabrangente do Ser como tal e em seu todo acontece, portanto, apenas depois da explicitação da Entidade em seus vários âmbitos ontológicos. É nesta altura que se pode falar de uma nova disciplina filosófica chamada *einailogia* ou *metafísica primordial*, que ultrapassa a dimensão da Entidade com todos os seus entes (ὄν, *ens*) para lidar com o Ser mesmo (εἶναι, *esse*). Cabe a este capítulo apenas mencionar esta grande temática, uma vez que nos dedicaremos somente a ela no próximo capítulo. Como a compreensão do

Ser da FES indica, trata-se de uma teoria em duas partes: aquela que trata do Ser como tal e outra que trata do Ser em seu todo. A primeira parte lida com as características imanentes ou absolutamente universais do próprio Ser, ou seja, lida com aquilo que identifica o Ser enquanto tal se estendendo a toda a dimensão da Entidade. Estas características foram em parte tematizadas pela tradição metafísica, sobretudo na idade média, com os chamados "transcendentais": *ens, res, aliquid, unum, verum, bonum (pulchrum)*. A FES resgata essa doutrina e a expande com seu quadro teórico, uma vez que a doutrina dos transcendentais sempre foi aplicada aos entes e não diretamente ao Ser, como afirma o axioma clássico: "unum, verum et bonum cum *ente* convertuntur". Para a FES, as características imanentes do Ser enquanto tal são: inteligibilidade universal, coerência ou interconexão universal, expressabilidade universal, linguisticidade universal, bondade universal e beleza universal.

A segunda parte da *einailogia* diz respeito ao Ser como um todo. Refletir sobre a totalidade logo nos levará à concepção de uma bidimensionalidade do Ser ao aplicarmos as ferramentas modais da necessidade, possibilidade e contingência ao todo. A pergunta inicial a ser feita é se o todo do Ser constitui algo apenas contingente ou constitui algo necessário. Através de um raciocínio simples, mas contundente, a FES mostra que o todo do Ser não pode ser idêntico à Entidade apenas, ou seja, reduzido a um todo contingente. Se o todo do Ser fosse contingente, isto é, se o todo do Ser pudesse ser ou não ser, isso levaria a uma contradição intrínseca, uma vez que um todo contingente pressuporia a possibilidade de Ser e não Ser *no* nada-absoluto. Ora, mas uma possibilidade já é algo de Ser, o que contradiria o conceito de nada-absoluto. Dessa forma, o Ser como um todo não pode ser apenas contingente, mas pressupõe uma dimensão absolutamente necessária, de onde surgem os entes contingentes.

Por outro lado, a conexão entre as dimensões contingente e absolutamente necessária não pode ser uma de tipo necessária, como se a dimensão contingente fosse deduzida ou emanada da dimensão necessária. Isso se pode mostrar ao perceber que a dimensão contingente deve depender em tudo da dimensão necessária, não havendo nada nela que não encontre seu fundamento na dimensão fundante. Como vimos, a dimensão contingente apresenta um ente com inteligência e vontade livre e nos faz pressupor que estas duas caraterísticas da pessoa humana encontram seu fundamento último na dimensão necessária do Ser. Em poucas palavras, é preciso pressupor que a dimensão absolutamente necessária também seja inteligente e livre se quisermos oferecer uma explicação última daquilo que encontramos na dimensão contingente. Deve-se estabelecer a partir daqui o elemento fundamental da conexão entre a dimensão contingente e absolutamente necessária do Ser, a saber: uma conexão de pura liberdade. Isto é, a dimensão contingente surge como ato da liberdade da dimensão absolutamente necessária, o que foi expresso em parte no conceito de *criação* do judaísmo-cristianismo, que afirma ter Deus *criado livremente* a totalidade dos entes contingentes doando ou participando a eles o seu próprio Ser.

Por fim, é importante fazer uma breve observação sobre a palavra e conceito "Deus". Tal palavra não pertence, em primeiro lugar, ao léxico filosófico, mas teológico e religioso, uma vez que pressupõe caraterísticas adicionais não captáveis diretamente pelo método filosófico. Isso não quer dizer que a filosofia não trate do problema de Deus, mas apenas que o conceito de Deus deve ser primeiro incluído numa teoria do Ser como tal e em seu todo, e, somente depois, pode-se tematizar os elementos próprios das diversas religiões. Trocando em miúdos: depois de ter aclarado, no seio da filosofia, a dimensão necessária do Ser e ter chegado ao ponto em que esta deve ser entendida como Ser espiritual absolutamente livre, portanto pondo a dimensão contingente livremente no Ser, põe-se a questão: como avançar na compreensão das determinações deste Ser espiritual absolutamente livre? Aí vem a ideia de que ente livre, no caso o ente humano, só pode mostrar maiores determinações de si mesmo através de sua atuação na história. Para o Ser absolutamente livre vale o mesmo de modo análogo: voltado o filósofo para a história, deve-se perguntar se há aí sinais de atuação do Ser absolutamente livre. Usando um método fenomenológico, o filósofo se depara com as religiões que falam de "Deus" atuando na história humana, e é assim que se introduz a problemática de Deus na filosofia.

Uma consequência desse procedimento é que perguntas em torno do conceito de Deus se tornam totalmente infundadas, como, por exemplo, a pergunta se "Deus existe". Ora, como vimos acima, não tem sentido perguntar se a dimensão necessária do Ser existe ou não. Por causa da confusão entre os âmbitos puramente filosófico e religioso acerca da utilização da palavra "Deus", a FES prefere não utilizar esse termo no âmbito de sua teoria do Ser. Apenas numa análise posterior, quando a filosofia tematizará elementos históricos das religiões, é que ela pode situar sistematicamente qualquer discurso sobre o "Deus das religiões", devendo, para isso, realizar uma cisura metodológica capaz de considerar outros elementos em sua análise, sobretudo fatos primos históricos e circunstanciais. Em poucas palavras, do ponto de vista puramente filosófico, o que se pode dizer da dimensão absolutamente necessária do Ser e de sua relação com a dimensão contingente deve parar na afirmação do conceito de *criação*.

CAPÍTULO IV
A dimensão oniabrangente do Ser

Apresentamos no capítulo anterior uma visão geral e condensada da FES, incluindo seu quadro referencial teórico e as ideias básicas de sua teoria do Ser como tal e em seu todo. Esta última parte precisa ser melhor explicitada, a fim de ser utilizada para o escopo deste livro, ou seja, a fim de ser uma solução para o problema moderno da interação corpo-mente[1]. No próximo capítulo, apresentaremos a teoria holístico-configuracional da pessoa que se utilizará de todo o quadro teórico da FES para explicitar de forma mais adequada o que seja o indivíduo pessoa. Depois, restará a grande tarefa de apresentar uma teoria da causalidade capaz de enfrentar os problemas da interação psicofísica neste novo modelo.

---

1. Uma abrangente apresentação da metafísica primordial de Puntel pode ser vista também em OLIVEIRA, M. A. de, A *Metafísica do Ser Primordial: L. B. Puntel e o desafio de repensar a metafísica hoje*, São Paulo: Loyola, 2019. Veja ainda OLIVEIRA, M. A. de, Teoria do Ser primordial como tarefa suprema de uma filosofia sistemático- estrutural, *Síntese*, Belo Horizonte, v. 39, n. 123 (2012), 53-79; OLIVEIRA, M. A. de, A nova metafísica e a compreensão da religião, *Síntese*, Belo Horizonte, v. 47, n. 149 (2020), 469-501.

Podemos iniciar esta discussão a partir do termo "metafísica" utilizado pela tradição. A FES não rejeita esse termo, mas o especifica melhor. De fato, depois de Heidegger o termo "metafísica" assumirá uma conotação negativa, pois representará toda uma tradição que teria esquecido da diferença ontológica entre ente e Ser, elaborando apenas uma teoria dos entes e não uma teoria do Ser. Heidegger procurou realizar um "passo atrás" (*ein Schritt zurück*), a fim de pensar não os entes, mas o Ser mesmo, dando a esse esforço não mais o nome de "metafísica", mas de "pensamento" ou, ainda, "*Holzwege*". Assim, segundo Heidegger, seria preciso superar a "metafísica" como ciência dos entes e alcançar um modo novo de pensar as origens, o Ser. A fim de não jogar fora toda uma tradição filosófica, mas também não a assumir indistintamente, a teoria do Ser enquanto tal e em seu todo da FES acrescenta ao termo "metafísica" o adjetivo "primordial". Melhor ainda, inaugura um novo termo, a saber, "einailogia", para diferenciar seu esforço de pensar o Ser das outras tentativas metafísicas. Contudo, o que vem a ser uma "metafísica primordial" ou "einailogia" na concepção da FES? Em poucas palavras, pode-se dizer que é uma *teoria das estruturas mais fundamentais e gerais da dimensão que na linguagem comum é chamada "realidade"*. Afirmar que a einailogia tematiza as estruturas mais fundamentais e gerais da realidade significa colocar essa disciplina acima da *ontologia*, como ciência dos entes. Por isso, pode-se aplicar bem o termo "metafísica" (primordial) a essa disciplina, mostrando que o "meta" da expressão indica uma dimensão *para além* daquela física ou do reino dos entes[2].

4.1 A exigência de um "espaço einailógico"

Como vimos, a história da metafísica foi sempre a história dos entes, e não do Ser. Esse fato pode ser mostrado por meio de uma análise minuciosa dos vários sistemas metafísicos do ocidente, de Platão até nossos dias. Para citar um exemplo atual da filosofia analítica, podemos ver a distinção entre Ser e existência feita por Quine:

---

2. Expressões como "metametafísica" não fazem sentido na FES, uma vez que não pode haver uma dimensão "para além" (*meta*) daquela do Ser enquanto tal e em seu todo.

Em tempos recentes e antigamente era praxe bem comum na filosofia diferenciar entre Ser [being] como o conceito mais amplo e existência como o mais estreito. Essa diferenciação não procede de mim; com "existe" quero abarcar tudo que há [all there is][3].

Observa-se como Quine influenciou toda a tradição analítica com sua concepção reducionista de "existência", ignorando ou esquecendo a dimensão daquilo que é, mas não existe. Ou seja, o termo "existência" articula apenas o âmbito dos entes atuais, enquanto o termo "Ser" tem uma abrangência maior, incluindo não apenas seres atuais concretos e abstratos, mas também potenciais e fictícios. O porquê de a história da metafísica apresentar o destino fatídico de se tornar uma ciência dos entes deve ser encontrado em primeiro lugar no fenômeno da linguagem. De fato, todas as línguas apresentam uma estrutura sintática e semântica, bastante confirmada pela intuição, que diferencia claramente entre um sujeito e um predicado. O sujeito é *aquilo* (*id*) que sustenta e unifica uma série de atributos. Tal estrutura pressupõe uma ontologia de entes, entendidos como substâncias e acidentes, tal como articulou Aristóteles em sua metafísica. O grande problema dessa intuição é que ela está fundada numa experiência imediata com os entes, não apreendendo senão implicitamente a dimensão do Ser. A linguagem natural, portanto, constitui um dos fatores determinantes para o trágico destino do esquecimento do Ser. Outro fator explicativo do esquecimento do Ser constitui a dualidade entre sujeito e objeto, que determina a reflexão filosófica desde o início e, particularmente, desde a modernidade. A dualidade sujeito-objeto ganhou nuanças determinantes na concepção de *res cogitans* e *res extensa* de Descartes, levando a uma diferenciação radical entre ambas e, assim, ao esquecimento da própria condição de possibilidade dessa diferença, a saber: a dimensão oniabrangente do Ser.

O termo "ente" é bem apropriado para qualificar a dimensão da Entidade e constitui o conceito mais fundamental dessa dimensão, enquanto o termo "Ser" constitui aquele mais apropriado para denominar a dimensão oniabrangente e o mais primordial de todos os concei-

---

3. QUINE, *Ontologische Relativität und andere Schriften*, Stuttgart, 1975, 139.

tos. Na história da filosofia, muitos conceitos se candidataram para ser "o conceito primordial". Assim, temos um elenco de grandes conceitos como "logos", "*noûs*", "uno", "bem/beleza", "espírito" entre outros. Nenhum deles, porém, pode prescindir da pressuposição do conceito de "Ser", ou seja, para exercerem qualquer função, eles precisam antes de tudo "ser-Algo", um "não Nada", demonstrando como o conceito de Ser é anterior e primordial. Também na dimensão da Entidade, o conceito de "ente" constitui aquele último pressuposto por todos os outros conceitos, por mais gerais que sejam. Pode-se ver que o termo "ente" não pressupõe nenhum outro em seu nível, mas pressupõe num nível superior o conceito de "Ser", pois ente significa não mais que "algo-de-Ser". É por isso que podemos até definir o que seja um ente, mas de modo algum pode-se definir a dimensão do Ser, uma vez que não há nenhum outro conceito mais simples e primordial capaz de explicitar essa dimensão sem a pressupor. O único meio possível seria defini-lo a partir de sua negação absoluta, mostrando que o Ser é simplesmente não nada-absoluto[4].

Uma das questões principais que deve ser tratada aqui é a seguinte: de modo geral, por que se deve ultrapassar a dimensão da Entidade? Não seria essa a dimensão última? Por que precisamos de uma dimensão do Ser? Essa questão pode ser especificada a partir da ontologia geral do fisicalismo, ou seja: por que a dimensão física não constitui a dimensão última e sim uma dimensão metafísica? Procuremos responder primeiro a forma geral desta questão: por que a dimensão da Entidade não é suficiente? Uma resposta de tipo *horizontal* pode ser esta: na dimensão da Entidade existe uma pluralidade de entes, que não estão isolados, mas interconectados a ponto de formar conexões cada vez mais abrangentes. Para exemplificar esse fato, basta lembrar a classificação biológica dos indivíduos vivos em reino, filo, classe, ordem, família, gênero, espécie. Os critérios de classificação desses indivíduos mostram que há entre eles elementos comuns a partir dos quais podemos reagrupá-los. Numa escala ainda mais abrangente, podemos classificar todos os indivíduos em âmbitos ontológicos diferentes: âmbi-

---

4. Cf. *SeN*, 359.

tos matemático, físico, biológico, humano etc. Quando se chega a elementos comuns a *todos* os indivíduos, alcançamos a dimensão da Entidade. Mas, neste ponto, a exigência racional de uma unidade ainda não se esgota, pois a interconexão horizontal exige uma outra vertical.

A exigência de uma interconexão vertical acontece porque as interconexões horizontais não esgotam a pergunta sobre a inteligibilidade da dimensão da Entidade. A pergunta que se pode fazer neste nível é a seguinte: a dimensão da Entidade é autoexplicativa? Ou seja, constitui ela a dimensão autossuficiente ou ela exige uma explicação para além de si mesma? Como veremos adiante, a dimensão da Entidade é profundamente marcada pela transitoriedade dos entes, levando à compreensão de que toda esta dimensão pode ser vista sob a égide da contingência. Esse fato indiscutível tem consequências cruciais para uma teoria do Ser, caso se reflita sobre ele de forma coerente. Puntel expressa bem esse estado de coisas da seguinte forma:

> Neste ponto, deve-se perguntar: como se deve conceber mais precisamente esses entes tão diversos, tanto individualmente quanto integrados em interconexões com outros? Ou, perguntando de maneira diferente: eles pressupõem algo? Em caso afirmativo, o quê? Ou, ainda em outros termos: eles apontam, de modo explícito ou velado, para algo (talvez uma dimensão)? Em caso afirmativo, para o quê? Por fim, a partir de outra perspectiva: eles são determinados como aquilo que são a partir de algum lugar? Há mesmo alguma "dimensão de onde" para eles? Essas são perguntas ensejadas pelos respectivos lados ou aspectos diferentes da constelação teórica aqui presente[5].

Como irá mostrar a teoria do Ser como um todo, a dimensão da Entidade não pode ser autoexplicativa, como se tivéssemos chegado a um *fato bruto*. Pelo contrário, toda essa dimensão exigirá uma explicação para além de si mesma, o que exigirá uma dimensão superior. Antes de entrar na explicitação dessa dimensão oniabrangente, faz bem demonstrar como tal dimensão última é pressuposta em toda e qualquer asserção que fazemos. Assim, pode-se intuir a dimensão do Ser de forma imediata. Como ponto de partida, tomamos a dimensão

---

5. SeN, 362.

espaciotemporal. A expressão "dimensão" caracteriza bem essa realidade, pois ninguém a percebe explicitamente, senão implicitamente ao entrar em contato com os objetos, que pressupõem a dimensão espaciotemporal. Kant afirmaria que a dimensão espaciotemporal constitui uma forma da sensibilidade enquanto condição de possibilidade para se perceber algo externamente. Obviamente, Kant falha em sua interpretação da dimensão espaciotemporal, entendendo-a apenas como uma forma subjetiva da sensibilidade. De qualquer modo, a ideia pode ajudar a entender que a percepção dos objetos pressupõe uma dimensão imperceptível pelos sentidos, mas pressuposta em qualquer percepção externa. De fato, a dimensão espaciotemporal constitui aquele "onde-quando" se encontram os objetos físicos. Outro exemplo advém de Wittgenstein, que inaugurou a expressão "espaço lógico" (*logical space*), no qual se encontram os fatos e suas condições de verdade. A expressão "espaço lógico" se consolidou na filosofia analítica, mas se revela como muito restritiva, uma vez que confina os fatos apenas ao âmbito *lógico-dedutivo*.

Pode-se articular um outro tipo de "espaço" ainda mais abrangente e adequado, que bem poderia ser chamado de "espaço einailógico" ou, como aparece na quase definição da FES, de "universo ilimitado do discurso" ou ainda "espaço discursivo global ilimitado". Essa não é outra senão a dimensão do Ser. Como a dimensão espaciotemporal, também o "espaço discursivo global ilimitado" ou dimensão do Ser é acessível de forma implícita na percepção dos entes. De forma específica, a FES explicita incoativamente o espaço einailógico através das sentenças teóricas. De fato, toda sentença teórica aponta para a dimensão do Ser ao expressar uma proposição prima verdadeira (= fato primo). Isso se dá porque a sentença teórica construída pelo operador teórico "é o caso que" (a FES utiliza para isso o símbolo '⊤') e um argumento (por exemplo, f), ou seja, ⊤f, articula um "fragmento" da realidade, que pressupõe outros fragmentos cada vez mais universais até chegar a uma dimensão última. Um exemplo pode ser dado: consideremos a sentença teórica "é o caso que faz calor". Para ser compreendida, tal sentença precisa pressupor uma série de outros elementos e âmbitos, como por exemplo, a diferenciação entre calor e frio, o âmbito do clima, a biosfera etc. até chegar à dimensão condição de possibilidade de todas essas diferenciações, a saber: a dimensão do Ser ou espaço discursivo global ilimitado. Esse espaço é *ilimitado* porque abarca absolutamente tudo aquilo que "ocorre" ou "possivelmente ocorrerá". Assim, como os objetos físicos são encontrados na dimensão espaciotemporal, tudo aquilo que *é* é encontrado no espaço discursivo global ilimitado ou dimensão do Ser. "Aquilo que é" consiste numa determinação mínima que possibilita uma apreensão pelo intelecto. Sem essa mínima determinação nada poderia ser compreendido, o que demonstra ser a dimensão do Ser aquela última e oniabrangente, da qual nada pode escapar.

4.2 Dimensão do Ser como superação da subjetividade moderna

J. Habermas e K. O. Apel apresentaram uma divisão da história da filosofia em três categorias: a idade antiga e média teriam tematizado a categoria da objetividade, a idade moderna a categoria da subjetividade, e a idade contemporânea aquela da intersubjetividade. A FES é do parecer que chegou o momento de articular a dimensão última fundamental da filosofia, a saber: a dimensão do Ser, que engloba todas essas categorias. Pode-se falar aqui de uma "reviravolta einailógica" como uma superação da subjetividade moderna. Mais ainda, é importante acrescentar que a dimensão do Ser constitui também a superação da intersubjetividade contemporânea. Vejamos de perto, porém, como a descoberta da dimensão do Ser tem como consequência a superação da subjetividade moderna.

As idades antiga e média foram marcadas pela objetividade do mundo, que constituía a fonte do conhecimento e em volta da qual o sujeito girava como um planeta em torno do sol. Nessas épocas, a *philosophia prima* era não mais que a metafísica, entendida como ciência dos entes. O pano de fundo dessa compreensão consistia na ideia de que a razão era uma espécie de espelho da realidade (entendida como a totalidade dos entes), ou uma cera quente na qual eram impressas as ideias advindas da percepção sensível. Para falar de modo direto, mas incorreto, o papel passivo da razão era mais ressaltado que o papel ativo, e o critério último de verdade era não mais que a evidência externa. Com o advento da modernidade, tudo muda de perspectiva e o sujeito vai assumir um papel essencial e ativo na produção do conhecimento. Descartes inaugura os tempos modernos colocando o parêntese da dúvida em qualquer evidência externa ou conhecimento tradicional até conseguir atingir a *clareza* e *distinção* necessárias para serem aceitos como conhecimento verdadeiro. É quando verdade se transforma em certeza subjetiva, e o sujeito começa a se entender como o sol em torno do qual gira o mundo externo. A mais grave consequência da perspectiva moderna foi incorporar em si mesma a perspectiva da objetividade a ponto de fazer cair no ceticismo a própria existência do mundo externo.

Embora Descartes seja o pai da modernidade, será Kant a representar de forma plena a "virada copernicana" do objeto para o sujeito. De fato, o projeto kantiano procura superar a dualidade cartesiana de *res cogitans* e *res extensa*, mas, além de não a superar, acrescenta outras dualidades ao fazer a filosofia girar em torno do problema do conhecimento. Isso se verifica na estrutura fundante de sujeito-objeto da filosofia da subjetividade. "Objeto" não significa em primeiro lugar algo do mundo externo, senão uma "representação" produzida pelas formas *a priori* da sensibilidade e das categorias do entendimento ao entrarem em contato com o fenômeno. Categorias e intuição empírica constituem dois âmbitos essenciais na produção do conhecimento, como bem afirma uma das frases-síntese da filosofia kantiana: "Pensamentos sem conteúdo são vazios, intuições sem conceitos são cegas"[6]. Vê-se claramente, nessa frase, a pressuposição de duas dimensões: uma subjetiva, relacionada à faculdade que produz conceitos, e a dimensão dos objetos da experiência possível.

Apesar dessas duas dimensões dentro de seu quadro teórico, Kant elabora sua filosofia de uma perspectiva totalmente subjetiva, que ele chamou de transcendental. A melhor forma de entender sua perspectiva transcendental é lembrar sua famosa frase, que afirma que *"O eu penso* deve *poder* acompanhar todas as minhas representações"[7]. Isso

---

6. KANT, *Crítica da Razão Pura*, B 75.
7. Ibid., B 131.

significa que a perspectiva do eu transcendental engloba praticamente toda a realidade, fazendo com que o sujeito jamais possa sair de sua própria perspectiva. Ou seja, o objeto produzido pelas formas *a priori* da sensação e pelas categorias do entendimento permanece dentro da perspectiva subjetiva, na medida em que aqui a subjetividade é o centro no sentido de que é a perspectiva que tudo determina. No entanto, a tentativa de Kant falha. Pode-se mostrar esse fato a partir de dois aspectos que evidenciam como Kant sai de sua perspectiva transcendental e afirma sentenças com um caráter absoluto. O primeiro deles é a estranha pressuposição de que, por trás do fenômeno, se esconde um *noumenon*, que não podemos conhecer ou atestar sua real existência. O problema dessa afirmação é que ela se autoanula ao afirmar que não se pode conhecer algo e, ao mesmo tempo, declarar o conhecimento de que não se pode conhecer algo. Ao colocar o limite, Kant já ultrapassa esse limite e levanta pretensões de verdade sobre o não conhecimento do *noumenon*.

O segundo aspecto é o mais decisivo. No mais das vezes, Kant elabora sentenças teóricas do tipo: "da perspectiva transcendental, a realidade se comporta desta ou daquela forma". Assim, o operador teórico utilizado por ele constitui um fator restritivo que reduz a realidade à experiência intelectual-subjetiva possível. Apesar disso, Kant elabora outros tipos de sentenças teóricas, que quase passam despercebidas em sua filosofia. Tais sentenças não apresentam um fator restritivo, mas são expressas de forma absoluta, como se dispensassem a perspectiva transcendental e assumissem uma perspectiva "de fora" do sujeito transcendental. Como exemplo, podemos citar o primeiro parágrafo da *Crítica da Razão Pura*, em que Kant escreve:

> Sejam quais forem o modo e os meios pelos quais um conhecimento se possa referir a objetos, é pela intuição que se relaciona imediatamente com estes, e ela é o fim para o qual tende, como meio, todo o pensamento. Esta intuição, porém, apenas se verifica na medida em que o objeto nos for dado; o que, por sua vez, só é possível [pelo menos para nós homens] se o objeto afetar o espírito de certa maneira. A capacidade de receber representações (receptividade), graças à maneira como somos afetados pelos objetos, denomina-se

sensibilidade. Por intermédio, pois, da sensibilidade, são-nos dados objetos, e só ela nos fornece intuições; mas é o entendimento que pensa esses objetos, e é dele que provêm os conceitos. Contudo, o pensamento tem sempre que se referir, finalmente, a intuições, quer diretamente (*directe*), quer por rodeios (*indirecte*) [mediante certos caracteres] e, por conseguinte, no que respeita a nós, por via da sensibilidade, porque de outro modo nenhum objeto nos pode ser dado[8].

Kant esclarece aqui como acontece a relação entre o entendimento e o fenômeno dado na intuição empírica, mas não a partir de uma perspectiva transcendental, senão como se compreendesse tal relação "de fora" dela. O que fica claro é que Kant utiliza sentenças teóricas que esclarecem sua própria perspectiva transcendental, mas numa perspectiva absoluta ou irrestritiva, como se colocasse um operador teórico na frente de sua perspectiva transcendental, isto é: "de uma perspectiva absoluta, é o caso que a forma de conhecer humana só é possível na perspectiva transcendental". Isso significa que, neste nível, Kant pressupõe uma subjetividade universal e uma dimensão objetiva sobre a qual ele afirma algo de forma irrestrita. Neste ponto, alcançamos a estrutura sujeito-objeto, mas não mais no nível transcendental, como se o objeto fosse apenas produzido pelo sujeito transcendental, mas num nível no qual o objeto constitui uma dimensão externa ao sujeito (transcendental), e no qual se afirmam sentenças absolutas sobre ele. Puntel ilustra todo esse estado de coisas diferenciando o operador teórico particular e o operador teórico universal, aplicando-os à filosofia da subjetividade de Kant.

> Isso pode ser ilustrado com o auxílio da famosa sentença da *Crítica da razão pura*: "O *eu penso* tem de *poder* acompanhar todas as minhas representações" (B 131 [p. 121]). Essa sentença pode ser interpretada de duas maneiras diferentes, dependendo do contexto em que ela aparece na obra de Kant: de um lado, como *sentença autoexplicativa* (isto é, como sentença em que a filosofia transcendental explicita a si mesma), e, de outro, como *sentença meta-autoexplicativa* (isto é, como sentença que, de uma perspectiva ilimitada, expressa

---

8. Ibid., B 49.

algo sobre uma sentença da filosofia transcendental). No primeiro caso, a sentença é determinada por um operador teórico *particular*, tendo, portanto, a seguinte estrutura: $\mathcal{T}_{Tr}(\varphi)$ ('Tr' = 'transcendental', 'φ' = a sentença: "O *eu penso* tem de *poder* acompanhar todas as minhas representações"). No segundo caso, porém, trata-se de um operador universal que é interpretado assim: "da perspectiva ilimitada/ universal é o caso que da perspectiva transcendental é o caso tal que: o *eu penso* tem de *poder* acompanhar todas as minhas representações". Neste caso, tem-se, portanto, a estrutura: $\mathcal{T}(\mathcal{T}_{Tr}(\varphi))$[9].

A pergunta que surge dessa análise é a seguinte: qual a diferença entre estas duas dimensões, subjetiva e objetiva? São elas totalmente diferentes ou teriam algo em comum? Se sim, o quê? Parece óbvio que as duas dimensões são ambas algo-de-Ser ou um não Nada. Melhor dizendo, as duas dimensões são modos de Ser, a saber: aquele modo de Ser que compreende (sujeito/inteligência) e aquele modo de Ser que é compreendido (objeto/mundo/realidade). Mas, nesse ponto, aparece clara a necessidade de uma dimensão acima dos dois modos de Ser que vem pressuposta na diferenciação. Causa espanto que o gênio de Kant não perceba todo este movimento que leva à necessidade de uma dimensão oniabrangente como condição de possibilidade de todo o seu edifício filosófico.

A dimensão einailógica surge, portanto, como uma pressuposição da estrutura sujeito-objeto, própria da filosofia da subjetividade, e é por isso que tal filosofia precisa ser superada. Puntel fala da necessidade de "despotencializar" a subjetividade quando se elaboram sentenças teóricas, o que não significa abolir a perspectiva subjetiva, mas conceder a ela apenas um papel secundário. De fato, o grande problema não é a subjetividade, mas a perspectiva particularista da subjetividade, aquela visão muito determinada por experiências particulares e privadas, que acabam se tornando um eixo sobre o qual gira toda a realidade. A FES defende ser possível uma perspectiva subjetiva universal, na qual o sujeito particular, seus interesses, opções, gostos etc. não constituem nenhum fator de restrição da dimensão teórica. Quanto mais a subjetivi-

---

9. *SeN*, 392.

dade em suas asserções sobre a realidade for coextensiva com a realidade, mais ela estará no âmbito do Ser mesmo e abandonará o âmbito restrito e particularista. Não se está afirmando aqui que essa perspectiva restrita também não pertença à dimensão do Ser, mas certamente não constitui ela a perspectiva absolutamente universal, como se exige para uma ciência teórica. Quando se atinge a dimensão do Ser, inclusive, pode-se não focar mais a dimensão da subjetividade como a dimensão determinante do conhecimento, como fazem a epistemologia moderna e contemporânea.

Outro exemplo de superação da filosofia da subjetividade pode ser visto na fenomenologia de Husserl, que procurou superar o dualismo sujeito-objeto a partir de Descartes. Husserl parte do *a priori formal* de Kant, e seu projeto tentará superar a formalidade de Kant com seu *a priori material*. Como vimos, na filosofia transcendental de Kant existe ainda um dualismo entre sujeito e objeto, fenômeno e *noumenum*, sem falar daquela dualidade entre eu transcendental e eu empírico, que será tema para todo o idealismo alemão, no qual o eu transcendental é absolutizado. Husserl dá outro significado a "fenômeno" diferente de Kant, para quem fenômeno constituía uma percepção empírica a partir das formas *a priori* da sensibilidade, tendo como base a coisa-em-si, mas não se identificando com ela. Para Husserl, ao contrário, "fenômeno" é a "coisa mesma" (*die Sache selbst*) dada à consciência através de um processo de colocação entre parêntese de qualquer pressuposto (redução), a fim de que o ser-essência mesmo(a) apareça de forma nua e crua, em *carne e osso*. Nesse sentido, o conceito de ser/essência/mundo não constitui outra coisa senão aquilo que aparece à consciência, o que levou Husserl a compreender que a consciência não é uma caixa vazia, como pensava Descartes, que se volta para o mundo, mas que a consciência já está ligada ao objeto por meio da intencionalidade. Ou seja, consciência é sempre *consciência de alguma coisa*. É assim que a fenomenologia tentou mostrar que não há dualidade entre sujeito e objeto, uma vez que os dois estão ligados essencialmente numa unidade transcendental.

O problema dessa concepção fenomenológica é justamente sua tendência forte ao idealismo, como se objeto não fosse algo "para além" do sujeito, mas apenas uma representação subjetiva. Ou seja, a ideia por trás de colocar o mundo "entre parêntese" é aquela de rejeitar a independência do mundo em relação à consciência, reduzindo palavras como "ser-em-si" e "existência-em-si" a "ser para" e "existência para" os atos intencionais. Apesar disso, sustentar um "ser para" pressupõe ainda um "ser-em-si", ou seja, um mundo para além da consciência, que constitui o âmbito condição de possibilidade do objeto intencional. Um mundo em si é colocado entre parêntese ou fora de circuito, deixando apenas a ideia de "ser-para-a-consciência" e, por isso mesmo, uma concepção limitada de ser. Isso significa que, embora a consciência constitua seu objeto como "ser para", ela não esgota a concepção de ser como tal. Na verdade, o que Husserl chama de "ser" não é mais que "ente", pois o ser é compreendido como essência e não como aquela dimensão oniabrangente, que procuramos aqui. O que aparece ao final é ainda a pressuposição de duas dimensões, ambas pertencendo ao âmbito dos entes, a saber: uma dimensão subjetiva (a consciência) e outra objetiva (mundo).

Puntel comenta que Husserl caiu em dois erros graves[10]. O primeiro é ter negado que o mundo natural e a linguagem natural que o descreve tenham algum sentido. Uma vez que, para ele, somente a subjetividade transcendental-fenomenológica confere sentido ao mundo, deixou de perceber que a linguagem natural também elabora sentenças declarativas, que precisam ser verificadas em sua inteligibilidade e veracidade e não apenas ser colocadas entre parêntese como se fossem privadas de sentido desde o início. A FES, por exemplo, não exclui as sentenças da linguagem natural, mas as purifica em sua sintaxe e semântica, a fim utilizá-las para um escopo filosófico. Husserl, ao contrário, rejeitou qualquer sentido do mundo real para além daquele obtido pela subjetividade transcendental-fenomenológica. O segundo erro de Husserl foi ter absolutizado a subjetividade transcendental- fenomenológica, ou seja, a subjetividade determina e "constitui" toda a realidade, todo o Ser. Esse constitui o erro mais grave e desafiador para uma filosofia do Ser, como proposta pela FES, pois a subjetividade particu-

---

10. Cf. *SeN*, 432 ss.

larista (transcendental-fenomenológica) se torna o centro absoluto no limite do qual a dimensão do Ser mesmo é confinada. De fato, a superação da subjetividade como entendida por Husserl será o grande feito de Heidegger.

Puntel cita um pequeno texto crítico de Heidegger a Husserl, que ele considera conter uma das realizações filosóficas mais importantes da filosofia do século XX. Citemos o texto na íntegra:

> Há concordância [entre Husserl e Heidegger] quanto a que o ente, no sentido do que o Sr. [Husserl] denomina "mundo", não pode ser aclarado em sua constituição transcendental mediante uma regressão a [algum] ente que tenha o mesmo modo de Ser [dos entes do mundo]. Com isso, porém, ainda não está dito que aquilo que perfaz o lugar do transcendental não é nenhum ente; ao contrário, daí brota justamente o *problema*: qual é o modo de *Ser* do ente em que se constitui o "mundo"? Este é o problema central de *Ser e Tempo* – a saber, uma ontologia fundamental do ser-aí. É preciso mostrar que o modo de *Ser* do ser-aí humano é totalmente diferente do modo de todos os demais entes e que, justamente sendo aquele que é, abriga em si a possibilidade da constituição transcendental. A constituição transcendental é uma possibilidade central de existência do si mesmo fático. Este, o ser humano concreto, nunca é, como tal – como ente – um "fato mundano real", porque o ser humano nunca está somente aí, mas ele existe. E o "admirável" disso é que a constituição da existência do ser-aí possibilita a constituição transcendental de tudo que é positivo. [...] *O constituidor é não nada, sendo, portanto, algo e ente – embora não no sentido do positivo. Não é possível contornar a pergunta pelo modo de Ser do próprio constituidor. Por conseguinte, o problema do Ser está universalmente relacionado com o constituidor e o constituído*[11].

Uma interpretação desse texto mostra que Heidegger encontra o ponto fraco da fenomenologia, a saber: ela não tematizou a instância que constitui o "mundo" e não percebeu que a consciência é um ente diferente dos "entes positivos" do mundo, pois enquanto somente a

---

11. Husserl, E., Husserliana, *Gesammelte Werke*, v. IX, 1962, Apêndice I, 601-602, *apud* SeN, 437 (o itálico das três últimas sentenças não consta no original).

consciência *ex-iste* e é *constituidora* do mundo, este se apresenta como *constituído* ou elemento do mundo real. Ambos têm modos de Ser diferentes, mas ambos são entes e pressupõem um âmbito superior que possa explicá-los como modos de uma mesma dimensão, a saber: modos da dimensão do Ser. Heidegger sintetiza este estado de coisas na última frase: "o problema do Ser está universalmente relacionado com o constituidor e o constituído". Aqui se percebe que Husserl não tematizou nem a dimensão da Entidade, como a dimensão que interconecta os dois modos de Ser contingentes, nem a dimensão do Ser como aquela última condição de possibilidade da Entidade mesma. O próprio Heidegger não tematiza a dimensão da Entidade e já passa para a dimensão do Ser, o que representa um passo metodológico apressado. Como veremos no próximo tópico, a FES passa dos entes à dimensão da Entidade, em primeiro lugar e, depois, à dimensão do Ser.

4.3 A teoria do Ser como tal

A teoria do Ser pode ser dividida em duas partes: uma teoria do Ser como tal, na qual vêm articuladas as características imanentes do Ser mesmo, e uma teoria do Ser em seu todo, na qual é tematizada a bidimensionalidade do Ser. A razão dessa divisão é porque o Ser pode ser visto de forma *intensional* e *extensional*. Enquanto visto de forma *intensional*, o que interessa é entender o Ser em sua estruturalidade intrínseca, e, enquanto visto de forma *extensional*, a pergunta cabível é se o Ser constitui um bloco único da mesma natureza ou se existe qualquer diferencialidade nas modalidades de se apresentar.

A teoria do Ser como tal surge a partir da relação da dimensão da subjetividade com a da objetividade. Como vimos, quando a subjetividade se encontra num nível universal, ela se relaciona com a dimensão da objetividade ou dimensão do Ser (Entidade) de tal forma que a expressa sem nenhum tipo de restrição. Nesse nível é até supérfluo citar a dimensão da subjetividade. Mas pode-se chamar a subjetividade assim entendida como *subjetividade universal*, i.e., a subjetividade em seu ponto supremo, no sentido de que se relaciona não mais a determinado(s) objeto(s) particular(es), mas à dimensão absolutamente última e abrangente, à dimensão do Ser. Pode-se exprimir isso dizendo que, nesse ponto supremo, a subjetividade é considerada como sendo relacionada à dimensão do Ser mesmo. Esta universalidade da subjetividade pode ter uma *tríplice* forma, o que se manifesta através da distinção entre três formas de sentenças: as sentenças teóricas, as sentenças práticas e as sentenças estéticas. A FES utiliza os operadores Ⓣ, Ⓟ e Ⓔ para representar respectivamente cada um destes operadores dos três tipos de sentenças. Estas sentenças devem ser lidas assim[12]:

Ⓣ(φ) = (ilimitadamente) é o caso tal que φ. Exemplo de φ: ...a Terra gira em torno do Sol.

Ⓟ(χ) = Deve ser tal que χ. Exemplo de χ: ...um ser humano inocente não seja punido.

Ⓔ(ψ) = Como é belo que ψ. Exemplo de ψ: ...os Alpes estão nevados.

Nesse sentido, pode-se expressar a dimensão do Ser através desses três tipos de sentenças. No caso das sentenças teóricas, poderíamos expressá-las assim[13]: "Está sendo (ou Ser-ando) de modo absolutamente ilimitado"; ou ainda com o operador teórico: "É o caso que está sendo de modo absolutamente ilimitado que...". Essa sentença teórica expressa uma característica intrínseca ao Ser como tal, a saber: sua *inteligibilidade universal*. Ou seja, o Ser como tal pode ser compreendido, explicitado, expresso pela subjetividade universal, e, nesse nível, pensamento humano e dimensão do Ser são coextensivos de tal forma que não há limite nem da parte do Ser, nem da parte do Intelecto, mas uma total abertura de um para o outro. Enquanto a dimensão do Ser constitui aquele horizonte ilimitado de inteligibilidade, o Intelecto demonstra capacidade de compreensão, sendo que o acesso ao Ser como tal não lhe é vedado. Isso significa que *a priori* o intelecto humano *pode* conhecer e efetivamente conhece o Ser mesmo ou está aberto ilimitadamente ao conhecimento do Ser mesmo, e o Ser mesmo está ilimitadamente aberto ao intelecto. É sumamente importante observar que esse conhecimento e esse estar ilimitadamente aberto devem ser en-

---

12. Cf. *SeN*, 536.
13. Cf. ibid.

tendidos na perspectiva *universal*, i.e., esse conhecimento e esse estar aberto se relacionam somente às *estruturas universais* do Ser mesmo, não incluindo de modo nenhum toda a imensa diversidade das estruturas particulares do Ser mesmo. A FES faz uma distinção sistemática essencial entre estruturas universais, que são o objeto da teoria filosófica, e estruturas particulares, que são estudadas e articuladas pelas diversas ciências particulares.

A inteligibilidade universal pressupõe outra característica imanente da dimensão do Ser, a saber: a *expressabilidade universal* e a *linguisticidade (Sprach-lichkeit) universal*. A linguisticidade do Ser explica como nossas línguas concretas conseguem expressar a dimensão do Ser através de proposições verdadeiras, pois as línguas naturais e artificiais não são mais que fragmentos da linguisticidade universal do Ser, ou seja, elas concretizam a capacidade passiva da dimensão do Ser de ser expressa. Isso não significa que as línguas concretas podem esgotar ou expressar plenamente a dimensão do Ser, muito menos que a FES oferece um quadro teórico capaz de executar essa tarefa de forma cabal. Nenhuma língua concreta pode realizar a tarefa de dizer tudo da dimensão do Ser em seus infinitos detalhes, nem a FES levanta tal pretensão. A FES oferece seu quadro teórico apenas na pretensão de expressar as estruturas mais universais da dimensão do Ser e não todos os infinitos pormenores expressáveis dessa dimensão. Ou seja, não há nenhuma pretensão de oferecer um quadro teórico absoluto e definitivo, mas apenas o mais adequado e atual para os fins do empreendimento filosófico.

As duas características imanentes da inteligibilidade e expressabilidade nos fazem entender uma terceira característica que deriva delas, a saber: a *verdadeiridade (Wahr-lichkeit) universal*[14]. Ela pode ser entendida como o fundamento último do evento da verdade, pois expressa a relacionalidade intencional entre a subjetividade universal e a dimensão do Ser. Quando o intelecto apreende o inteligível temos a intelecção ou verdade. Ora, isso somente acontece porque é possível acontecer, ou seja, pressupõe não apenas a capacidade de apreen-

---

14. O termo *verdadeiridade* é cunhado pela FES para não o confundir com "verdade", que ocorre no âmbito dos entes. Da mesma forma, outros neologismos são inseridos, como *bonidade* e *belidade*, para não se confundir com "bondade" e "beleza".

der a realidade, mas a verdadeiridade universal da própria dimensão do Ser. Como vimos na teoria da verdade da FES, o fenômeno da verdade constitui uma identidade entre proposições primas verdadeiras e fatos primos. No nível do Ser como tal, a identidade se dá *a priori* ou estruturalmente como resultado da abertura total do pensamento à dimensão do Ser e da doação plena da dimensão do Ser ao pensamento. Um dos resultados concretos e curiosos para o nível dos entes é que qualquer afirmação, por mais falsa que seja, ainda terá um nível de veracidade, pelo menos, enquanto é algo ou enquanto é um não Nada.

Outra característica imanente advinda das sentenças teóricas é a *coerencialidade universal* do Ser, que pode ser explicitada ao se compreender que tudo o que pertence à dimensão do Ser apresenta uma determinação mínima de ser algo-de-Ser ou um não Nada. Essa determinação mínima aplicada a tudo o que é, a todo ente, traz a consequência de que todos os entes estão interconectados entre si como numa grande rede. Isso pode ser também visto de baixo para cima, a partir da classificação dos entes em âmbitos ontológicos: âmbito físico, vital, antropológico etc. Cada nível superior traz consigo uma série de interconexões em âmbitos inferiores construindo uma verdadeira hierarquia das ontologias regionais. A dimensão oniabrangente do Ser coloca debaixo de sua rede todos esses níveis e âmbitos, não podendo existir nada fora dessa rede, o que gera uma coerência ou unidade (na pluralidade) dos entes entre si. Assim se expressa Puntel:

> Quando a dimensão do Ser é entendida, como ocorre no atual contexto, como a dimensão do Ser como tal, a coerencialidade é a interconexão de todas as características estruturais do Ser como tal. Mas quando por dimensão do Ser é entendida a dimensão do Ser como tal e em seu todo, a característica estrutural da coerencialidade quer dizer que tudo e cada coisa estão conectados com tudo e cada coisa tanto na dimensão primordial do Ser como tal quanto na dimensão derivada da Entidade/dos entes. A circunstância de tudo e cada coisa ser (um) não Nada constitui tanto a razão quanto a expressão dessa conexão universal e de todas as subconexões individuais[15].

---

15. Ibid., 539.

As características até agora apresentadas advêm de uma reflexão sobre as sentenças teóricas que procuram expressar a dimensão do Ser. Contudo, a relação da subjetividade universal com a dimensão do Ser não se dá apenas no plano teórico, isto é, a subjetividade universal possui também uma faculdade prática constituída pela vontade. A vontade apreende a dimensão do Ser sob a perspectiva da *desiderabilidade*, fazendo de qualquer ente algo desejável ou bom. Tal relação pode ser expressa pelas sentenças práticas da FES, como vistas acima. De fato, dizer que um ente é bom significa relacioná-lo com a faculdade da vontade, iluminada pela razão teórica. No entanto, a vontade pode se fechar em seus próprios interesses e não alcançar a universalidade da dimensão do Ser. Por isso, da mesma forma que foi preciso superar a subjetividade particularista no âmbito teórico até elevar-se a uma perspectiva universal capaz de expressar a dimensão do Ser em sua clara objetividade, também a vontade precisa ser levada a esse nível. Talvez a dificuldade de elevar a vontade a um nível universal seja até mais difícil que elevar o intelecto a esse nível, pois a vontade é profundamente marcada por apegos e facilmente se restringe a uma perspectiva privada. Ao se elevar a um nível universal, a vontade sem apegos e livre dos interesses particularistas alcança uma coextensividade intencional com a dimensão do Ser. E é dessa relação que advém a característica imanente da *bonidade universal*, que mostra ser a dimensão do Ser enquanto tal boa em si mesma.

Três aspectos são importantes de ressaltar nessa característica. O primeiro deles diz respeito ao conceito do que é "bom" bastante discutido na história da filosofia. A questão sempre foi saber se a bondade das coisas era determinada pela subjetividade prática ou, pelo contrário, se seria a subjetividade prática a ser determinada pela bondade das coisas. Nesse sentido, as concepções antiga-medieval e moderna têm, por vezes, conotações diferentes: enquanto para os antigos-medievais era a bondade objetiva que atraía a vontade, para os modernos é a subjetividade prática a que determina o que é ou não bom. Numa perspectiva universal, no entanto, as duas visões coincidem, ou seja: quando a vontade alcança o nível universal e acontece uma coextensão intencional com a dimensão do Ser, então, acontece uma dupla determinação. Puntel coloca esse estado de coisas nos seguintes termos[16]:

A subjetividade prática universal deseja/almeja tudo e cada coisa e, em consequência, a dimensão do próprio Ser
↔ – se e somente se –
tudo e cada coisa e, em consequência, a dimensão do próprio Ser forem imanentemente valiosas e, desse modo, boas.

O segundo aspecto consiste na relação entre subjetividade teórica e prática. Essa relação é bastante ressaltada na metafísica clássica quando mostra que o transcendental *verum* constitui um pré-requisito do transcendental *bonum*[17]. Isso porque a vontade humana pertence também à faculdade da razão e consegue desejar ou almejar somente depois de ser iluminada pela razão teórica. Este fator é aquele que diferencia o instinto animal da vontade humana, pois enquanto a primeira se utiliza apenas do conhecimento empírico, a segunda se utiliza do conhecimento racional para fazer suas escolhas. O terceiro aspecto advém do segundo, pois quanto mais a vontade for iluminada pela razão teórica, menos será determinada pela dimensão sensível e mais condições terá de se elevar ao nível universal, ou seja, mais condições a vontade terá de se adequar universalmente à dimensão do Ser.

A última característica imanente constitui a *belidade universal*. Na tradição metafísica, a beleza, entendida como uma nota transcendental, sempre foi entendida como uma *consonância* entre os demais transcendentais (*unum, verum, bonum*) e articulada a partir de três elementos: a *integridade* (correspondendo ao transcendental *unum*), a *claridade* (correspondendo ao transcendental *verum*) e a *proporção* (correspondendo ao transcendental *bonum*). Assim, a beleza foi vista como uma harmonia ou fusão das explicitações anteriores, a saber: harmonia da unidade, verdade e bondade. Na FES, a belidade universal corresponde também à consonância das características imanentes da inteligibilidade, coerência, veracidade e bondade universais e pode, da mesma forma, ser articu-

---

16. Cf. ibid, 542.
17. Cf. Tomás, *De Veritate*, q. 21.

lada pela *integridade, claridade e proporção*[18]. A integridade diz respeito à totalidade, completude, plenitude dos fatos primos, ou à não interrupção de conexão entre fatos primos, ou ainda à inserção dos fatos primos no todo, que corresponde à coerência universal. Nesse sentido, a feiura de um ente ou configuração acontece quando ele/ela é deslocado(a) do todo, o que pode acontecer apenas num nível superficial. A claridade se relaciona com a verdadeiridade universal enquanto explicita a expressabilidade dos fatos primos e da dimensão do Ser, e, por isso, a feiura aparece quando há obscuridade, opacidade e não manifestação dos fatos. Por fim, a proporção expressa a bonidade universal enquanto revela a medida, conveniência e simetria dos fatos primos, ao mesmo tempo que a feiura mostra exatamente o contrário: desproporção, dissonância, excesso e inconveniência. Quando esses três elementos estão harmonizados, pode-se então falar da característica imanente da belidade universal a partir da subjetividade estética, expressa por sentenças estéticas, como vimos acima. Puntel resume esse estado de coisas a partir de duas teses[19]:

(I)

A subjetividade estética universal vivencia tudo e cada coisa e, em consequência, a dimensão ilimitada do Ser como total e universalmente consonantes e, por conseguinte, como belas com base na assunção/tese de que tudo e cada coisa e a dimensão do Ser são totalmente consonantes em termos estruturais imanentes e, por conseguinte, belas.

(II)

Tudo e cada coisa e a dimensão do próprio Ser são totalmente consonantes em termos estruturais imanentes e, por conseguinte, belas com base na assunção/tese de que a subjetividade estética universal vivencia tudo e cada coisa e, em consequência, a dimensão ilimitada do Ser como total e universalmente consonantes e, por conseguinte, como belas.

Deve-se fazer, por fim, uma observação importante. A FES faz uma distinção entre "características estruturais imanentes" e "fatores

---

18. Cf. Tomás, *Summa Theologiae* I, q. 39, art. 8.
19. Cf. *SeN*, 546.

estruturais imanentes". Do ponto de vista do conteúdo, sejam as *características* que os *fatores* dizem respeito aos mesmos traços distintivos da dimensão do Ser. No entanto, enquanto as características são entendidas do ponto de vista relacional com a subjetividade universal, os fatores são vistos na perspectiva do Ser-em-si-mesmo, o que pode ser tematizado apenas depois de elaborar a teoria do Ser como um todo, na qual é elaborada a tese da bidimensionalidade do Ser e tratada a dimensão necessária do Ser como espírito. Somente a partir dessa teoria é que se pode tematizar os fatores estruturais imanentes numa perspectiva puramente objetiva e absoluta, uma vez que não se tratará de um intelecto e uma vontade humanos, mas intelecto e vontade do Absoluto. Em poucas palavras, a afirmação de que a dimensão do Ser é inteligível, coerente, verdadeira e boa deve ser feita, em primeiro lugar, a partir da relação com a subjetividade universal e não a partir da dimensão do Ser mesmo, como se fosse uma dedução de cima para baixo. Isso não significa que tais características sejam aplicadas à dimensão do Ser, como sempre fez a tradição, através de um processo analógico, a saber: atribuindo a Deus características como inteligência, vontade, veracidade, bondade, beleza etc. numa proporção infinita. O problema desse procedimento é que pressupõe e não fundamenta a abertura da subjetividade universal ao Ser como tal e em seu todo, como a FES faz. Ao contrário, o procedimento preferido é, antes de tudo, fundamentar a partir da relação da subjetividade universal com a dimensão do Ser a recíproca abertura plena, como foi feito com cada uma das características estruturais imanentes. Num segundo momento, isto é, na elaboração da teoria do Ser em seu todo, poderemos analisar as mesmas características a partir do Ser mesmo enquanto espírito infinito, inteligente e livre. A partir Dele, pode-se também justificar a inteligibilidade, coerência, verdade e bondade de toda a dimensão do Ser.

4.4 A teoria do Ser em seu todo

Até o presente, conseguimos constatar uma dimensão que abarca dois modos de Ser, a saber: a subjetividade e a objetividade. Essa dimensão na FES é chamada de dimensão da Entidade. Ela constitui aquela dimensão na qual se explicitam todos os tipos e espécies de entes, especificamente: os entes atuais concretos, os entes atuais abstratos, os entes puramente possíveis e os entes fictícios. A questão que se impõe agora é se essa dimensão constitui aquela absoluta e fundamentalmente última dimensão. Se não, por quê? A pergunta é pertinente porque podemos pensar, como fazem os fisicalistas, que a dimensão da Entidade consiste na dimensão física, caso a dimensão da subjetividade fosse reduzida àquela objetiva e física. Nesse caso, a dimensão física seria aquela de onde todos os tipos e espécies de entes provêm, e o fisicalismo se tornaria a teoria explicativa mais universal possível. Um argumento contra essa tese será apresentado à frente e, por isso, não vamos refutá-la agora. Além disso, poder-se-ia também entender a dimensão da Entidade como não física, talvez metafísica, a ponto de também não pressupor nenhuma dimensão superior a ela. Em ambos os casos, a dimensão da Entidade seria autoexplicativa, autossuficiente e última.

Mas aqui uma grande pergunta deve ser levantada: a dimensão da Entidade, seja ela entendida física ou metafisicamente, constitui uma dimensão autossuficiente e consegue esgotar nossa exigência de inteligibilidade? A FES pensa que não. Antes de esclarecer por que não, é importante atinar para um fato humano, a saber: por que nós humanos temos uma "exigência de inteligibilidade"? O que significa isso? Como resposta, podemos afirmar que nós, enquanto seres teóricos, buscamos as últimas estruturas da realidade e não nos contentamos com respostas que nos deixam no meio do caminho. Kant afirmava que nossa razão foi feita para dar "voos metafísicos", e não podemos fugir dessa exigência, seja qual for a forma como a interpretamos. Como sabemos, Kant pensa que tais voos no plano teórico devem ser evitados por falta de uma base empírica para as respostas. Contudo, o veredito de Kant deve ser e foi questionado ao longo da história. Na realidade, Aristóteles interpretou melhor que Kant esse desejo natural de conhecer tudo e todas as suas estruturas ao definir a alma racional como sendo de certa forma tudo (ἡ ψυχὴ τὰ ὄντα πώς ἐστι πάντα)[20]. A FES interpreta essa frase como sendo o ser humano *intencionalmente* voltado para todas as

---

20. ΠΕΡΙ ΨΥΧΗΣ (*De anima*), Γ 431 b 21.

coisas, para toda a realidade, para o todo do Ser, na intenção de explorar sua inteligibilidade e encontrar respostas para os seus *porquês* e *comos*. Nesse sentido, caso a dimensão da Entidade nos deixe insatisfeitos nessa exigência, é preciso continuar perguntando e requerendo inteligibilidade até chegarmos ao ponto de esgotarmos o potencial inteligível da realidade.

Cabe encontrar, portanto, aquelas perguntas ou âmbito de perguntas que podem ser aplicadas à dimensão da Entidade e, posteriormente, à dimensão do Ser como um todo, a fim de averiguar sua inteligibilidade última. Sem excluir outras perguntas ou âmbito de perguntas, faz-se mister levantar questões que envolvem o âmbito das modalidades *necessidade, possibilidade* e *contingência*[21]. Não podemos entrar aqui no debate, hoje bastante promissor, sobre se tais modalidades podem ser aplicadas ao âmbito metafísico ou apenas ao âmbito lógico[22]. A ideia da FES é a de que restringir a aplicação das modalidades ao plano lógico significaria impor um limite arbitrário ao poder questionador da razão, além de pressupor um abismo incoerente entre a dimensão lógica e a dimensão ontológica, entre proposições e fatos, como bem mostra a FES em sua teoria da verdade[23]. Desse modo, a FES defende um forte impacto da aplicação das modalidades ao âmbito ontológico-metafísico, o que significa aplicá-las seja à dimensão da Entidade, seja à dimensão do Ser como um todo, constituindo o que em *Ser e Nada* Puntel chama de *prova modal-sistemática* em duas versões. O intuito da prova é demonstrar uma bidimensionalidade do Ser ou, ainda, mostrar que a dimensão da Entidade pressupõe uma dimensão mais abrangente e necessária, a dimensão do Ser primordial.

---

21. Na lógica modal, essas modalidades vêm definidas da seguinte forma (cf. *SeN*, 559):
- NECESSIDADE: Uma proposição "é necessário que φ (Nφ)" é verdade(ira) se e somente se φ for verdadeiro em todos os mundos possíveis.
- POSSIBILIDADE: Uma proposição "é possível que ψ (Pψ)" é verdade(ira) se e somente se ψ for verdadeiro em pelo menos um dos mundos possíveis.
- CONTINGÊNCIA: Uma proposição "é contingente que ξ ($\nabla\xi$)" é verdade(ira) se e somente se ξ for verdadeiro em alguns e não em outros mundos possíveis.

22. Para uma longa discussão desta temática, confira *SeN*, 558 ss.

23. Cf. no capítulo 3 deste livro a tese da FES sobre a identidade das proposições primas e fatos primos no fenômeno da verdade.

A prova modal-sistemática procede da seguinte forma: em primeiro lugar, aplica-se a modalidade da possibilidade à dimensão da Entidade/dos entes, a fim de mostrar que toda essa dimensão poderia ser ou não ser, revelando sua natureza eminentemente contingente. Essa constitui a estratégia da primeira versão da prova. Ao mostrar a contingência da dimensão da Entidade, deve-se perguntar em seguida se é possível que absolutamente tudo seja contingente, ou seja, levanta-se a hipótese da omnicontingência da realidade. A segunda versão mostra que essa hipótese não é possível, pois pressuporia o *nada-absoluto*, revelando uma contradição interna insustentável. A conclusão da segunda versão será que nem tudo é contingente, mostrando que o Ser em seu todo apresenta uma *bidimensionalidade*, ou seja, é constituído de uma dimensão derivada e contingente (a dimensão da Entidade) e de uma dimensão primordial e absolutamente necessária (a dimensão última do Ser).

[I] A primeira versão da prova lida diretamente com a dimensão da Entidade e procura aplicar a ela a modalidade da possibilidade, mostrando ser possível a negação da dimensão da Entidade/dos entes e revelando a possibilidade do *nada-relativo*. O conceito de "nada-relativo" deve ser entendido da seguinte forma: é possível que *algo* seja negado, mas não que *tudo* seja negado, ou ainda, é possível negar os entes (= nada-relativo), mas é impossível negar o Ser como um todo, o que equivaleria ao conceito de *nada-absoluto*. Nada-relativo tem a ver, portanto, apenas com a negação dos entes ou da totalidade deles (que a FES chama de dimensão da Entidade). Assim, a primeira versão lida apenas com a dimensão da Entidade e é apresentada através da figura lógica do *modus ponens* da seguinte forma:

Se a dimensão dos entes/da Entidade é contingente, então sua negação (e, desse modo, o nada-relativo) é possível; ocorre que a dimensão dos entes/da Entidade é contingente, portanto, sua negação (e, desse modo, o nada-relativo) é possível. Formalizado:

$$\frac{\nabla\Phi \to \Diamond\neg\Phi}{\nabla\Phi}$$
$$\Diamond\neg\Phi$$

Logo, se percebe que a validade do argumento depende da segunda premissa, uma vez que a primeira premissa expressa nada mais que uma consequência do conceito de contingência. De fato, contingência (∇) significa que algo (Φ) pode ser (◊Φ) *e* pode não ser (◊¬Φ) ou, expresso com o operador da necessidade (N), que não é necessário que seja (nNΦ) *e* não é necessário que não seja (nNnΦ). Assim, a segunda premissa apenas expressa uma parte do conceito de contingência, a saber: caso Φ seja contingente, então é possível que Φ não seja. O que mais interessa no argumento é saber se realmente Φ é contingente[24]. Ou melhor, o que interessa é saber se a proposição que exprime a segunda premissa é verdadeira – na linguagem da FES, se a proposição prima <é o caso que Φ é contingente> (sendo que Φ denota aqui a dimensão da Entidade/a totalidade dos entes) é idêntica ao fato primo <é verdade que Φ é contingente>. Assim, a questão é: é verdade que a dimensão da Entidade/a totalidade dos entes é contingente? Puntel não assume essa proposição como não problemática e submete a uma crítica pelo menos quatro objeções a ela.

A primeira objeção diz respeito à pretensão de um juízo sobre a totalidade dos entes. Uma vez que não podemos apreender a totalidade dos entes, mas apenas entes singulares, seria inviável realizar um juízo que afirma a contingência de todos os entes[25]. A resposta a essa objeção vem articulada dentro do quadro teórico da FES, que constitui um quadro sistemático. Nesse quadro, os entes não constituem apenas um conjunto *extensional* ou uma pluralidade desconexa de entes como se cada síngulo fosse separado de outro. Muito menos a totalidade representa "uma coisa/um ente" ao lado dos entes, o que geraria o paradoxo de

---

24. Quentin Meillassoux defende uma forma de onicontingentismo ao afirmar que somente a facticidade contingente é absoluta, ou seja, uma possibilidade da não existência de tudo (cf. MEILLASSOUX, Q., *After Finitude. An essay on the Necessity of Contingence*, New York: Continuum, 2008, 63). Como veremos, tal ideia pressupõe o nada-absoluto e será refutada através da segunda versão, como mostraremos abaixo. Para uma análise e crítica da concepção de Meillassoux cf. OLIVEIRA, M.A. de, *A Metafísica do Ser Primordial: L. B. Puntel e o desafio de repensar a metafísica hoje*, São Paulo: Loyola, 2019, cap. 4.

25. Para aprofundar esta crítica, cf. SCHNEIDER, C., Totalidades: um problema lógico-metafísico, in: IMAGUIRE, G.; ALMEIDA L. S. DE; OLIVEIRA, M. A. de (orgs.), *Metafísica Contemporânea*, Petrópolis: Vozes, 2007, 123-134.

A dimensão oniabrangente do Ser

ter que ser membro de si mesmo, uma vez que cada "coisa/ente" é um membro da totalidade dos entes. Não sendo um ente, a totalidade pensada apenas como conjunto *extensional* ficaria sempre "de fora" do conjunto e, da mesma forma, jamais constituiria uma totalidade, porque, segundo o procedimento diagonal de Cantor, o conjunto-potência de cada conjunto é sempre maior que o próprio conjunto. A consequência é que não seria possível nenhum discurso sobre uma totalidade.

Para resolver esse problema, deve-se pensar a totalidade dos entes não apenas como um conjunto *extensional*, mas também como um conjunto *intensional* com uma interconexão intrínseca entre todos os entes, o que constitui um pressuposto para a ideia mesma de "totalidade". Como já vimos, a interconexão radical ou "fator comum" entre os entes é que cada ente constitui um "algo-*de-Ser*", ou seja, os entes não são nada mais que diversos "modos de Ser". Assim, a totalidade dos entes deve ser vista em sua natureza mais íntima, a saber: naquilo que todos os entes têm em comum. A pergunta que cabe aqui, então, é esta: qual a natureza do "ser comum" da dimensão da Entidade/de todos os entes?[26] Ou, aplicando a modalidade da contingência: o "ser comum" a todos os entes é contingente ou não? Pode ser aplicado a esse "ser comum" a modalidade da possibilidade, ou seja: esse "ser comum" pode ser *e* pode não ser? Nesse sentido, a objeção perde sua força, uma vez que o conceito de "totalidade" não cai nas aporias puramente lógico-matemáticas.

A segunda objeção diz respeito à falácia da composição aplicada à totalidade dos entes: não é o caso que da contingência individual dos entes se possa concluir a contingência da totalidade dos entes/da Entidade. Como vimos na primeira objeção, a totalidade dos entes/Entidade não constitui apenas um conjunto *extensional*, mas também *intensional*. A consequência disso para responder à segunda objeção é que a Entidade não é algo fora ou separado dos entes, mas se identifica

---

26. A ideia de "ser comum" (*esse commune*) foi desenvolvida na escolástica, sobretudo por Tomás de Aquino. Em alguns textos, Tomás afirma que o *esse commune* é o "*esse creatum – participatio et similitudine Dei*", ou ainda como "*proprius effectus Dei*"; leia-se, por exemplo: "*Ens commune est proprius effectus causae altissimae, scilicet Dei*" (*STh* III q. 66 a. 5 ad 4).

com a interconexão entre eles. Isso significa que a Entidade não é outra coisa senão os próprios entes conectados entre si. Dessa forma, não se aplica a falácia da composição ao problema da contingência da Entidade, pois, como bem afirma Puntel:

[...] aquilo que diz respeito a *todos* os entes diz respeito também à própria *Entidade*. A Entidade enquanto dimensão *é* essa comunhão enquanto interconexão de todos os entes. Um dos fatores comuns a todos os entes e que estabelece a conexão entre todos os entes é justamente o *status* ontológico da contingência. Desse modo, a própria Entidade enquanto interconexão dos entes possui o *status* da contingência[27].

A terceira objeção se refere ao *status* modal do Universo no sentido da Entidade. A ideia é que não fica claro como se deveria entender o *status* modal da contingência do Universo, pois poder-se-ia aplicar a ele *de alguma forma* o *status* modal da necessidade. Esse "de alguma forma" poderia ser visto em três âmbitos diversos: das "representações" gerais sobre a realidade, de alguns cientistas, de alguns filósofos[28]. No primeiro âmbito, percebe-se que as pessoas geralmente representam o Universo como a dimensão última da realidade e de modo indeterminado e vago acabam aplicando certa necessidade à totalidade dos entes. O segundo âmbito traz consigo uma argumentação mais refinada e pressupõe um quadro teórico fisicalista. A ideia é que ao Universo, entendido como totalidade de todos os entes físicos (e nada mais), deve-se aplicar o *status* modal da necessidade, uma vez que algumas teorias, mais filosóficas que científicas, afirmam que o Universo é totalmente autocontido, ilimitado, sem início nem fim, como se *simplesmente fosse*[29]. O que esta frase "ser simplesmente" quer denotar consiste numa total renúncia do poder espiritual do ser humano, além de permanecer sem explicação no âmbito científico, o que faz dessas afirmações feitas por cientistas uma extrapolação da ciência, não passando

---

27. Cf. *SeN*, 578.
28. Cf. ibid.
29. Esta é a posição de Stephen Hawking e de filósofos analíticos como Beltrand Russell, com quem Puntel dialoga nestas páginas. Cf. *SeN*, 581 ss.

de "representações" inconsistentes. Isso pode ser ilustrado analisando a compreensão de Hawking acerca da singularidade.

Quando Hawking questiona se precisamos ainda da ideia de "Deus", caso o Universo seja ilimitado, sem início ou fim, ele desconhece toda a tradição filosófica em torno dessa questão, pois o mesmo Aristóteles também pensava que o mundo fosse eterno, o que não dispensava para ele a concepção de um absoluto necessário. De fato, já Tomás de Aquino em seu *De aeternitate* esclarecia a diferença entre eternidade e necessidade, pois, mesmo que o mundo fosse eterno, isso não significaria dizer que seria necessário, uma vez que o conceito de "criação" não quer dizer outra coisa senão dependência ontológica. Dessa forma, a questão filosófica que precisa ser fundamentada de forma coerente por tais "cientistas" e filósofos é como eles podem defender a necessidade do universo, apesar do fenômeno do aparecimento e desaparecimento dos entes. O que significaria dizer que o Universo é necessário, embora os entes sejam contingentes? Nesse caso, o que seria o Universo (em nosso caso, a dimensão da Entidade) para além dos entes contingentes? Como vimos, a FES defende com bons argumentos que não pode haver uma Entidade para além dos entes, o que torna difícil sustentar a necessidade da Entidade, mesmo sendo identificada com a totalidade dos entes.

Outra maneira de conceber o Universo como um processo necessário seria entendê-lo como um movimento cíclico e não linear, como defendido por Nietzsche por meio de sua concepção de "eterno retorno". No entanto, essa tese é simplesmente assumida por Nietzsche sem argumentação convincente e muito menos filosófica. No final das contas, sua representação de um Universo cíclico não passa de uma interpretação metafísica forçada do fenômeno da regularidade na natureza.

A quarta e última objeção diz respeito à coerência global da FES, pois junto à concepção de contingência da Entidade é defendida a não contingência de alguns entes, como são aqueles entes abstratos da lógica-matemática. Tais entes não são entendidos como indeterminados ou simplesmente possíveis, mas como completamente determinados e necessários em todos os mundos possíveis. A resposta a essa objeção pressupõe uma tese defendida a certa altura da FES, a saber: a dimensão primordial do Ser possui uma estruturalidade espiritual com intelecto e vontade livre. Essa tese não é simplesmente assumida, mas é defendida coerentemente, como veremos adiante. Na base dessa concepção pode-se facilmente resolver a aparente incoerência da FES. Puntel esclarece este estado de coisas desta forma:

> Agora é fácil apontar a solução para o problema em pauta. Na medida em que as estruturas lógico-matemáticas estão no espirito absoluto ou então são pensadas pelo espírito absoluto, elas possuem um *status* não contingente, logo, um *status* necessário. Mas, na medida em que ocorrem na dimensão dos entes (atuais), da Entidade, elas possuem um *status* contingente, no sentido de que, ou então porque, também poderiam não ter ocorrido. Essa circunstância é completamente suficiente para encarar e caracterizar toda a dimensão dos entes/da Entidade como contingente[30].

[II] A segunda versão da prova-modal lida não mais com a dimensão da Entidade apenas, mas com o Ser em seu todo. O objetivo da prova é mostrar a impossibilidade da negação da dimensão do Ser como um todo e sua consequente conclusão de que há uma dimensão absolutamente necessária e outra contingente, mostrando que o Ser em seu todo apresenta uma *bidimensionalidade*. A prova é apresentada em *Ser e Nada* em três formulações: uma na linguagem natural, outra na linguagem filosófica transparente da FES e outra na linguagem lógico-modal. Todas as formulações se utilizam da figura lógica *modus tollens*:

$$\frac{P \rightarrow Q \quad \neg Q}{\neg P}$$

A primeira formulação na linguagem natural é expressa da seguinte forma[31]:

> [A]. Se absolutamente tudo (isto é, toda a dimensão do Ser) fosse contingente, seria possível a negação absoluta de tudo (isto é, de toda a dimensão do Ser) (alternativamente: seria possível o não Ser/não ente absoluto e, desse modo, o Nada absoluto).

---
30. *SeN*, 583.
31. Para todas as formulações, cf. *SeN*, 585.

[B]. A negação de absolutamente tudo, isto é, de toda a dimensão do Ser, (alternativamente: o não Ser/não ente absoluto e, desse modo, o Nada absoluto) não é possível.

[C]. Por conseguinte, absolutamente tudo (isto é, toda a dimensão do Ser enquanto a dimensão do Ser como tal e a dimensão da Entidade) não é contingente.

A segunda formulação na linguagem transparente da FES é descrita desta forma:

[A]. Se fosse o caso tal que tudo estivesse Ser-ando e ente-ando de modo contingente absolutamente, então seria o caso tal que possivelmente absolutamente tudo estivesse (se) nadific-ando.

[B]. Mas é o caso tal que não absolutamente tudo poderia estar (se) nadific-ando.

[C]. Por conseguinte, é o caso que tudo não poderia estar Ser-ando e ente-ando contingentemente de modo absoluto.

A terceira formulação procura utilizar minimamente uma linguagem lógico-modal:

$$\frac{\nabla \, \Sigma/\pmb{\Sigma} \, \square \rightarrow \Diamond \, \phi \quad \neg \Diamond \, \phi}{\neg \nabla \, \Sigma/\pmb{\Sigma}}$$

(Na formalização, os símbolos Σ e $\pmb{\Sigma}$ representam respectivamente a sentença e proposição "Absolutamente tudo 'essencia' ou então 'é'/toda a dimensão do Ser"; o símbolo "$\square\rightarrow$" representa um operador modal contrafactual; o símbolo "ϕ" representa a negação total, o nada-absoluto).

A segunda versão parte de uma premissa contrafactual, que afirma a verdade do consequente caso o antecedente *fosse* verdadeiro. Assim, a premissa afirma duas coisas importantes. A primeira é a hipotetização da tese onicontingente, ou seja, levanta-se a hipótese de que toda a dimensão do Ser, assim, absolutamente tudo, é contingente. Ora, a primeira versão já mostrou que a dimensão da Entidade é contingente, mas esta versão intende mostrar que nem tudo é contingente, refutando deste modo a tese onicontingente. A segunda seria o resultado, caso o antecedente fosse verdadeiro, isto é, que o nada-absoluto seria possível. A segunda premissa nega o consequente com base na seguinte explicação: o nada-absoluto não é possível porque "possibilidade" significa sempre "possibilidade *de* Ser", entendido como um genitivo subjetivo. De fato, possibilidade não é outra coisa senão o próprio Ser numa determinação ontológica mínima/basal em direção a uma total determinação. Assim, dizer que o nada-absoluto é possível constitui uma contradição radical, uma vez que o conceito de "nada-absoluto" exclui *ab ovo* qualquer vestígio do Ser. A conclusão mostra que o antecedente da premissa contrafactual não é verdadeiro, ou seja, que a tese da onicontingência é falsa, pois nem tudo é contingente, e então está demonstrado que há algo de necessário.

As duas versões da prova-modal sistemática levam à defesa da bidimensionalidade do Ser, a saber: há uma dimensão primordial (D-PR) absolutamente necessária *e* uma dimensão derivada (D-DE) que possui o *status* modal da contingência. Enquanto a primeira versão mostrou melhor a contingência da dimensão da Entidade, a segunda versão explicitou que nem tudo pode ser contingente, isto é, há uma dimensão absolutamente necessária do Ser. A pergunta a se fazer agora é esta: como se relacionam essas duas dimensões do Ser? É fácil ver que a dimensão contingente não pode se autossustentar no Ser, pois contingência significa dependência no Ser. Ora, a dimensão primordial e necessária é absolutamente autônoma no Ser, do que não pode resultar outro fato senão que a dimensão contingente depende em tudo da dimensão primordial. Contudo, como explicitar melhor tal dependência e que condições são pressupostas para tal explicitação? Entremos nesse problema no próximo tópico.

4.5 A estruturalidade espiritual da dimensão primordial do Ser

Até o momento procurou-se fundamentar a dimensão do Ser como última dimensão, aquela oniabrangente que abarca e explicita todos os entes. O caminho feito apresentou três passos: 1) partiu-se da distinção onto-einailógica entre entes e Ser; 2) procurou-se explicitar a dimensão do Ser como tal e 3) aplicaram-se as modalidades à dimensão da Entidade e do Ser como um todo, a fim de elaborar a tese da bidimensionalidade do Ser. Cabe agora dizer algo a mais sobre a dimensão primordial, a saber: faz-se mister esclarecer a dimensão primordial do Ser do ponto de vista do conteúdo. O que podemos dizer a mais sobre ela para além de sua absoluta necessidade? O método a ser utilizado nesta altura consiste em tematizar a relação ou inter-relação entre a dimensão primordial e a dimensão derivada do Ser. De forma precisa, pode-se tematizar uma determinada estrutura em uma das dimensões e explicitar como tal estrutura ocorre na outra dimensão. Como a dimensão da Entidade é contingente e depende em tudo da dimensão primordial do Ser, fica fácil perceber que a relação fundamental entre as duas dimensões não pode ser outra senão aquela de "dependência total". Que consequência tem essa relação para a explicitação da dimensão primordial do Ser é o tema deste tópico. Em resumo, o objetivo deste tópico é fundamentar a tese segundo a qual a dimensão primordial do Ser possui uma estruturalidade *espiritual*.

O que significa uma estruturalidade espiritual? Ela é compreendida como constituída de pelo menos três fatores: inteligência, vontade e liberdade[32]. Esses três fatores não são estranhos a nós seres humanos, constituindo assim fatores inerentes à dimensão derivada do Ser. Contudo, não há unanimidade quanto à natureza desses fatores, como mostraram as várias teorias apresentadas no primeiro capítulo deste livro. De fato, um monista materialista interpretará esses fatores de forma bem diferente de um dualista. Dessa forma, é preciso defender uma tese básica da FES neste contexto, a saber, a tese da coextensividade intencional dos fatores da inteligência e da vontade com a dimensão do Ser em seu todo, que garanta a natureza espiritual e não física desses fatores. De forma específica, a tese da coextensividade intencional, ou, ainda, da estruturalidade espiritual da pessoa, refuta a compreensão fisicalista e reducionista desses fatores, o que será fundamental para a tese da estruturalidade espiritual da dimensão primordial do Ser. Cabe aqui, portanto, uma refutação do fisicalismo (com todas as suas formas), que levará à conclusão da espiritualidade dos fatores aqui mencionados. O passo seguinte será mostrar que a estrutura espiritual encontrada na dimensão derivada depende totalmente de uma estrutura

---

32. Cf. *SeN*, 603.

espiritual da dimensão primordial, que não pode ser nem de grau menor, muito menos se situar para além daquela da dimensão derivada.

4.5.1 Argumentação da FES contra o fisicalismo

Tornou-se quase um consenso afirmar que o século XXI será marcado pelo fenômeno da "consciência"! Neurofisiologia, filosofia e religião buscam dar respostas àquele chamado *"hard problem of consciousness"* descrito por D. Chalmers: por que afinal de contas existem "estados mentais"? Por que "estados mentais" acompanham "estados físicos"? Encontrar os mecanismos neuronais que correspondem a estados mentais não constitui o maior problema. Pelo contrário, esse consiste no problema mais fácil (*easy problem*). O que se torna difícil, segundo Chalmers, é explicar por que o mundo se forma de pessoas conscientes e não de zumbis. A questão pode ser identificada através de duas perguntas básicas: 1) qual o estado ontológico de "estados mentais"? (Problema ontológico.) 2) Se esses são *reais* e distintos dos "estados físicos", como pode existir uma interação entre "estados mentais" e mundo físico? (Problema da causalidade.)

A história da filosofia é povoada de possíveis soluções para os dois problemas mencionados. No entanto, como vimos até agora, nenhuma posição é tão popular hoje quanto a chamada *fisicalista*. A tese básica do fisicalismo afirma que "estados mentais" são idênticos a "estados físicos", isto é, aqueles não possuiriam uma *originalidade ontológica* diferente do físico. Nesse tópico, apresento a argumentação da FES contra o fisicalismo, que procura defender a relevância ontológica dos atos intencionais em relação ao mundo físico. A conclusão do argumento indica que a *consciência* não pode ser reduzida ao mundo físico da mesma forma que atos intencionais não podem ser reduzidos a atos físicos. Uma explicação *física* de um ato intencional capaz de *apreender* ou *expressar* um fato do mundo tornar-se-ia então impossível!

O argumento é desenvolvido na "sistemática do mundo" – precisamente, na "sistemática do mundo humano" –, em que a pessoa humana reflete uma *configuração* de "fatos primos": inteligência, vontade-livre e consciência. Todos esses "fatos primos" são *intencionais* e não podem, segundo a FES, ser reduzidos ao mundo físico. O argumento pode ser assim resumido: *se for impossível reduzir o ATO intencional a um ato físico, então é também impossível reduzir a configuração dos fatos primos do mundo humano (consciência, inteligência, vontade-livre) a algo puramente físico*. Pode-se concluir que o agir intencional realizado plenamente na aquisição da verdade explica a natureza própria da pessoa humana como não reduzível ao mundo físico.

O argumento se desenvolve da seguinte forma. As estruturas fundamentais *lógicas, semânticas e ontológicas* são essencialmente intencionais na medida em que vêm articuladas pelos "fatos primos" do mundo humano (inteligência, vontade-livre e consciência). Tais estruturas fundamentais – a saber: lógicas, semânticas e ontológicas –, enquanto *articuladas* por atos mentais, são orientadas necessariamente a um *conteúdo* do mundo. Nesse sentido, os binômios língua e mundo, subjetividade e objetividade, pensamento e ser encontram uma unidade fundamental no fato de que são orientados uns aos outros necessariamente. Orientação não significa, no entanto, que existe uma unidade epistêmica "imediata" entre essas dimensões. As estruturas têm que ser "preenchidas" ou "completamente determinadas" por um conteúdo que é verificado em sua veracidade através de um empreendimento teórico, concluindo assim uma unidade entre estruturas (intencionalmente direcionadas à realidade) e fatos do mundo. Na FES, tal unidade se dá no momento em que uma "proposição prima" *expressa* um "fato primo", ou seja, quando as estruturas têm um *status* completamente determinado, o que constitui o conceito de *verdade*.

A verdade é, portanto, o ponto culminante da unidade entre "proposição prima" e "fato primo", o que representa a realização plena das estruturas. Daqui resulta a conclusão simples da semântica da FES: se as estruturas não articulassem um fato do mundo enquanto tal, não haveria nenhum sentido falar de *verdade*, uma vez que a dimensão da estrutura representaria nada mais que um simples jogo subjetivo incapaz de apreender a realidade. Se, por outro lado, a realidade mesma for apreendida, então as estruturas formais e conteudísticas revelam a natureza própria deste ser (pessoa) capaz de articulá-las intencionalmente. O que isso significa?

Uma característica essencial do ato intencional constitui sua *coextensionalidade com o todo* (com o universo, com o todo do Ser). Nenhum objeto ou "estado de coisas" pode *em princípio* escapar do foco intencional do pensamento. Essa concepção clássica é bem expressa pela sentença aristotélica: "ἡ ψυχὴ τὰ ὄντα πώς ἐστι πάντα", em latim, "*anima quodammodo omnia*" – "a alma é de alguma forma tudo". A *coextensionalidade intencional do espírito com o todo* constitui a natureza própria dos três "fatos primos" da pessoa humana (inteligência, vontade-livre e consciência) e, como tal, abrange em seu raio todo e qualquer objeto do universo. Estes dois fatores, *a coextensionalidade intencional do espírito com o todo realizado plenamente no conhecimento verdadeiro de um objeto ou "estado de coisas" do mundo*, constituem a base para o argumento de Puntel contra o fisicalismo. Na verdade, como se poderia conceber uma redução dessa coextensionalidade intencional a uma forma física?

Puntel parte de um exemplo concreto de conhecimento empírico verdadeiro:

> Um componente fixo da física cosmológica moderna, que não é seriamente posto em dúvida por ninguém, é que existem sistemas estelares a muitos anos-luz de distância da Terra: de 160.000 anos-luz (isso é o quanto dista da Terra a galáxia conhecida como Grande Nuvem de Magalhães) até cerca de 13 bilhões de anos-luz (é a distância da Terra até uma galáxia "delgada" descoberta em 2004). A questão é, pois: como se explicaria *fisicamente* tal conhecimento? Seria possível pensar uma explicação física para ele? A resposta inequívoca é esta: com base na física atual, tal conhecimento não é fisicamente explicável[33].

Por que não se pode explicar *fisicamente* tal conhecimento? Pela simples razão de que, se o conhecimento sobre tal galáxia constitui um conhecimento *verdadeiro*, isso significa que o ato intencional capturou, ou melhor, *compreendeu* a galáxia realmente como ela "é". Fazer tal afirmação indica que nosso espírito entra *em relação* com a galáxia mesma e não com um simples *dado sensível* que chega a nossos senti-

---

33. Cf. *EeS*, 383.

dos anos-luz depois que foram irradiados pela galáxia. Entrar-em-relação (real) com um tal objeto não acontece de uma forma puramente física, senão mental-espiritual. *Entrar-em-relação* neste caso denuncia que o ato de compreender (*begreifen*) é essencialmente diferente de um simples capturar ou pegar (*ergreifen*) elementos físicos. Um ato não pode ser reduzido ao outro. Uma *explicação física* do "compreender" significaria no exemplo de Puntel uma redução de tal ato a um contato físico do espírito ou do ato intencional com a coisa mesma, no caso com galáxias que distam da Terra cerca de 13 bilhões de anos-luz, o que é impossível, pois os "portadores físicos" do conhecimento teriam que ultrapassar a velocidade da luz para entrar nessa suposta *relação física* com o espírito. Ora, a "velocidade da luz" ($c_0 \approx 299.792.458$ m/s no vácuo) é o limite de qualquer velocidade para a matéria ou energia de acordo com a física atual. Nesse sentido, uma *explicação física* dessa suposta *relação física* entre o espírito e tais galáxias exigiria quebrar as próprias leis da física para ser coerente! Puntel então conclui: se não é possível reduzir o *ato intencional de compreensão* de uma realidade empírica a um ato puramente físico, então não será também possível reduzir o *ente* que produz tal ato a um ente puramente físico. Logo, o ato intencional do espírito que é coextensivo a todos os possíveis "objetos" e "estados de coisas" revela a natureza própria desse espírito como diferente de "estados físicos".

O argumento acima resume-se da seguinte forma[34]:

1) "A intencionalidade alcança sua realização máxima no conhecimento verdadeiro."
2) "Havendo verdade ou conhecimento, 'captamos', 'articulamos' ou 'alcançamos' os próprios objetos, isto é, (a) realidade (o universo, o Ser em seu todo) ou um recorte dela."
3) "Há conhecimento de todos os possíveis 'objetos' ou 'estados de coisas' pois, em princípio, nada está fora do alcance intencional do espírito humano."
4) Como pode ser explicado *fisicamente* o conhecimento verdadeiro de um objeto físico?

---

34. Cf. Ibid.

5) Se uma *explicação física* de um conhecimento verdadeiro sobre objetos físicos não é possível, então não o será também uma *explicação física* de estados mentais intencionais que produzem esse conhecimento.

O "quadro referencial teórico" da FES fundamenta os pontos 1) e 2), dos quais aparecem os pontos 3) e 5) como o corolário mais plausível. Este estado de coisas mostra que o ato intencional da inteligência é espiritual, e não físico, embora estruturas físicas sejam condições necessárias para o pensamento, como veremos à frente. O que a tese contra o fisicalismo afirma é que tudo não pode ser nem se reduzir a estruturas físicas, pois há uma dimensão irredutível no ser humano que podemos chamar de *estrutura espiritual* e que apresenta um grau ontológico superior àquele dos entes físicos e biológicos.

4.5.2 Conexão entre a estruturalidade espiritual derivada e primordial

Uma vez fundamentada a tese de que na dimensão derivada encontra-se uma estrutura espiritual de grau ontológico superior aos entes puramente físicos e/ou biológicos, a saber, o ser humano, cabe agora mostrar que tal estrutura se funda ou depende totalmente de uma estrutura espiritual na dimensão primordial do Ser. De fato, a FES sustenta o chamado "princípio do grau ontológico" (PGO), que afirma o seguinte:

> (PGO) Algo de grau ontológico mais elevado ou superior não pode vir a ser ou ser explicado exclusivamente a partir de algo de grau ontológico mais baixo ou inferior[35].

O PGO descarta a possibilidade da estrutura espiritual (consciência/inteligência/vontade-livre) ter surgido apenas de entidades físicas, inferiores ao grau ontológico do espírito humano. Essa tese não diz nada contra a teoria da evolução humana, pois o espírito humano não pode ser entendido como evoluído sem mais nem menos da pura matéria. O PGO nos faz entender que a evolução do espírito humano só pode ser

---

35. *SeN*, 606.

compreendida com base em potencialidades ontológicas já presentes nas entidades físicas inferiores. São essas potencialidades e não apenas o físico puro que constituem as condições de possibilidade para o surgimento do espírito no processo evolutivo[36]. No que toca ao nosso tema em questão, deve-se dizer que o PGO exclui o surgimento de um grau ontológico superior advindo de um grau inferior interpretado de modo ontológico superficial, mas pressupõe que o contrário seja inteligível, ou seja: um grau ontológico inferior pode ser explicado por um grau ontológico superior. De fato, a estruturalidade espiritual da dimensão contingente só pode ser explicada assumindo uma estruturalidade espiritual da dimensão necessária, que possui grau ontológico superior manifestado no *status* de necessidade e infinitude dessa estrutura, diferente da estrutura espiritual do ser humano que é contingente e finita.

Encerramos este capítulo recordando a importância da dimensão última e oniabrangente do Ser para o debate iniciado neste livro, ou seja: será essa dimensão aquele nexo intrínseco entre as dimensões da subjetividade (*res cogitans*) e objetividade (*res extensa*), capaz de resolver o problema cartesiano da impossibilidade da interação entre essas duas dimensões. De fato, a subjetividade e objetividade, mais especificamente consciência e cérebro, constituem dois modos de Ser e, por isso, pressupõem um nexo intrínseco capaz de fundamentar uma interação causal entre elas. Antes, porém, de abordar a questão da interação causal entre mental/espiritual e corporal, devemos apresentar finalmente a teoria holístico-configuracional de pessoa na FES e, depois, uma nova teoria da causalidade, o que faremos nos próximos capítulos.

---

36. Confira uma longa discussão deste problema em *SeN*, 606 ss.

CAPÍTULO V
A teoria holístico-configuracional de pessoa (THC)[1]

Depois do percurso empreendido até agora, estamos aptos a apresentar uma teoria da pessoa a partir do quadro teórico da FES. Esta teoria é chamada de *teoria holístico-configuracional* e se distingue das visões apresentadas no segundo capítulo deste livro, sobretudo, pela onto-einailogia assumida e apresentada nos dois últimos capítulos. Toda teoria é elaborada a partir da análise de determinados dados e, em nosso caso atual, o dado inicial é o indivíduo humano. O que é a pessoa humana? Como vimos no capítulo 2, há muitas teorias que analisam esse dado. Por exemplo, a visão tradicional de "pessoa" que se encontra em Boécio no seu *De persona et duabus naturis*, capítulo III, afirma: "*persona est naturæ rationalis individua substantia*" ("pessoa é um indivíduo substancial de natureza racional"). Essa concepção clássica sofreu muitas críticas ao longo da história e, mais ainda, no atual contexto. Praticamente todos os termos dessa definição se envolvem

---
1. O presente capítulo constitui artigo publicado em *Síntese*, BH, v. 48, n. 152 (set./dez. 2021), 601-623.

em grandes polêmicas: o que é um indivíduo e qual a condição suficiente para uma individualidade? Possui a pessoa humana uma "natureza" ou é ela puramente histórica e cultural? Qual a relação entre racionalidade e conexões neuronais, há uma dependência intrínseca da racionalidade em relação ao cérebro? Por fim, constitui a ontologia da substância uma teoria coerente?

A concepção clássica revista pelos modernos, sobretudo por Descartes, trouxe à tona ainda maiores dificuldades. Fazendo um breve resumo, vimos como Descartes dividiu a pessoa em duas substâncias completas, independentes e separáveis, inaugurando um dualismo que teve consequências nefastas para a filosofia e ciência. A objeção básica à teoria cartesiana consiste em saber como seria possível uma interação entre estas duas substâncias, uma vez que *res extensa* e *res cogitans* representavam duas entidades incompatíveis em suas propriedades. A questão influenciou grande parte dos filósofos pós-cartesianos, que procuraram resolver o imbróglio, negando a originalidade ontológica seja da *res extensa* (e.g., os vários tipos de idealismos), seja da *res cogitans* (e.g., os vários tipos de materialismo). De um lado, dualistas procuraram salvaguardar a diferença ontológica entre corpo e espírito, mas sem saber como dar conta da interação entre eles. De outro lado, monistas quiseram resolver o problema da interação reduzindo uma dimensão à outra, mas caindo no problema de não conseguir render conta da novidade ontológica de uma das dimensões. Enquanto posições dualistas ficaram fora de moda, as monistas encontraram novas formas de se apresentar, sobretudo tentando incorporar traços dualistas "aceitáveis". É nesse sentido que surgiram as teorias fisicalistas não reducionistas, que praticamente dominam hoje o debate acerca da pessoa, como já tivemos oportunidade de ver.

A *filosofia estrutural-sistemática* rejeita não apenas as várias formas de fisicalismo, mas também o dualismo radical de Descartes e a concepção de Boécio em sua formulação ontológica. Embora essas duas últimas concepções tenham um aspecto positivo – a saber, defendem a especificidade ontológica do corpo e da alma –, elas não souberam organizar essas características num todo coerente. A teoria holístico-configuracional de pessoa (THC) pretende conciliar a originalidade ontológica de estados mentais com sua capacidade de interagir com o mundo físico. Embora tenha intenções parecidas com as do fisicalismo não reducionista, a THC não contém a incoerência fundamental daquela concepção. A nova proposta nos ajudará a dissolver o enigma da interação com a tematização de uma dimensão oniabrangente, capaz de abarcar o mental e o físico, a saber: a dimensão compreensiva do Ser.

Neste capítulo, procedemos da seguinte forma: primeiro, explicitamos alguns traços específicos do quadro teórico da FES e apresentamos sua (sub)teoria holístico-configuracional de pessoa. Depois, mostramos como a teoria lida com algumas dificuldades clássicas da metafísica da pessoa.

5.1 Explicitação do quadro teórico estrutural-sistemático

Como foi apresentado no capítulo 3, a filosofia estrutural-sistemática constitui uma concepção de filosofia caracterizada por dois elementos fundamentais: de um lado, pela elaboração de um quadro teórico-linguístico adequado ao empreendimento filosófico; de outro, pela construção de teorias capazes de *expressar* os diversos âmbitos ontológicos do mundo, culminando numa teoria do Ser como tal e em seu todo, chamada de *einailogia*. No mapa geral da FES, a metafísica da pessoa se localiza na *sistemática do mundo*, na qual várias subteorias sobre o mundo são elaboradas, entre elas, uma (sub)teoria da pessoa. Traço fundamental dessa (sub)teoria é não apenas a intrínseca relação entre linguagem e ontologia, mas sua inclusão numa teoria mais abrangente, a saber: numa metafísica do Ser. Neste tópico e no próximo, reapresentamos alguns elementos do quadro teórico básico da FES e sua (sub)teoria do ser humano, no intuito de revisitar, no tópico 5, algumas dificuldades clássicas da metafísica especial da pessoa.

A primeira tarefa para articular de forma adequada o problema da pessoa é construir um quadro teórico-linguístico coerente. Esta empreitada é quase totalmente negligenciada no presente contexto das teorias sobre a pessoa. A falha metodológica mais grave das atuais concepções consiste em assumir quadros teóricos não explicitados ou ontologias incoerentes para sustentar suas posições. Isso acontece por um descuido simples, mas fatal, a saber: elas pouco se interessam em precisar a linguagem que utilizam e acabam assumindo a linguagem ordinária de forma acrítica. Teorias elaboradas a partir dessas linguagens trazem consigo toda a ambiguidade dos termos e incoerências de sua semântica e ontologia. Explicitemos, *en passant*, qual a dificuldade básica da linguagem ordinária para se elaborar teorias filosófico-científicas.

Teorias têm sempre a pretensão de mostrar ou descrever uma determinada realidade e, para isso, precisam utilizar a linguagem como meio de "exposição", e não apenas como meio de "comunicação" entre sujeitos. A função de exposição que a linguagem possui traz consigo a exigência de eliminar todos os elementos particularistas, vagos, ambíguos e indeterminados da linguagem. Por essa razão, antes de elaborar qualquer teoria, é indispensável corrigir pelo menos três elementos da linguagem natural, a saber: sua sintática, sua semântica e sua ontologia. Na linguagem natural, sintática e semântica assumem o *princípio de composicionalidade*, a partir do qual uma sentença consiste na junção de um sujeito e um predicado. Essa estrutura sintática apresenta também uma semântica composicional, na qual o sentido ou a estrutura da sentença vem determinado(a) pela combinação do valor semântico dos dois componentes da sentença, isto é, sujeito e predicado. O valor semântico do sujeito é seu referente, a saber: o objeto, que na linguagem filosófica tradicional é chamado de substância e, na linguagem analítica atual, é em geral denominado "objeto"; o valor semântico do predicado é o atributo, no caso mais simples, a propriedade. Como fica claro, a sintática e a semântica da linguagem natural se apoiam, por fim, numa ontologia da substância (ou do objeto), com suas propriedades e relações. A incoerência básica dessa ontologia e, por consequência, da sintática e semântica composicionais está no fato de que nunca se pode determinar o que seja uma substância para além de qualquer propriedade ou relação, como já vimos acima. Ela é praticamente ininteligível ou indeterminada *per se*, apenas sendo pressuposta como portadora de propriedades. A FES rejeita tal ontologia e, com ela, sua sintática e semântica, no intuito de elaborar um quadro teórico a partir de uma ontologia coerente, acompanhada de uma sintática e de uma semântica contextuais.

Uma rápida análise de uma sentença da linguagem ordinária nos pode ajudar a entender o procedimento da FES. Tomemos a sentença "a maçã é vermelha". Temos aqui um sujeito "a maçã" ao qual é aplicada uma propriedade "é vermelha". A pergunta crítica a fazer é: o que é esta "maçã", que a ontologia clássica chama de substância e a filosofia analítica contemporânea de objeto? Como podemos determiná-la ou torná-la inteligível? Pelo próprio conceito, substância quer dizer aquilo que está debaixo, sustentando uma propriedade. Ela não é predicável, mas é sujeito de predicação. Em nosso caso, se quiséssemos determinar em que consiste a substância "maçã", deveríamos fazê-lo sem utilizar nenhuma propriedade, mas isso não é o que acontece. Geralmente, uma resposta que se dá à pergunta "o que é uma maçã?" é esta: maçã é uma fruta da espécie *malus domestica*. Nessa resposta, trocamos o substantivo "maçã" pelo substantivo "fruta" (de certa espécie). Se fizermos o mesmo procedimento com o substantivo "fruta", chegaremos a elencar uma série de predicados tais como "é comestível", "é carnoso", "é doce" ou "é ácido" etc. O que se fez aqui? Simplesmente não se conseguiu determinar o que seja uma "fruta" ou "maçã" sem a utilização de propriedades. Ora, mas "substância" é exatamente aquilo que sustenta as propriedades. Nem mesmo o fato de afirmar que há algumas propriedades essenciais e propriedades não essenciais poderia resolver o caso, pois a pergunta que permanece é sempre a mesma: ora, mas como se pode falar de propriedades essenciais aqui, uma vez que qualquer propriedade essencial pressuporia também uma substância? A inconsistência persiste sempre.

O procedimento da FES é diferente. No caso da sentença "a maçã é vermelha", o que se deve fazer é rejeitar a ideia de um *suporte* para propriedades e entender tais propriedades como os únicos elementos inteligíveis daquele indivíduo concreto. Nesse sentido, o indivíduo seria um conjunto (a FES usa o termo "configuração") de propriedades (a FES usa o termo "fatos primos") unificadas em um determinado espaço-tempo-contexto do mundo/do Ser. Assim, a nossa maçã consistiria numa *configuração de fatos primos* acontecendo/ocorrendo num determinado espaço-tempo-contexto. É fácil perceber que a FES se assemelha à chamada teoria dos feixes. No entanto, a semelhança é superficial, pois também as atuais teorias dos feixes acabam adotando uma sintática e uma semântica composicionais (que trazem consigo a ontologia da substância). A ontologia da FES vem acompanhada de uma nova sintática e semântica, capazes de apresentá-la sem incoerência. De fato, uma das teses fundamentais da FES é a conexão intrínseca entre ontologia e semântica, de tal forma que não se pode revisar uma ontologia sem que se revise também sua semântica e vice-versa. Como elaborar uma sintática e uma semântica condizentes com esta ontologia configuracional?

Um passo fundamental representa a elaboração de uma estrutura sintática sem a estrutura sujeito-predicado, na medida em que tal estrutura pressupõe a ontologia rejeitada. Como já tivemos oportunidade de ver, a FES adota a forma de sentenças teóricas de Wittgenstein "é o caso que" (*"es verhält sich so und so"*), que funciona como um operador à frente de um argumento, chamando tais sentenças de *sentenças primas*. Dessa forma, podemos transformar as antigas "propriedades" em "sentenças primas" e entender um indivíduo qualquer como uma configuração de sentenças primas. Voltando à nossa maçã, podemos afirmar as seguintes sentenças primas: "é o caso que vermelho", "é o caso que doce", "é o caso que carnosa" etc. Ora, mas *sentenças* constituem um conjunto de elementos linguísticos que expressam uma informação, que usualmente se nomeia de proposição. Na FES, sentenças primas expressam *proposições primas*, entendidas como um *todo informacional* sem a estrutura sujeito-predicado. Isso significa que nosso indivíduo "maçã" constitui uma configuração de sentenças primas, que expressam proposições primas. Por fim, quando proposições primas são verdadeiras, podemos chamá-las de *fatos primos*. Ou seja, proposições primas verdadeiras são idênticas a fatos primos ocorrendo no mundo. Assim, vê-se a ligação intrínseca entre linguagem (com sua sintática e semântica) e ontologia, quando se atesta que proposições primas são capazes de *expressar* ou *articular* o mundo, também esse expressável ou articulável pela linguagem.

Dessa forma, os chamados "particulares" são entendidos como uma configuração de fatos primos, que podem ser classificados de acordo com: 1) número de fatos primos; 2) tipos de fatos primos; 3) ordenação dos fatos primos e 4) fator unificador[2]. O primeiro constitui um fator material e significa a quantidade de fatos primos expressos numa configuração. O segundo constitui um fator formal, que distingue os fatos primos de acordo com sua *espécie* (fatos primos estáticos, dinâmicos, processuais, eventivos, concretos, abstratos, ideais etc.), sua *complexidade* (fatos primos simples ou complexos) e sua *diferencialidade ontológica* (fatos primos materiais, físicos, biológicos, espirituais, "mentais", lógicos, matemáticos, ideais, axiológicos, morais, éticos, jurídicos, institucionais, sociais, estéticos etc.). O terceiro ponto representa o modo como a configuração se apresenta, ou seja, a forma como os fatos primos estão sequenciados e interconectados, o que determinará (junto aos outros dois fatores) a distinção de um indivíduo de outro. Enfim, o quarto ponto se refere ao fator unificador da configuração. Na realidade, cada configuração tem seu elemento unificador próprio, mas, de modo geral, pode-se afirmar que configurações apresentam como condição necessária, embora não suficiente, a *copresença* dos fatos primos envolvidos. O que nos interessa aqui é analisar a configuração *pessoa humana* e esclarecer quais são os fatos primos envolvidos, qual a espécie, a complexidade, a constituição ontológica desses fatos primos, como eles se apresentam ordenados e qual o fator de unificação desta configuração robusta.

5.2 Pessoa humana como configuração de fatos primos

Como vimos na crítica às atuais visões de pessoa, sobretudo na crítica à visão constitucional, o grande desafio de uma teoria coerente da pessoa consiste na elaboração de uma concepção capaz de salvaguardar a originalidade ontológica das várias dimensões da pessoa, ao mesmo tempo que conecta essa diversidade ontológica num todo coerente. Nem dualistas, nem fisicalistas reducionistas e muito menos fisicalistas não reducionistas foram capazes de executar esta tarefa de forma adequada.

Segundo a THC, o indivíduo "pessoa" é entendido como uma configuração de fatos primos. Pode-se dividir a heterogeneidade dos fatos

---

2. Cf. *EeS*, 350.

primos da configuração pessoa humana de duas formas: uma *modal* e outra *específica da área*³. A forma modal apresenta três divisões: 1) fatos primos que têm uma forma *absolutamente essencial* ou *necessária* para a configuração pessoa, independentemente da cor, religião, história, situação geográfica. Eles são fatores ontológicos inerentes, quais sejam: a inteligência, a vontade (livre), a consciência ou autoconsciência. Esses elementos constituem aquilo que a tradição filosófica chama de *espírito*⁴. 2) Fatos primos com uma forma *relativamente ou historicamente essencial*, que não podem faltar na configuração pessoa enquanto está situada no espaço-tempo, como por exemplo: "ter um corpo", "ter nascido", "crescer", "morrer" ou, ainda, aqueles fatores adquiridos na história e que estão indexados a alguém durante toda a sua existência: "ter-se graduado", "ter-se tornado mãe", "ter irmãos" etc. 3) Fatos primos com uma forma *contingente*, que surgem e/ou desaparecem (ou podem desaparecer) historicamente: "usar uma gravata", "pegar um ônibus" etc.

Além dessa complexidade modal, é preciso diferenciar os diversos âmbitos ontológicos específicos da configuração pessoa, como: fatos primos puramente espirituais (mentais), sociais, sensíveis, biológicos, puramente físicos, além de outras diferenciações dentro de cada âmbito específico. É nesse ponto que surge o problema da (inter)conexão entre estes níveis ontológicos: como dar conta da interação entre as diferentes dimensões da pessoa sem cair num dualismo cartesiano ou monismo reducionista?

Antes de enfrentar essa dificuldade, cabe uma reflexão metodológica importante. Um quadro teórico-linguístico não unifica a realidade como se fosse uma imposição da linguagem sobre o mundo, a fim de proporcionar significado ao teórico. O que faz um adequado quadro teórico-linguístico é explicitar, articular a estruturalidade intrínseca do mundo de tal forma que a unidade estrutural da realidade seja expressa. Em nosso caso, isso significa que os diversos tipos de fatos

---

3. Cf. *EeS*, 363.
4. Lembremos que estes elementos não são "propriedades" aplicadas a uma "substância", mas são fatos primos articulados por sentenças primas – "é o caso que tendo intelecto", "é o caso que tendo vontade", "é o caso que tendo consciência" etc. – e unificados numa configuração.

primos envolvidos na configuração "pessoa" não constituem um feixe de coisas separadas, unificado posteriormente por qualquer fator, mas constituem *a priori* um *todo ontológico*, explicitado *a posteriori* por um quadro teórico linguístico. Esse estado de coisas indica que a distinção entre linguagem e ontologia, ou melhor, entre a dimensão estrutural e a dimensão dos dados, é uma distinção apenas *abstrata*, pois, de fato, as duas dimensões constituem dois lados de uma mesma realidade.

Fato incorrigível é que a pessoa humana experimenta a si própria como um todo unificado, que persiste ao longo do tempo[5]. Todas as teorias procuram determinar o fator explicativo desse fenômeno ao levantar a seguinte questão: o que faz com que a $pessoa_1$ em $tempo_1$ seja idêntica à $pessoa_2$ em $tempo_2$? Algumas teorias, como os vários tipos de animalismos, assumem o corpo como o fator unificante, outras, como as teorias neolockeanas, assumem os estados psicológicos; outra ainda, como a visão constitucional, apela para uma relação constitucional entre corpo e perspectiva em primeira pessoa. A FES vê problema em todas essas concepções, seja porque representam teorias reducionistas, seja porque não conseguem garantir a unidade fundamental da pessoa em suas várias dimensões, seja porque são simplesmente incoerentes. Para a THC, o fator unificante da pessoa constitui um *ponto de unidade sistemático-ontológico irredutível*, que se articula no dizer-"eu". Esse ponto de unidade não se reduz a um fator psicológico, fenomenológico ou linguístico, mas possui um *status* ontológico original que se caracteriza como

---

5. De fato, experimentamos a nós mesmos como um todo unificado. Se tal experiência é corrigível ou não, vai depender do tipo de experiência que fazemos. Pode-se distinguir entre experiências imediatas e mediatas de nosso "eu". *Experiências imediatas* são aqueles estados mentais articulados pela linguagem natural, dos quais não posso errar em minha percepção, ou seja, são incorrigíveis, como por exemplo: "eu estou pensando", "eu estou sentindo uma dor" etc. *Experiências mediatas* são aquelas articuladas dentro de um quadro teórico "irrefletido", quando, por exemplo, aprendemos que temos "uma alma dentro de nós" (cf. *EeS*, 362). Assim, enquanto as experiências mediatas podem ser melhor explicitadas ou até mesmo refutadas, nenhuma teoria filosófica ou científica pode refutar uma experiência imediata (como aquela de que *me* experimento como um todo ou que experimento uma dor). Eis a razão pela qual o fisicalismo eliminativo se engana ao pensar que "estados mentais" são uma mera criação de uma *psicologia popular (folk psychology)* (cf. CARVALHO VIANA, W., *Hans Jonas e a filosofia da mente*, São Paulo: Paulus, 2016, 50).

o "ponto de interseção" dos fatos primos da pessoa. Quer dizer, todos os fatos primos envolvidos se encontram e são perpassados pelo ponto de unidade, que constitui a *expressão* da unidade primordial[6].

A característica crucial do dizer-"eu" deriva do fato primo absolutamente essencial da inteligência (mas também da vontade e (auto) consciência)[7] e é a seguinte: sua *coextensividade intencional com o universo*. Isso significa que a configuração pessoa pode se referir *intencionalmente* a qualquer coisa do mundo, não encontrando limites para o seu raio intencional. Esse fato mostra que a configuração pessoa se relaciona com tudo (com o Ser como tal e em seu todo), situando-se dentro deste universo como um *ponto sistemático*. Se pudéssemos retratar esse fato com uma figura geométrica, poderíamos imaginar um círculo com um ponto no meio, de onde saem linhas que tocam cada ponto do círculo. À diferença da figura, na configuração pessoa, até mesmo o ponto sistemático é atingido por seu raio intencional, ou seja, o "eu" lança também um raio sobre si próprio (autoconsciência). É a partir dessa característica que se pode defender a irredutibilidade do "eu" em relação a outras dimensões, como a físico-neurológica, e garantir seu "local intencional-sistemático" no Ser como um todo.

Com o esclarecimento do fator configurador da pessoa, Puntel estabelece seu critério de identidade pessoal, ou seja: aquele critério que determina se uma pessoa$_1$ num tempo$_1$ é idêntica a uma pessoa$_2$ num tempo$_2$. Para a FES, tal critério constitui saber se as duas configurações têm o mesmo *local intencional-sistemático*, havendo duas condições para se estabelecer este fato[8]:

a) *Condição material*: as duas configurações precisam ter os mesmos fatos primos.
b) *Condição formal*: todos os fatos primos devem estar numa mesma sequência e com as mesmas interconexões.

---

6. Afirmar que o dizer-"eu" consiste na *expressão* da unidade é fundamental para esta concepção, pois o dizer-"eu" não é um fator *a posteriori* que *cria* a unidade psicofísica do indivíduo. Ele apenas *expressa* tal unidade ontológica por meio da linguagem.
7. É certo que a intencionalidade da inteligência, a vontade e a consciência apresentam modos diferentes (cf. *EeS*, 369 ss.).
8. *EeS*, 369.

Apresentada a THC de forma condensada, cabe agora perguntar como tal teoria enfrenta os impasses clássicos e contemporâneos da metafísica da pessoa, sobretudo aqueles da irredutibilidade de estados mentais e interação psicofísica. Haveria uma infinidade de outras questões a serem abordadas e reinterpretadas a partir da THC, mas isso não é possível nos limites deste livro.

5.3 Metafísica da pessoa revisitada

Apesar da FES rejeitar o fisicalismo não reducionista[9], ela defende teses parecidas, pelo menos à primeira vista, a saber: 1c) há uma diversidade ontológica de fatos primos; 2c) há uma conexão entre fatos primos mentais e físicos; e 3c) fatos primos mentais são causalmente eficazes no mundo físico. A questão agora é saber como se pode defender tais teses sem cair nos braços dos dois rivais: do fisicalismo (eliminativo ou reducionista) e do dualismo. No tópico 4.5.1 já tivemos a oportunidade de ver o argumento da FES contra o fisicalismo. Aqui, vamos nos concentrar em combater o segundo rival, o dualismo, sem deixar de ressaltar o que nele há de significativo – ou seja, a irredutibilidade do mental em relação ao físico –, nem, muito menos, deixar de responder à sua dificuldade com relação à interação psicofísica.

A THC afirmou uma diversidade ontológica de fatos primos na configuração pessoa. A questão básica que surge é esta: como tais fatos primos podem interagir, dada tal diversidade ontológica? A FES rejeita o dualismo cartesiano, não apenas porque constitui uma ontologia da substância, mas também porque defende uma radical separação entre mental e físico, de tal forma que se torna impossível qualquer tipo de interação entre eles. O erro de Descartes foi, simplesmente, não ter *refletido* sobre a diferença, o que lhe impediu de encontrar uma metadimensão comum à *res cogitans* e à *res extensa*. De fato, nenhuma diferença pode ser vista ou compreendida sem que haja uma dimensão comum que as interconecte. Para o fisicalismo, tal dimensão oniabran-

---

9. Reveja as teses do fisicalismo não reducionista e da visão constitucional no capítulo 1.

gente é a dimensão física. Para a FES, ela constitui a dimensão do *Ser como tal e em seu todo*. Nessa visão, o mental e o físico não são duas dimensões isoladas e separadas, mas dois modos do Ser se apresentar. Dito de outra forma: aquilo que mental e físico possuem em comum é pertencerem ambos à dimensão oniabrangente do Ser, que constitui a *conexão interna* que permeia qualquer diversidade ontológica e constitui o fator capaz de diluir o secular problema da interação entre mental e físico. Explicitemos melhor este estado de coisas a partir de três questões interligadas: [1] como o mental surgiu na evolução; [2] como é possível uma causalidade entre mental e físico; e [3] como não ocorre uma microdeterminação de estados mentais por estados neuronais.

[1] Uma questão a ser resolvida neste modelo é entender como o mental surgiu na evolução, caso se aceite sua irredutibilidade. Damos aqui apenas uma ideia geral do que poderia ser uma solução. A THC parte de um princípio tão trivial quanto fundamental, que a FES chama de *princípio do fechamento holístico* (PFH). Ele afirma o seguinte: "Tudo o que acontece no processo evolutivo do universo foi, desde o início, uma potencialidade ontológica, entendida como um fator estrutural imanente do processo como um todo"[10]. A partir desse princípio, a FES aceita dois elementos importantes nessa discussão: 1) o mental apareceu no curso da evolução e 2) o mental não foi *causado* por processos físicos, mas foi *manifestado* no processo evolutivo. A ideia de *manifestação, atualização* ou *desdobramento* (*unfolding*) ajuda a entender o que se compreende com o PFH. Toda a diversidade ontológica já estava presente como *potencialidade* no processo evolutivo do universo (isto é, da dimensão contingente do Ser como um todo), apenas se manifestando em determinado momento da evolução. Assim, o mental não surgiu como uma "novidade radical", como afirmam os emergentistas no intuito de defender a irredutibilidade do mental, mas já estava presente como potência no todo da evolução[11]. Nem se con-

---
10. Cf. PUNTEL, L. B., Response to Prof. Sovik's Letter, artigo não publicado, 2015.

11. Nesse sentido, Hans Jonas apresenta uma intuição esclarecedora ao afirmar que, no início da evolução, não havia certamente um *logos* informativo, determinando cada degrau do processo, mas apenas um *eros cosmogônico*, capaz de indicar o horizonte da evolução (cf. JONAS, H., *Matéria, espírito e criação*, Petrópolis: Vozes, 2010, 13).

funda a posição da FES com a do pampsiquismo. A diferença básica é que a FES não assume entidades "protoconscientes" na evolução, como se o mundo físico, em última análise, fosse reduzido ao psíquico. Ao contrário, mental e físico são dimensões irredutíveis uma à outra, mas permeadas pela dimensão oniabrangente do Ser como um todo. Haveria muito a esclarecer neste modelo, mas temos que nos limitar aqui apenas a este ponto geral.

[2] Outra questão é entender como se dá a conexão causal entre mental e físico. Embora iremos tratar esta questão de modo detalhado no capítulo 8, faz-se mister tocar a dificuldade já neste contexto. Como vimos acima, a visão constitucional defende uma relação dupla: de um lado, há uma relação de superveniência, que deveria sustentar seu fisicalismo; de outro, uma relação de constituição, que deveria sustentar a irredutibilidade das propriedades mais elevadas. No quadro teórico da FES, fundamental será o conceito de *configuração*, que também admite uma (fraca) superveniência/subveniência entre mental e físico. De fato, há um problema com a ideia de "constituição" ou "realização" de propriedades mentais *através de/em* propriedades físicas, a saber: o *status* ontológico das "propriedades superiores" não fica claro, pois a relação de constituição acaba se confundindo com a de superveniência (forte) e escurece a singularidade ontológica das propriedades superiores, mesmo que lhes sejam reconhecidos poderes causais próprios. Com o termo *configuração*, a FES pensa diferente, pois o *todo configuracional* vem assumido com os poderes causais próprios de cada âmbito ontológico (físico, biológico, mental, ético, estético etc.), sempre numa interconexão entre eles e reunidos no *ponto sistemático* do "dizer-eu", que perpassa intencionalmente todos os fatos primos envolvidos.

Talvez a grande dificuldade para entender a interação da diversidade ontológica, sobretudo entre fatos primos mentais e físicos-neuronais, advenha de alguns axiomas metodológicos do fisicalismo. Um deles constitui o chamado *princípio do fechamento causal do mundo físico* (PFC), que afirma: "todo efeito físico tem também uma causa física". Se tal princípio fosse válido, ficaria difícil de entender como fatos primos mentais poderiam influenciar fatos primos físicos ou vice-versa. Porém, o PFC pode apresentar três versões: uma fraca, uma forte e outra fortíssima[12]. A versão fraca não excluiria a interferência de causas não físicas, mostrando que um efeito físico pode ser *sobredeterminado* por uma causa não física. A versão forte é completada com o princípio da exclusão causal (PEC), que afirma: "todo efeito físico tem *apenas* uma causa física". Por fim, a versão fortíssima excluiria não somente uma influência do mental no físico, mas também do físico no mental.

Rejeitar o PFC parece trazer embaraços para a física, sobretudo: como explicar a lei de conservação da energia, caso se admita a influência do mental sobre o físico? Poderia o mental injetar energia no mundo físico? No entanto, tal problema surge porque se assume um conceito bem determinado de *causalidade*, a saber: aquele de troca de energia, *momentum* entre eventos. Essa compreensão, porém, é muito limitada. Há formas mais largas de se entender causalidade que podem ser coadunadas com a abertura causal do mundo físico e que têm forte poder explicativo[13]. Apresentaremos outra teoria causal nos próximos capítulos. Por enquanto, podemos dizer que o PFC constitui apenas um pressuposto metodológico do fisicalismo e não uma regra da natureza. Aceitá-lo de modo absoluto seria desastroso para nossa compreensão de pessoa e mundo, uma vez que cairia por terra qualquer ideia de liberdade, responsabilidade, moralidade etc. Se quiséssemos, nessa hipótese, salvar qualquer interação com o mundo físico, deveríamos reduzir a subjetividade ao mundo físico, o que, por si, já traz suas próprias contradições. Mais uma vez, segundo a FES, o imaterialismo de Descartes não constitui seu erro, senão o radical isolamento das duas entidades. Quando esse obstáculo é superado, não existe razão suficiente para negar o imaterialismo de estados mentais. Além do mais, pode-se questionar a generalização do PFC a partir da própria incom-

---

12. Cf. CARVALHO VIANA, W., *Hans Jonas e a filosofia da mente*, São Paulo: Paulus, 2016, 160.

13. Cito aqui apenas um exemplo: a concepção intervencionista de J. Woorward (cf. WOORWARD, J., *Making things happen*, Oxford: Oxford University Press, 2003), que, embora sendo uma análise ainda insuficiente de causalidade, é mais abrangente que a visão, por exemplo, de W. Salmon (cf. SALMON, W., *Scientific explanation and the causal structure of the world*, Princeton, NJ: Princeton University Press, 1984).

pletude da física e da passagem da física clássica-determinística para a mecânica quântica[14].

Ora, a FES rejeita as versões forte e fortíssima do PFC e as substitui pelo *princípio do fechamento holístico* (PFH). A partir de PFH, não há dificuldades para explicar por que fatos primos mentais podem influenciar fatos primos físicos dentro do todo configuracional. De fato, o *todo* possui dimensões diferentes, mas todas interconectadas pela dimensão oniabrangente do Ser[15]. Isso significa que o PFC perde totalmente seu peso restritivo, no momento em que físico e mental não representam mais dois âmbitos ontológicos contrapostos.

[3] Por fim, é importante abordar a suposta microdeterminação de estados mentais por estados neuronais. A tese da microdeterminação tem se baseado nos avanços da neurociência, que mostram uma correspondência entre estados mentais e estados neuronais (o que constitui o chamado *easy problem*), levando muitas teorias a reduzirem ou, simplesmente, eliminarem estados mentais. Contudo, a mera correspondência não justifica a opção radical pela redução ou eliminação, como se o problema duro (*hard problem*) de saber *como* ambos os âmbitos se relacionam já estivesse resolvido. Estados mentais não podem ser reduzidos a estados neuronais porque estados mentais são *coextensivos com o universo, com o Ser em seu todo* (inclusive consigo mesmo), enquanto estados neuronais não possuem essa capacidade. O que poderia signi-

---

14. Há muitos modelos interacionistas que se utilizam da mecânica quântica para sustentar a ideia de que haja uma influência causal de estados mentais (irredutíveis) no mundo físico. Cf. CARVALHO VIANA, W., *Hans Jonas e a filosofia da mente*, São Paulo: Paulus, 2016, cap. 10.

15. O *Ser como tal e em seu todo* abrange as dimensões necessária e contingente do Ser. Para se referir apenas à dimensão contingente, Puntel usa em geral o termo "mundo", mas sempre introduzindo as seguintes distinções fundamentais, que especificam este conceito: mundo atual-concreto, mundo atual-abstrato, mundo atual-integral como a união ou junção destes dois mundos. Sobretudo em seus últimos escritos, Puntel usa também o termo alemão *Seiendheit* (em português, pode-se traduzir pelo neologismo "Entidade") para significar toda a dimensão dos entes. Essa enorme dimensão tem um caráter contingente, sob uma importante ressalva: os entes "abstratos" (lógicos/matemáticos/formais) não são contingentes quando considerados "em si mesmos" (como pensados pela mente divina), ou seja, não são contingentes em sentido absoluto, mas são contingentes em sentido relativo, isto é, com respeito à sua aplicação ou não aplicação aos entes que são contingentes em sentido absoluto.

ficar, numa versão fisicalista, que estados neuronais são coextensivos com o universo? Isso é impossível.

A correspondência entre mental e físico não constitui um problema para a concepção da FES, pois não se nega uma superveniência fraca de estados mentais sobre estados neuronais. A correspondência pode apontar não para uma relação de constituição ou identidade, mas para uma *conexão instrumental*[16]. Com esse conceito, defende-se a seguinte tese: a pessoa humana não pensa *com* o cérebro ou estados neuronais, mas *com* a inteligência *através* de estados neuronais. Ou seja, o cérebro não é o órgão do intelecto da mesma forma que o ouvido é o órgão da audição, pelo fato de que o intelecto possui seu "objeto" de forma intencional, enquanto os sentidos possuem seu "objeto" de forma física. O objeto do intelecto é o inteligível, o compreensível, enquanto o objeto dos sentidos são as coisas físicas do mundo. O fato de a inteligência ser capaz de apreender fatos primos *ideais* como proposições verdadeiras, estruturas lógicas e matemáticas etc. mostra que não é o cérebro a realizar a operação do pensar, uma vez que é impossível reduzir tais "objetos" a estados neuronais. Realmente, é difícil conceber a ideia de que, por exemplo, os teoremas da incompletude de Gödel eram apenas *representações subjetivas* e que podiam ser reduzidos aos estados neuronais de Gödel, apesar de continuarem valendo ainda hoje.

Em resumo: não pode haver microdeterminação neuronal porque estados físicos não podem ser coextensivos com o Ser em seu todo da forma como podem ser estados mentais. Isso não significa que estados mentais possam dispensar estados neuronais. Como vimos, a corporalidade constitui um fato primo *historicamente essencial* da pessoa, e ninguém consegue, enquanto está no tempo-espaço, exercitar a inteligência sem o cérebro. Assim, do ponto de vista corporal, a pessoa está submetida a todas as leis físicas deterministas ou indeterministas da na-

---

16. Isto significa também que a relação de superveniência não é uma função *bijectiva*, ou seja, uma correspondência *uma-a-uma* entre mental e físico, confirmando a *múltipla realizabilidade* de configurações mentais. A dimensão mental (espiritual) como um todo supervém (de forma fraca) sobre sua base física, o que significa apenas que o espírito humano é, no tempo-espaço, um *espírito encarnado*, isto é, ele tem a corporalidade como fato primo historicamente essencial.

tureza. Porém, enquanto possui uma dimensão espiritual, a pessoa interage de forma livre (macrodeterminação) e compatível com as leis do mundo físico[17].

Uma infinidade de outras questões deveria ser analisada nesse modelo, o que não é possível nos limites deste livro. O que se pretendeu foi nada mais que esclarecer as bases da discussão sobre a metafísica da pessoa em contexto analítico. Vimos que o problema fundamental foi herdado da modernidade, a saber: o dualismo radical entre *res extensa* e *res cogitans*, capaz de destruir qualquer possibilidade de interação entre elas. As tentativas de (dis)solução se resumiram em negar a originalidade ontológica de uma das partes, gerando os monismos materialista e idealista. Teorias fisicalistas não reducionistas atuais procuram fazer uma síntese entre irredutibilidade ontológica e capacidade de interação, mas incorrem em incoerência patente. A tentativa da FES se diferencia das atuais propostas devido à elaboração meticulosa de um quadro teórico linguístico, capaz de expressar a diversidade ontológica da pessoa a partir de uma teoria oniabrangente. Mente e corpo pertencem a âmbitos ontológicos diversos e irredutíveis, mas interconectados pela dimensão do Ser como tal e em seu todo. Essa tese tem consequências radicais para uma metafísica da pessoa, que não podem ser subestimadas. Uma delas representa não mais que salvar o fenômeno ou intuição básica de que a pessoa humana é um todo diferenciado e que age livre e responsavelmente no mundo físico.

Resta agora afrontar o tema da causalidade, pois, embora tenhamos já tocado esse problema neste capítulo, ele precisa ser discutido de forma detalhada. Sem dúvidas, a compreensão de causalidade constitui um dos empecilhos para se acolher qualquer tipo de teoria que defenda uma pluralidade ontológica, sobretudo aquela diferença ontológica entre mental e corporal. De fato, a rejeição da originalidade ontológica do mental foi motivada por uma teoria da causalidade uni-

---

17. A FES defende o compatibilismo entre natureza e liberdade, combatendo qualquer "falácia mereológica" que tome a parte pelo todo ou sugira que decisões de comportamento são tomadas por genes ou estados neuronais. Decisões livres são tomadas pela *pessoa como um todo* e não por partes físicas, que são incapazes de intencionalidade.

lateral. Assim, nos próximos capítulos, deixamos por um momento a temática da pessoa e nos voltamos para as teorias da causalidade, a fim de propor uma concepção mais adequada capaz de enfrentar possíveis objeções lançadas contra a THC aqui apresentada.

CAPÍTULO VI
A FES e o problema da causalidade[1]

A *filosofia estrutural-sistemática* consiste num programa ousado de filosofia. Ela oferece um elaborado quadro teórico a partir do qual se pode repensar tradicionais problemas filosóficos de forma mais coerente e articulada. Duas âncoras desta filosofia constituem as teses de que 1) os *entes* só podem ser tematizados de forma adequada dentro da dimensão oniabrangente do *Ser* como tal e em seu todo, e 2) semântica e ontologia são uma espécie de *Iani caput*, na qual a linguagem é entendida como *articuladora* da realidade mesma. Essas duas teses contribuem para uma nova perspectiva ao intrincado problema da causalidade, que procuramos apresentar neste capítulo.

Uma consequência da primeira tese é que o conceito de "causalidade" é aplicado na FES somente à relação entre os *entes* e não à relação entre o *Ser* em seu todo e os entes contingentes, como a tradição filosófica tem feito até hoje. Dessa forma, enquanto o problema da cau-

---
1. O presente capítulo foi primeiramente publicado em *Gregorianum*, Roma, n. 103, 2 (2022), 309-334.

salidade é tratado na ontologia ou *sistemática do mundo*, a relação de dependência absoluta da dimensão contingente em referência à dimensão necessária do Ser tem lugar na *metafísica primordial* ou *einailogia*, termos cunhados pela FES para tratar do Ser como tal e em seu todo. A distinção entre ontologia e einailogia é importante para delimitar o escopo deste trabalho, que visa explanar a conexão entre os entes contingentes e não a conexão entre o Ser em seu todo e os entes, ou seja, movemo-nos aqui no âmbito da ontologia ou sistemática do mundo.

A posição *standard* de causalidade se encontra na visão regularista (VR) de Hume, que defende uma ontologia de objetos separados e regulados numa sucessão temporal e contiguidade espacial. Desde o início, a VR encontrou críticos severos, que mostravam ser insuficientes uma constante conjunção e contiguidade espacial para explicar a relação causal[2]. Apesar das novas interpretações de Hume[3], a suspeita que envolve essa concepção permanece aquela de saber se é a regularidade que provoca a causalidade ou se é a causalidade que provoca a regularidade dos eventos. Muitas teorias foram elaboradas em contraste com a VR no propósito de oferecer uma explicação mais adequada da causalidade, entre as quais se encontram a teoria singularista, a teoria contrafactual, a teoria intervencionista, a teoria probabilista e a teoria do processo. Apesar da variedade dos modelos explicativos, todos se debruçam sobre duas questões de fundo, a saber: 1) qual a natureza das *entidades* envolvidas na causalidade, i.e., quais são os *relata* dessa relação? E 2) em que consiste a *relação causal*, i.e., qual a natureza dessa *relatio*[4]? Enquanto a primeira trata de problemas como a natureza, o grau de refinação, o critério de individuação e a quantidade das entidades de uma relação causal, a segunda se preocupa com a natureza, identificação e direção da própria relação causa-efeito. Nosso intuito não é dis-

---

2. Clássico crítico de Hume foi Thomas Reid com sua teoria causal de poderes (Cf. REID, T., *Essays on the Active Powers of Man*, Edinburgh: John Bell Smart, 1788).
3. Cf. GARRETT, D., Hume, in: BEEBEE, H.; HITCHCOCK, C.; MENZIES, P. (eds.), *The Oxford Handbook of Causation*, Oxford: Oxford University Press, 2009.
4. Cf. SCHAFFER, J., Contrastive Causation, *Philosophical Review*, 114 (2005), 327-58. A certa altura da exposição abandonaremos o termo "relação", pertencente à ontologia da substância/atributo, preferindo termos como "conexão", "interação", "nexo".

cutir todos esses problemas, mas apresentar um quadro teórico no qual eles venham reinterpretados.

O presente capítulo tratará da primeira questão acima mencionada, e o próximo capítulo versará sobre a segunda. A primeira questão é respondida pela FES da seguinte maneira: as entidades envolvidas numa conexão causal são *fatos primos disposicionais* dentro de uma estrutura ou *configuração causal*. Para defender essa tese, faz-se mister esclarecer os conceitos de *fato primo disposicional* e *configuração causal*, o que nos levará a enfrentar algumas das atuais questões nessa área: *quantas* entidades estão envolvidas na relação causal? (problema da adição ou contraste). Como resolver a questão das ausências causais? E, por fim: como explicar as diferenças causais?

6.1 A natureza das entidades envolvidas na causalidade

O extenso debate, desde Hume até hoje, desembocou na aceitação de pelo menos dois fortes candidatos para as entidades envolvidas na causalidade: *eventos* e *fatos*[5]. Geralmente, diferencia-se *evento* de *fato* afirmando que o primeiro é um *particular*, caracterizado por uma localização no espaço-tempo, e o segundo constitui uma entidade *abstrata* com valor de verdade. No entanto, essa concepção de *fato* não é compartilhada pela FES, que defende uma visão, até certo ponto, conciliadora entre as tradicionais noções de "evento" e "fato". Para caracterizar sua nova concepção, a FES utiliza o qualitativo "primo" para qualificar as sentenças, proposições e fatos de sua teoria, indicando ser esta última a única categoria ontológica de seu quadro teórico. Qual a diferença de "fatos primos" da FES em contraste com as usuais categorias de "evento" e "fato"?

Uma característica fundamental que "fatos primos" têm, diferentemente da concepção de fatos de outros autores[6], é que fatos primos

---

5. Outros candidatos são "propriedades", "tropos", "estado de coisas", "situações", "aspectos" etc. Cf. SCHAFFER, J., Contrastive Causation, *Philosophical Review*, 114 (2005), 327-358.

6. Cf. MELLOR, D. H., In Defense of Dispositions, *Philosophical Review* 83 (1974), 157-181.

não são entidades abstratas, pertencentes apenas ao mundo da linguagem, mas entidades *do* mundo, com valor ontológico essencial. Nesse sentido, fatos primos compartilham de uma característica essencial de eventos, como entendidos por Davidson, a saber: são particulares, e não abstratos ou universais. Na realidade, para a FES, o caráter abstrato ou universal pertence somente a uma "proposição prima", que é suprimido quando acontece uma determinação semântico-ontológica da proposição prima, considerada, assim, como um fato primo do mundo. Procuremos definir melhor o conceito de fato primo na FES, antes de entrarmos no problema da causalidade.

Autores que defendem a ideia de "evento" e "fato" (não no sentido da FES) geralmente assumem uma ontologia da substância/objeto e o princípio semântico da composicionalidade, ou seja: eventos e fatos são sempre entendidos como entidades compostas de objeto/sujeito e atributos/predicado. A FES rejeita essa ontologia e semântica devido à não inteligibilidade da entidade substância/objeto, sobre a qual é atribuída uma propriedade/predicado sem que ela mesma goze de inteligibilidade, para além de qualquer predicação. Por isso, a FES constrói sua ontologia de fatos primos rejeitando a entidade substância/objeto e construindo um quadro teórico apenas com o assim chamado "atributo", que equivale a uma proposição prima *expressa* numa sentença prima. "Proposições primas" não são compostas de sujeito e predicado, mas representam um *todo semântico-informativo* de sentenças primas declarativas, que podem assumir um *status* semântico-ontológico completamente determinado no conceito de *fato primo*. Dessa forma, o "fato primo" ou "proposição prima verdadeira" possui uma estrutura interna bastante refinada, sendo composta apenas dos seguintes "constituintes", a saber: a relação de identidade do fato primo consigo próprio, o seu lugar no todo e a função de relação com um mundo determinado[7].

Para a FES, há *fatos primos simples* e *fatos primos complexos*, esses chamados de *configuração*. Uma "configuração" representa um todo

---

7. Cf. PUNTEL, L.B., *Grundlagen einer Theorie der Wahrheit*, Berlin/New York: de Gruyter, 1990, 215; *EeS*, 276.

articulado de fatos primos simples e pode apresentar vários níveis ontológicos, desde indivíduos até configurações de configurações ou configurações de ordem superior, como veremos no problema da causalidade. Convém ressaltar que há uma *diferencialidade ontológica* de fatos primos simples e configurações, a saber: materiais, físicos, biológicos, mentais, lógicos, matemáticos, ideais, axiológicos, morais, éticos, jurídicos, institucionais, sociais, estéticos, *disposicionais* etc.[8] Essa diferencialidade ontológica constitui um elemento fundamental para se entender a problemática das entidades envolvidas na causalidade e a natureza da relação causal entre os fatos primos envolvidos. De fato, uma das dificuldades para se entender a causalidade constitui a tendência atual de reduzir a relação causal a algum elemento parcial, como se todas as entidades envolvidas na relação causal fossem da mesma espécie ontológica. Por exemplo, há autores que reduzem a relação causal a uma transferência de energia ou *momentum*[9], mas obviamente tal compreensão vale apenas para entidades físicas. O que dizer da relação causal entre mental e físico? Nesse modelo, haveria apenas um caminho (incoerente): a redução do mental ao físico. Para a FES, a variedade ontológica da realidade exige uma compreensão mais alargada de causalidade, que é franqueada através da tese da diferencialidade ontológica dos fatos primos.

Isso significa, portanto, que a FES reconhece a especificidade e irredutibilidade de uma espécie de *fatos primos* a outras espécies, dando também aos *fatos primos disposicionais* a sua devida originalidade. Como veremos, essa espécie de fatos primos tem um papel fundamental na produção da causalidade entre os entes devido à sua constituição essencialmente "direcional". A história do debate sobre a natureza das chamadas "disposições"[10] é bastante longa, começando com Carnap e perdurando até as posições atuais de disposicionalistas como Molnar, Brian Ellis, Mumford, Tiercelin e outros. Não temos como reconstruir

---

8. Cf. *EeS*, 350.
9. Cf. SALMON, W., *Scientific Explanation and the Causal Structure of the World*, Princeton: Princeton University Press, 1984.
10. Outros nomes para "disposições" são "poderes" (*powers*), "forças", "capacidades", "potencialidade", "tendência".

aqui toda a discussão sobre essa entidade[11]. Nosso intuito constitui analisar conceitualmente o que sejam os fatos primos disposicionais, a fim de, posteriormente, adentrarmos no problema da causalidade. Importante para essa análise é localizar fatos primos disposicionais dentro do quadro teórico abrangente da FES, mostrando como eles são entidades atuais e não meras possibilidades (*possibilia*). Além disso, faz-se mister mostrar como fatos primos disposicionais têm uma originalidade ontológica própria e não podem simplesmente ser reduzidos a outras espécies de fatos primos (materiais, biológicos etc.).

6.2 A entidade "disposição"

Nelson Goodman comparou disposições a "entidades etéreas", que precisariam ser trazidas à terra e explicadas sem referência a "poderes ocultos"[12]. De fato, desde o início das discussões sobre disposições, tentou-se reduzir a natureza dessa entidade à sua *manifestação*, sendo essa o critério determinante de sua identidade e individuação. O contexto empirista do início das discussões levou filósofos a tentarem reduzir o sentido de sentenças disposicionais a sentenças observacionais e lógico-extensionais[13]. Uma sentença disposicional como "x é solúvel" deveria ser reduzida a uma sentença condicional da seguinte forma: "para todo objeto x, se x é colocado na água, x é solúvel se, e somente se, x dissolve". O problema dessa definição é patente, pois caso *não* se coloque o objeto x na água, não se poderá eliminar o predicado "é solúvel" da linguagem. Além disso, o próprio Carnap percebeu que usar a implica-

---

11. Para uma história deste debate, cf. MALZKORN, W., Defining Disposition Concepts: A Brief History of the Problem, *Studies in History and Philosophy of Science*, 32 (2001), 335–353. Para uma perspectiva mais sistemática do assunto, cf. CHOI, S.; FARA, M., Dispositions, *The Stanford Encyclopedia of Philosophy* (Fall 2018 Edition), Edward N. Zalta (ed.), disponível em: <https://plato.stanford.edu/archives/fall2018/entries/dispositions/>, acesso em: 01 ago. 2020.

12. Cf. GOODMAN, N., *Fact, Fiction and Forecast*, Cambridge, Mass.: Harvard University Press, 1955, 44.

13. Cf. CARNAP, R., *Der logische Aufbau der Welt* (Berlin: Felix Meiner), 1928; CARNAP, R., Testability and Meaning, *Philosophy of Science* 3 (1936), 419–471; CARNAP, R., Testability and Meaning – continued, *Philosophy of Science* 4 (1937), 1-40.

ção material em sentenças disposicionais levaria ao paradoxo de ter que afirmar a verdade da sentença todas as vezes que o antecedente fosse falso. Tomemos sua definição de sentença disposicional[14]:

$$D_1: AxAt\ (Dx \leftrightarrow (Fx, tiGx, t))$$

"Dx" significa que x tem certa disposição (e.g., solubilidade, ou seja: "x é solúvel"). "Fx,t" afirma "x é colocado na água em t", "Gx,t" significa "x dissolve em t". Carnap mostra o paradoxo com o exemplo de um fósforo utilizado, que nunca foi colocado na água. Em outras palavras, porque o antecedente é falso (nFx,t), a fórmula acaba sendo verdadeira, mostrando que "x é solúvel". Entretanto, um resultado contrário seguiria da definição de insolubilidade:

$$D_2: AxAt\ (nDx \leftrightarrow (Fx, ti\ nGx, t))$$

Ou melhor: dada a fórmula D_2, chega-se à conclusão de que o fósforo utilizado, que nunca foi colocado na água, será insolúvel, o que contradiz a conclusão de D_1. Em resumo, uma fórmula que definisse a solubilidade do tipo D_1 levaria ao mesmo resultado de uma fórmula que define a insolubilidade do tipo D_2 para qualquer tipo de material que não fosse colocado em água, uma vez que a falsidade do antecedente leva sempre à verdade da implicação material. Isso significa que a implicação material simplesmente não é adequada para definir sentenças disposicionais. Por isso, filósofos começaram a utilizar condicionais contrafactuais para analisar disposições: "para todo objeto x, se x fosse colocado em água, x é solúvel se, e somente se, x se dissolvesse", pressupondo, dessa forma, uma ontologia modal. Nesse caso, já não é a manifestação da disposição o critério de identidade e individuação da disposição, mas a *possibilidade* de sua manifestação de acordo com um determinado procedimento. A análise contrafactual parece ainda estar ligada ao programa empirista e foi desafiada nas últimas décadas, sobretudo pela constatação da possibilidade de interferência ou prevenção dos resultados. Ou seja: não se pode concluir *necessariamente* que "para todo objeto x, caso x fosse golpeado por algo duro, x é frágil se, e somente se, x quebrasse". Muitos contraexemplos foram levantados

---

14. Cf. CARNAP, R., Testability and Meaning, *Philosophy of Science* (1936), 440.

contra essa análise[15], o que levou a alguns filósofos defenderem a irredutibilidade de disposições à sua manifestação. O ponto crucial nesse debate gira em torno do tipo de relação existente entre a disposição e sua manifestação, levando muitos a suporem que a disposição seria nada mais que uma "tendência intrínseca" que certa propriedade possui para se manifestar, mesmo que isso nunca aconteça. Molnar, por exemplo, chega ao ponto de admitir certa "intencionalidade" em propriedades físicas, para mostrar que a disposição é caracterizada mais pela "direção" do que pela "realização" de sua potencialidade[16]. Entretanto, admitir na ontologia uma entidade cujo critério de identidade seja a *relação* com uma "não manifestação" não agrada a muitos filósofos. É bastante conhecida a rejeição de Armstrong à ideia de propriedades disposicionais desse tipo, pois elas deveriam pressupor um tipo de relação meinogiana com entidades não existentes, isto é, uma relação de "direcionalidade para" com uma não manifestação da disposição[17]. Armstrong utiliza seu argumento para defender uma posição categorialista, na qual sentenças disposicionais são apenas uma forma conveniente de se descrever propriedades categoriais, que não apontam para nada além delas, isto é, elas têm uma "natureza interna" ou "*self-contained*"[18]. Brian Ellis[19] e Tugby[20] procuram responder a essa crítica afirmando que o defensor da irredutibilidade das disposições teria uma saída para defender a "direcionalidade" de disposições sem cair num meinongianismo, a saber: admitir *universais* em sua ontologia. Assim, disposições seriam, antes de tudo, propriedades universais (*types*), instanciadas em obje-

---

15. Cf. Martin, C. B., Dispositions and Conditionals, *The Philosophical Quarterly*, 4 (1994), 1-8; Bird, A., Dispositions and Antidotes, *The Philosophical Quarterly*, 48 (1998), 227-234.
16. Cf. Molnar, G., *Powers: A study in metaphysics*, Oxford: Oxford University Press, 2003, 60 ss.
17. Cf. Armstrong, D. M., *A World of States of Affairs*, Cambridge: Cambridge University Press, 1997, 168.
18. Cf. Idem, *A Combinatorial Theory of Possibility*, Cambridge: Cambridge University Press, 1989.
19. Cf. Ellis, B., *Scientific essentialism*, Cambridge: Cambridge University Press, 2001, 133-135.
20. Cf. Tugby, M., Platonic dispositionalism, *Mind*, 122 (2013), 451-480.

tos (*tokens*), que podem se manifestar ou não, sem jamais perder sua direcionalidade essencial.

Na teoria dos universais, tudo o que é necessário para garantir a direcionalidade de qualquer instância de uma determinada disposição é uma única relação de manifestação entre o universal do qual essa disposição é uma instância e o universal correspondente ao tipo de manifestação para o qual a disposição se destina. Isso se deve ao fato de que, para relembrar, na teoria dos universais, todas as instâncias de uma determinada propriedade são instâncias da mesma coisa (ou seja, um universal). Agora, de forma crucial, essa economia significa que, mesmo que a disposição de um determinado objeto nunca se manifeste, a direcionalidade dessa disposição pode, no entanto, ser garantida por uma relação de segunda ordem (assimétrica) com o universal de manifestação relevante[21].

A tarefa que nos cabe aqui é fornecer uma análise de sentenças disposicionais em outro quadro teórico, isto é, num quadro que não admita a dualidade "universal-particular" e, por isso, rejeite qualquer ideia de "exemplificação" ou "instanciação"[22]. Isso é possível no momento em que se abandona a ontologia grosseira da substância/objeto e atributo/propriedade-relação, juntamente com a semântica composicional que a sustenta, e se analisam fatos disposicionais dentro de uma teoria do Ser em seu todo. A FES oferece exatamente esse tipo de quadro teórico. Mas, antes, vamos analisar brevemente a crítica de Armstrong contra a ideia de disposições.

6.3 Fatos primos disposicionais numa teoria do Ser

A crítica de Armstrong se baseia na rejeição da concepção de Ser de Meinong, afirmando que "não existentes" não devem entrar numa ontologia séria. É preciso, pois, retomar a teoria de Meinong para escla-

---

21. Cf. Ibid., 461.
22. Essa é a tentativa, por exemplo, de BIRD, A., (N*ature's metaphysics: Laws and properties*, Oxford: Oxford University Press, 2007, 108-111) e WHITTLE, A., (A Functionalist Theory of Properties, *Philosophy and Phenomenological Research*, 77 (2008), 59-82), sempre realizada dentro de um quadro teórico que pressupõe a ontologia e semântica do objeto-atributo (propriedade e relação).

recer o problema e sugerir uma teoria do Ser mais completa, a fim de combater o preconceito de Armstrong contra disposições. Em seu *Über Gegenstandstheorie* de 1904, Meinong faz uma distinção entre objetos que existem (*existieren*) e objetos que subsistem (*bestehen*), mas não pertencem ao mundo, isto é, são objetos não existentes. Façamos, logo, um exemplo da crítica de Armstrong a partir da ontologia de Meinong. A sentença disposicional (1) "é verdade que o vidro é frágil", segundo Armstrong, estaria comprometida com uma propriedade "fragilidade" *direcionada* para a sua manifestação que, no caso, seria a quebra do vidro em contato com algo duro. Mesmo que o vidro nunca quebre, tal fato, para disposicionalistas, não deporia contra a verdade de (1), mostrando, assim, que tal propriedade estaria direcionada para algo não existente, mas que, segundo a ontologia de Meinong, seria *subsistente* (*besteht*) (i.e., a possibilidade de o vidro quebrar). Armstrong não aceita tal conclusão porque pressuporia uma relação estranha entre algo existente (a suposta disposição) e algo não existente (sua manifestação). Ora, isso seria inaceitável não somente porque admitir na ontologia entidades não existentes é indesejável, mas, sobretudo, porque o tal "não existente" seria o único critério de identidade e individuação da suposta disposição. Logo, disposições deveriam ser rejeitadas, na conclusão de Armstrong.

Para enfrentar o problema é preciso adquirir um pouco mais de clareza sobre a ontologia de Meinong, o que fazemos aqui rapidamente. Meinong procura resolver um paradoxo que aparece nas línguas naturais, quando se proferem sentenças negativas de existência do tipo (1): "Existem objetos, para os quais vale que tais objetos não existem"[23]. Para resolver o paradoxo, Meinong pensa elaborar uma teoria na qual possa diferenciar os vários tipos de objetos sobre os quais se possa afirmar algo, além de explicar o significado de sentenças negativas de existência. No entanto, seu projeto acaba gerando uma série de confusões terminológicas, além de permanecer incompleto.

Meinong parte da concepção de objeto (*Gegenstand*) de pensamento, mostrando que qualquer coisa concebível pelo pensamento

---

23. Cf. MEINONG, A., *Über Gegenstandstheorie*, Hamburg: Felix Meiner Verlag GmbH, 1904/1988, 9.

não é um simples nada, mas um objeto possuidor de propriedades, sobre o qual se pode afirmar ou negar algo. Lapso crucial dessa teoria consiste exatamente na ambiguidade do termo "existência". Meinong faz uma diferença entre os entes pertencentes ao âmbito da "existência" (para os quais ele usa os termos "*Existenz*" e "*Wirklichkeit*") e aqueles pertencentes ao âmbito da "não existência" ou "subsistência" (para os quais ele usa o termo "*Bestand*"), afirmando que o âmbito dos subsistentes é muito maior do que o âmbito daqueles existentes. Pertenceriam ao âmbito dos existentes coisas do mundo como "árvore", "homem" etc. (ou seja, objetos espaço-temporais), e ao âmbito dos subsistentes, entes como números, relações, classes, fatos (ou seja, objetos abstratos). Meinong procura esclarecer melhor o significado de não existente, subsistência ou "*Bestand*", levando a maiores confusões. Quando se afirma, por exemplo, (2): "é verdade que Pegasus não existe", o "*expressum*" do termo "Pegasus", embora não existindo no mundo, pertence ao âmbito dos subsistentes. Assim, acaba-se afirmando (2a): "é verdade que Pegasus existe (no sentido de '*bestehen*'), mas não existe (no sentido de '*existieren*')". De imediato, percebe-se que a confusão se dá pelo fato de o autor não distinguir escrupulosamente entre "*Existenz*" e "*Bestand*", usando o termo "*Existenz*" também para entidades do último tipo e levando à afirmação contraditória de que "objetos que não existem (*nicht existieren*) existem (*bestehen*)". É óbvio que "existência" nesse segundo sentido não pode ter o mesmo significado da primeira ocorrência.

A questão complica quando Meinong procura mostrar que até mesmo objetos absurdos e impossíveis como um "círculo-quadrado" ou uma "montanha de ouro" também são *algo*, uma vez que podemos elaborar sentenças sobre tais entidades, concluindo se são verdadeiras ou falsas. Para fazer mais esta distinção, Meinong utiliza os termos "Ser" e "Não-Ser": objetos subsistentes e existentes pertencem ao Ser (*Seinsobjektiv*), e objetos impossíveis e absurdos, embora possuam propriedades (*SoSein*), não pertencem ao âmbito do Ser (*Nichtseinsobjektiv*), tornando tais objetos independentes do Ser. Numa palavra, porque os objetos têm algo em comum, todos têm um *Sosein*, uma essência. O objeto por sua natureza é alheio ao Ser ou Não-Ser (princípio da independência: o objeto é independente do Ser ou Não-Ser). Ser ou Não-Ser não constituem a natureza de um objeto. Daí por que ele afirma que as propriedades dos objetos são de dois tipos: as nucleares, que são constitutivas de sua essência, e as não nucleares, ou seja, as não constitutivas. No entanto, Meinong não é coerente com o uso do termo "Ser", pois logo ele aplica o mesmo termo "Ser" num nível mais elevado (ou seja, num sentido positivo) para o *expressum* de sentenças do tipo "um círculo-quadrado não existe". Pode-se dizer que Meinong atinou para uma dimensão oniabrangente do Ser, diferente da pluralidade dos entes ou âmbitos do Ser, mas não foi capaz de explicitá-la completamente ou de forma coerente, usando os termos "Ser" e "Não-Ser" também para os entes ou âmbitos de entes[24]. Pertenceriam a estes "*Nichtseinsobjektiv*", por exemplo, fatos existenciais negativos do tipo "uma montanha de ouro não existe", que, de qualquer forma, seriam objetos do pensamento e deveriam entrar numa ontologia.

Aplicada à crítica de Armstrong, uma disposição teria uma relação de direcionalidade com um fato existencial negativo ou, na linguagem de Meinong, com um objeto não existente (seja ele um subsistente ou um *Nichtseinsobjektiv*), o que Armstrong não julga aceitável na ontologia. No entanto, deve-se concordar com Meinong que tal "fato existencial negativo" não é um nada-absoluto, mas apenas um nada-relativo pela razão de não constituir um *fato do mundo atual*. Mas, porque há uma proposição que expressa sua possibilidade, deve-se dizer que tal estado de coisas representa um *algo de Ser*. Daí que a relação da disposição não é com um nada absoluto, mas com um nada relativo, com uma possibilidade, que deve ter seu posto numa ontologia. Procuremos elaborar essa intuição de Meinong numa teoria do Ser mais completa e coerente e, assim, mostrar como uma disposição deve ser entendida e aceita na ontologia.

Para a FES, uma análise conceitual de "disposições" deve ser feita dentro de uma coerente teoria do Ser como tal e em seu todo, o que pode minimizar a suspeita de Armstrong. Na FES, "disposições" são entendidas como "fatos primos disposicionais", e a primeira tarefa consiste

---

24. Ponto ressaltado por Puntel em correspondência.

em "localizá-los" sistematicamente dentro do quadro arquitetônico de uma teoria do Ser. O ponto essencial para uma teoria do Ser com tal e em seu todo consiste em distinguir a dimensão do Ser (*esse, Sein*) da dimensão dos entes (*Seiendheit*) e dos próprios entes (*entia, Seiende*). Essa distinção é fundamental e se refere à famosa crítica de Heidegger a "toda" a tradição metafísica, a saber, que a história da metafísica teria sido uma história do *esquecimento* da *diferença ontológica* entre Ser e ente[25]. Em síntese, tal crítica afirma que a dimensão do Ser não pode ser reduzida a um ente entre outros entes, mas constitui aquela dimensão oniabrangente, que inclui todos os mais variados tipos de entes. O contrário dessa dimensão seria o *nada-absoluto* (*nihilum absolutum*), o que representa apenas um *conceito vazio* por não trazer em si nenhum conteúdo semântico-ontológico. A dimensão dos entes ou Entidade (*Seiendheit*) constitui a dimensão contingente do Ser em seu todo[26], dentro da qual se compreende qualquer tipo de ente contingente. Nesse sentido, qualquer ente dessa dimensão consiste em *algo de* Ser ou ainda, de forma negativa, num não *nada-absoluto* ou num *nada-relativo* (*nihilum relativum*) a outro ente. Os entes contingentes são (sub-)determinações semântico-ontológicas da dimensão contingente do Ser e podem ser classificados em várias espécies, como já vimos:

1) entes atuais-concretos (onde também se incluem as chamadas "disposições");
2) entes atuais-abstratos (lógico-matemáticos, puramente formais etc.);
3) entes possíveis-positivos (cuja possibilidade é determinável a partir dos entes atuais-concretos);
4) entes possíveis-ficcionais (cuja possibilidade é puramente imaginada, sem relação direta a entes atuais-concretos).

É preciso esclarecer alguns conceitos desse esquema. O primeiro deles é o conceito de "existência", pois nem todos os entes da dimen-

---

25. A FES critica a expressão "diferença ontológica", pois esta constitui uma diferença apenas entre os *onta/entia/Seiende*/entes. A FES prefere falar de uma "diferença onto-einailógica" para mostrar que esta é uma diferença entre os *onta/entia/Seiende*/entes e o *einai/Seien*/Ser.

26. A outra é a dimensão absolutamente necessária do Ser.

são total da Entidade "existem", ou seja: nem todos pertencem ao que se pode chamar de "mundo atual". A FES fixa a seguinte terminologia: existência é o *status* de entes completamente determinados. Assim, também os entes matemáticos são existentes, pois são completamente determinados. A segunda distinção importante é aquela entre "mundo atual" e "mundos possíveis" dentro da dimensão contingente da Entidade. O "mundo atual" é constituído pelos entes: atuais-concretos, atuais-abstratos e atuais integrais (uma junção dos concretos + abstratos). "Atualidade" significa aqui que tais entes são *completamente determinados* do ponto de vista semântico-ontológico; isto é, que são existentes, pois que, segundo a FES, atualidade e existência são sinônimos. Os "mundos possíveis", em contraparte, são formados pelos entes possíveis-positivos e possíveis-ficcionais, que constituem um não *nada-absoluto*, i.e., são *algo* de Ser, entendidos como *variantes* ou *concebidos* a partir do mundo atual, sempre expressáveis pela linguagem. Por fim, o conceito de "determinação" deve ser entendido em relação à conexão entre as dimensões ontológica e semântica dos entes[27]. Como vimos acima, uma das teses fundamentais da FES consiste na dimensão linguística do Ser como tal e em seu todo e, consequentemente, de qualquer tipo de ente, atual ou possível, da dimensão da Entidade.

Nesse sentido, um ente (atual ou possível) pode ter vários *status* de sua determinação semântico-ontológica. A *proposição prima* que expressa um ente (atual ou possível) pode passar de um *status* in- ou sub-determinado a um *status* completamente determinado pela dimensão ontológica, constituindo, assim, um *fato primo*. Isso significa que *fatos primos* são sempre atuais, sejam eles concretos ou abstratos. No caso de proposições primas, que expressam apenas entes possíveis, diz-se que tais proposições primas possuem um caráter abstrato (não no sentido da FES), ou seja, elas expressam entidades que não são componentes do mundo atual e, por isso, não são determinadas do ponto de vista semântico-ontológico, mas continuam sendo proposições *determináveis*, porque constituem um *algo* de Ser inteligível, que pode passar da possibilidade à atualidade.

---

27. Cf. *EeS*, 246.

Nesse quadro teórico-sistemático, fatos primos disposicionais são localizados da seguinte forma: primeiro, eles pertencem ao Ser como tal e em seu todo (são *algo* de Ser); depois, pertencem à dimensão contingente do Ser (são um tipo de ente); pertencem ao âmbito dos entes atuais (que são componentes do *nosso* mundo); e, por fim, estão inseridos numa configuração de fatos primos. Nesse sentido, fatos primos disposicionais têm seu "lugar ontológico" próprio, isto é, são irredutíveis a outras espécies de fatos primos, o que é contrário à ideia de que disposições deveriam ser reduzidas ou encontrariam sua identidade em uma determinada manifestação. Afirmando o mesmo com um exemplo: o fato primo disposicional "solubilidade" não é e nem pode ser reduzido à solubilidade realizada, depois do contato com a água. Em outras palavras, esses são dois fatos primos diferentes e originais, embora conectados essencialmente, pois o primeiro pode até ser dado ou ocorrer sem o segundo, mas não o contrário. Concluímos, portanto, que o preconceito de Armstrong contra disposições não seria justificado, dentro de um quadro teórico mais abrangente e coerente. Entretanto, como realizar uma análise conceitual de fatos primos disposicionais (*tokens*) sem pressupor universais (*types*), contra a estratégia de Tugby?

Uma sugestão de análise seria a seguinte: sentenças primas disposicionais, que expressam proposições primas disposicionais, devem ser entendidas, no início de um empreendimento teórico, como "candidatas" à verdade, possuindo um caráter universal. Esse caráter universal da proposição prima disposicional já lhe garante determinidade ontológica mínima pelo fato de expressar *algo de Ser* (algo pertencente à dimensão da Entidade), mesmo que tal proposição precise ainda passar por um processo de completa determinação semântico-ontológico, que a identifique com um fato primo disposicional. Tomemos como exemplo a sentença/proposição prima disposicional "é o caso que isto é solúvel em água" de uma configuração concreta "açúcar"[28]. Note-se que se fala aqui de uma configuração concreta, ou seja, esta porção de açúcar aqui diante de mim. Proposições primas desse tipo (disposicio-

---

28. Uma configuração constitui um todo formado por vários fatos primos. Neste caso, à configuração "açúcar" pertencem outros fatos primos como "é o caso que é doce", "é o caso que é granulado" etc.

nais) não podem ser identificadas com fatos primos de forma *a priori*, mas precisam passar por um procedimento de determinação *a posteriori*, que se identifica com a verificação da solubilidade em água[29]. O que acontece é que, porque se verificou a manifestação da solubilidade do açúcar em várias ocasiões, ou seja, constatou-se a veracidade dessa sentença prima disposicional em vários casos semelhantes, pode-se generalizar para a configuração "açúcar" a proposição prima disposicional "é verdade que açúcar é solúvel em água". Tal generalização nos faz reconhecer o fato primo disposicional "solubilidade" *no* açúcar, ou seja, como pertencente à sua constituição ontológica enquanto açúcar, mesmo que tal efeito nunca seja manifestado num caso concreto. Fica claro que a necessidade do experimento para "encontrar" a disposição não significa identificá-la ou reduzi-la à sua manifestação.

Isso significa, sobretudo, que o fato primo disposicional consiste apenas numa *tendência necessária* da configuração açúcar para se dissolver em água, uma vez que não há *necessidade do aparecimento* desse efeito em uma determinada porção de açúcar, seja por causa de algum impedimento ou por causa de uma interferência. Dessa forma, quando dizemos que fatos primos disposicionais do tipo A tendem para a sua manifestação do tipo B, não significa que todo *a* desemboca em *b*, uma vez que, para *b* aparecer, entram em jogo uma série de outros fatores contingentes. Como exemplo, adaptemos o seguinte experimento de Johnston[30] e Bird[31]. Imaginemos o fato primo disposicional "é verdade que é frágil" de uma configuração "copo de vidro", que vem protegido por um material contraimpactante. Pode-se dizer que o copo está disposto a manifestar a fragilidade ao entrar em contato com algo duro, mas que não a manifestaria devido à prevenção do material contraim-

---

29. Este seria um tipo de verdade *necessária a posteriori* como nos ensinaram Putnam e Kripke. Apenas nesse sentido, a presente visão se coaduna com algumas teses do essencialismo científico do tipo de Brian Ellis (cf. ELLIS, B., *Scientific essentialism*, Cambridge: Cambridge University Press, 2001; ELLIS, B., *The Philosophy of Nature: A Guide to the New Essentialism*, Montreal: McGill-Queen's University Press, 2002).

30. Cf. JOHNSTON, M., How to Speak of the Colors, *Philosophical Studies*, 68 (1992), 221-263.

31. Cf. BIRD, A., Dispositions and Antidotes, *The Philosophical Quarterly*, 48 (1998), 227-234.

pactante. Assim, uma vez constatada e generalizada a veracidade de uma proposição prima disposicional, pode-se afirmar a atualidade = existência do fato primo disposicional, mesmo que ele nunca se manifeste em outros casos concretos. É preciso ressaltar ainda que, embora a generalização revele uma regularidade na natureza, não é *apenas* a regularidade ou lei da natureza que explica "extrinsecamente" o comportamento dos fatos primos disposicionais, mas sua constituição intrínseca em interação com outros fatos primos. Esse ponto será importante na discussão sobre a causalidade.

Concluímos que não é preciso admitir "universais" em nossa ontologia para salvaguardar a "tendência para" de disposições, como defende Tugby. Pode-se defender a mesma característica através da verificação de várias ocorrências verdadeiras de uma proposição prima disposicional do tipo "é verdade que isto é solúvel em água" de uma configuração (e.g., açúcar), que nos permite, através de um critério de *alta semelhança*, colocar tal configuração na cadeia das coisas solúveis em água, dando à proposição prima disposicional um *status* semântico-ontológico parcialmente determinado. O passo final consiste em inserir tal fato primo disposicional do açúcar no Ser como tal e em seu todo, dando a tal fato primo um *status* semântico-ontológico completamente determinado, ou seja, mostrando que a solubilidade do açúcar constitui algo da dimensão contingente do Ser. Este último passo representa a asserção final de uma posição realista, mostrando que a solubilidade é uma dimensão da realidade (e.g., do açúcar), e, por essa razão, mesmo que uma porção determinada de açúcar nunca seja dissolvida, ela não deixará de possuir tal característica.

6.4 Fatos primos disposicionais e configuração causal

Uma vez garantido em nosso quadro teórico o lugar sistemático dos fatos primos disposicionais, cabe agora perguntar qual a sua relevância para o problema da causalidade. Desde Hume, a causalidade é vista como uma *constante conjunção* de eventos, sem nenhuma ligação necessária entre eles. As duas teorias mais populares que decorrem de Hume são a teoria da regularidade e a teoria contrafactual. Ambas fazem jus à concepção de Hume de que não existe no mundo uma real conexão causal entre os fatos, como se tudo fosse "solto e separado" e como se apenas a sucessão temporal e a contiguidade espacial explicassem por que eventos/fatos são entendidos como causa e efeito. Enquanto as teorias inspiradas em Hume adotam a regularidade a troco de uma causalidade real, uma teoria baseada em disposições defende o inverso, procurando entender a regularidade a partir de uma causalidade real. Segundo a concepção aqui defendida, a real interação entre fatos primos disposicionais, chamados na literatura corrente também de "poderes", gera a conexão causa-efeito e nos explica por que o mundo se comporta de um jeito e não de outro. Como veremos abaixo, uma teoria disposicional de causalidade, embora concordando com a intuição singularista, não se cala diante do principal problema de Hume, a saber: a dificuldade em aceitar um *nexo necessário* entre eventos distintos, um tido como causa e outro como efeito. Entendendo a causalidade como interação entre fatos primos disposicionais, tal dificuldade pode ser resolvida ao se entender que na interação entre os fatos primos disposicionais não há *necessidade* do surgimento de algum resultado/manifestação/efeito, mas apenas a *necessidade da tendência para* tal resultado/manifestação/efeito, que pode se realizar ou não, dependendo da interação dos fatos primos envolvidos na causalidade.

Nesse sentido, a conexão causal pode ser entendida como a interação entre diferentes fatos primos disposicionais que se manifestam na produção de um efeito. Fatos primos disposicionais não agem isoladamente, mas sempre numa reciprocidade com outros fatos primos e dentro de uma *configuração (complexa) causal*, que constitui um todo unificado de fatos primos (de várias espécies) ou configurações. Essa asserção traz dois conceitos que precisam ser esclarecidos, o de *reciprocidade* e *configuração causal*. Dizer que fatos primos disposicionais causam um efeito de forma *recíproca* é reconhecer o que já Aristóteles e os escolásticos afirmavam acerca da passagem da potência ao ato, ou seja, nenhuma disposição produz o movimento para a sua manifestação sozinha, mas interagindo com outras. Por exemplo, o fato primo da solubilidade do açúcar somente produz o efeito do açúcar diluído em interação recíproca com o fato primo disposicional da liquidez da água. Ambos os fatos primos disposicionais constituem um "poder para" e realizam tal poder somente de forma recíproca. No entanto, fatos primos disposicionais também podem se anular ou impedir a ação do outro. Por exemplo, o fato primo disposicional da liquididade da água pode impedir a atuação da disposição do fogo para queimar. O segundo conceito é o de *configuração causal*. Sem dúvida, pode-se afirmar, de um lado, que os *relata* da conexão causa-efeito são, em última instância, fatos primos disposicionais, isto é: a *causa* é a interação recíproca de fatos primos disposicionais, e o *efeito* é um fato primo (disposicional ou não). De outro lado, deve-se logo precisar que a conexão causal acontece sempre dentro de um todo composto de *n*-configurações de fatos primos, ou seja, *numa configuração causal de terceira ordem*[32]. Em outras palavras: numa configuração causal podem estar envolvidos indivíduos (configurações de segunda ordem), instituições, situações etc., que estão conectados por um nexo causal. Quando afirmo que "a bola branca causou o movimento da bola 9", devo reconhecer que estão envolvidos nessa configuração causal complexa não apenas os indivíduos (ou configurações) "bola branca" e "bola 9" com seus fatos primos disposicionais, mas uma série de outras configurações e fatos primos que inclui "a ação do jogador", "as condições físicas onde ocorrem os fatos" etc.[33] Todos esses elementos estão envolvidos e conectados causalmente no resultado do movimento da bola 9. Diga-se, por fim, que uma determinada configuração causal nunca está isolada. Ela pressupõe uma série de outras conexões, até mesmo a última de todas as conexões: o Ser em seu todo. Daí que toda a dimensão da Entidade e a do Ser em seu todo constituem sempre *condições necessárias* para qualquer estrutura causal.

---

32. Configurações de *primeira ordem* são os próprios fatos primos simples, que são constituídos por uma estrutura mínima, representada pelo par ordenado <**f***, **R***>, onde **f*** constitui *um* fato primo e **R*** a relação de identidade consigo próprio (cf. *EeS*, 283).

33. Uma estrutura causal desta ordem (i.e., com *n*-configurações) pode gerar fatos primos disposicionais novos e certos efeitos, o que não haveria em outras situações. Se tomarmos o jogo de xadrez como exemplo, podemos entender que somente numa determinada configuração pode ocorrer (é permitida) a estratégia "roque menor", a saber: se 1) o Rei não estiver em xeque; se 2) o Rei e a Torre ainda não tiverem sido movidos; e se 3) não houver nenhuma peça entre Rei e Torre. Em nenhuma outra "configuração" o Rei tem o poder ou disposição de tomar o lugar da Torre.

Numa *configuração causal* interage uma série de fatos primos disposicionais, cada um dando sua contribuição para realizar ou impedir certo efeito. O trabalho conjunto dos fatos primos na estrutura causal se assemelha a um time de futebol, no qual a posição e a habilidade de cada jogador contribuem para o resultado do time contra as forças do time oponente. É usual utilizar diagramas para se representar a relação causal, dois deles sendo os mais usados: o diagrama neuronal, introduzido por Lewis[34], e o modelo de rede, elaborado por Steward[35]. No modelo neuronal, os círculos representam os *relata*, que podem ser ativados ou não (bolas preenchidas ou vazias, respectivamente). A relação causal é representada por uma linha com uma seta na ponta, marcando a influência de um elemento sobre outro, ou com uma bolinha na ponta, mostrando a não influência de um elemento sobre o outro. A figura 1 representa uma simples relação causal através do modelo neuronal: *a* é ativado para causar *b*, e *c* é ativado para impedir *b*, mas *b* não é ativado porque *c* obstaculizou a influência de *a* sobre *b*. Uma das desvantagens deste tipo de representação é que os elementos são relacionados no diagrama de forma isolada e não como uma pluralidade de forças dentro de uma estrutura causal. Já o modelo de rede traz a vantagem de mostrar a pluralidade dos fatores causais na consecução de um efeito *e*, como mostra a fig. 2. A desvantagem deste modelo é que ele não mostra como as disposições interagem ou combatem entre si.

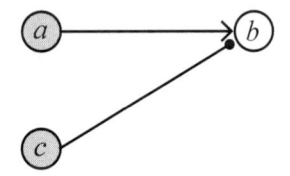

Figura 1: Modelo neuronal

---

34. Cf. Lewis, D., *Counterfactuals*, Oxford: Oxford University Press, 1973; Lewis, D., Causation, *Philosophical Papers 2*, Oxford: Oxford University Press, 1986, 159-213.

35. Cf. Steward, H., *The Ontology of Mind*, Oxford: Clarendon Press, 1997. Sobre os vários modelos de representação da causação cf. Schaffer, J., The Metaphysics of Causation, *Stanford Encyclopedia of Philosophy* (Spring 2022 Edition), Zalta, Edward N. (ed.), disponível em: <https://plato.stanford.edu/archives/spr2022/entries/causation-metaphysics/>, acesso em: 18 jul. 2022.

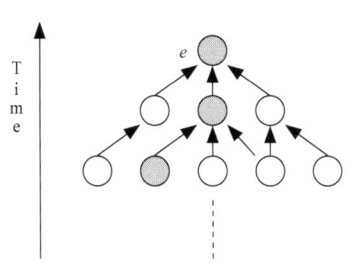

Figura 2: Modelo de rede

Adotamos aqui o *modelo de vetores*, apresentado por Mumford e Anjum[36] para representar uma configuração causal. O modelo consiste numa linha vertical, simbolizando uma situação de equilíbrio numa determinada estrutura causal. Imaginemos na fig. 3 uma configuração causal, na qual uma fogueira causa o esquentamento do meu corpo. Nesta configuração, que produz o resultado do esquentamento do meu corpo, está envolvida uma série de configurações com seus fatos primos disposicionais (meu corpo, a fogueira, o ambiente da sala, um ventilador etc.). A situação de *equilibrium* seria a temperatura normal que meu corpo tem, antes de sofrer a influência do fogo nessa estrutura. Nos dois lados da linha são indicados os resultados esperados, e o resultado final (R), simbolizado pela bola preta, que se move em uma das direções. No diagrama desta configuração, pode-se representar um lado como frio (F) e o outro como quente (Q). Na linha vertical se colocam vetores com setas, indicando a disposição ou direção de um determinado fato primo, que pode levar a situação na direção de um polo ou impedir o movimento para aquela direção, fazendo uma força contrária. Assim, um vetor v_1 pode representar o fato primo disposicional do fogo para aquecer, enquanto v_2 pode representar uma força contrária, por exemplo, um fato primo disposicional do ventilador para esfriar. A linha imaginária L seria o limite que uma força precisa atingir para provocar um determinado resultado. No caso abaixo, o vetor v_1 alcançou o limite L, mesmo tendo v_2 como força contrária, produzindo o aquecimento do meu corpo.

---

36. Cf. MUMFORD, S.; ANJUM, R. L, *Getting Causes from Powers*, New York: Oxford University Press, 2011, cap. 2.

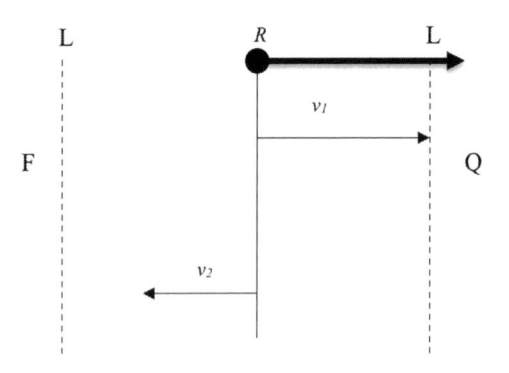

Figura 3: Modelo de vetores

A vantagem desse modelo é que se pode visualizar, melhor do que no diagrama neuronal e no modelo de rede, a interação dos vários fatos primos de uma configuração causal, que ora se somam, ora se anulam para fazer surgir ou impedir um efeito. Além disso, como acontece na física e matemática, vetores têm uma direção (indicada pela seta), uma intensidade (indicada por sua extensão) e podem se sobrepor ou contrapor para aumentar ou diminuir sua intensidade. Essas características vão de encontro com a concepção de fato primo disposicional e configuração causal, até agora exposta. A fig. 3 mostra apenas uma estrutura simplificada, mas pode-se imaginar uma estrutura mais complexa, na qual esteja em jogo uma série de outros fatos primos disposicionais, capazes de ajudar v_1 na consecução do aquecimento do meu corpo ou, ao contrário, impedir tal resultado. Se, por exemplo, houvesse um v_3 representando o fato primo disposicional do clima frio daquele dia, este seria uma força contrária a v_1, que talvez desacelerasse ou impedisse sua ação. Ou ainda um v_4 representando o fato primo disposicional de uma sala fechada para esquentar mais facilmente, certamente a ação de v_1 seria fortificada, bloqueando a ação de v_4 sobre v_1.

Uma última questão a ser discutida acerca do conceito de configuração causal é aquela de limitar o raio de abrangência da configuração. O problema foi bem exposto por Stuart Mill, que insistia que a "causa real" de um evento deve incluir todas as condições antecedentes, positivas e negativas, consideradas suficientes para a produção de um efeito[37]. Mill expõe a dificuldade de selecionar um único aspecto e considerá-lo *a* causa de algo, uma vez que o efeito foi favorecido por uma série de condições antecedentes. Quando dizemos que um raio causou um incêndio na floresta, é preciso considerar que o raio não foi condição suficiente, uma vez que contribuíram para o incêndio também o oxigênio, as folhas secas da floresta etc. A dificuldade maior para a ideia de Mill é que deveríamos considerar fatores muito distantes do acontecimento, quem sabe até o *Big Bang*, para explicar um evento causalmente. Ora, seria uma análise vaga demais afirmar que o *Big Bang* causou o incêndio na floresta. Daí que a pergunta fundamental é se não seria o caso de limitar as fronteiras de uma configuração causal, dando à estrutura causal certa identidade e individuação. Além disso, surge o problema de como especificar os elementos necessários e suficientes que determinaram certo efeito dentro da configuração causal. Ou seja, como afirmar que o raio teve um papel determinante naquela conjuntura?

Começando pela última questão, vale lembrar a contribuição de Mackie neste debate[38]. Mackie procurou dar uma resposta ao problema da seleção de *uma* ou *a* causa dentro de uma série de condições, esclarecendo a ideia de condição *necessária* e *suficiente* para um evento, a saber, com sua concepção de que *a* causa constitui um INUS, i.e., uma "*Insufficient but Non-redundant part of an Unnecessary but Sufficient condition*" (Parte insuficiente, mas não redundante, de uma condição não necessária, mas suficiente)[39]. Isso significa que qualquer fator considerado *a* causa de um evento não passa de uma parte insuficiente, mas não redundante, dentro de um todo não necessário, mas suficiente para produzir um efeito. Da mesma forma, quando se afirma que um fato primo simples disposicional constitui *a* causa de um efeito, pode-se entender tal asserção apenas dentro da configuração causal, mostrando que também o fato primo simples consiste num elemento insuficiente, mas não redundante, dentro de uma configuração em si mesma não necessária, mas suficiente para produzir tal efeito.

---

37. Cf. Mill, S., *A System of Logic, Ratiocinative and Inductive*, London: Parker, 1843.
38. Cf. Mackie, J. L., Causes and Conditions, *American Philosophical Quarterly*, 2 (1965), 245-264.
39. Cf. Idem, *The Cement of the Universe*, Oxford: Oxford University Press, 1974, 62.

A outra questão consiste em delimitar as fronteiras de uma configuração causal, o que supõe oferecer critérios de identidade e individuação da configuração. Antes de entrar nesse ponto, cabe recordar um aspecto fundamental da FES, a saber: seu caráter holístico a partir do qual cada ente (configuração) deve ser compreendido numa teoria do Ser como tal e em seu todo. Esse aspecto nos recorda que nenhum fato primo ou configuração se encontra isolado do todo, nem mesmo uma configuração de terceira ordem, como constitui uma estrutura causal. Isso quer dizer que o Ser como um todo, toda a dimensão da Entidade e os vários âmbitos ontológicos devem ser considerados como pressupostos para a inteligibilidade de uma configuração causal. Assim, uma resposta ao nosso problema não significa isolar a configuração, mas dar critérios para se delimitar aquele todo causal não necessário, mas suficiente para a produção de um efeito. Diga-se ainda, que numa configuração causal podem estar incluídos fatos primos e configurações de várias espécies, todos unidos por um *nexo causal*, cuja natureza vai depender das espécies de fatos primos e configurações envolvidas. Dito isso, cabe agora dar um mínimo de critério de identidade para uma configuração causal, o que fazemos lembrando a definição de uma estrutura prima ontológico-contextual da FES[40]:

Def. *Uma estrutura prima ontológico-contextual* $\mathfrak{C}$ é um triplo $<F, (\mathbf{R}^{\mathfrak{C}}_{i})_{i \circ I}, (\mathbf{G}^{\mathfrak{C}}_{j})_{j \circ J}>$, para o qual vale:

i. F é um conjunto não vazio de fatos primos;
ii. $(\mathbf{R}^{\mathfrak{C}}_{i})_{i \circ I}$ é um conjunto (eventualmente vazio) de relações ontologicamente interpretadas, sobre **F**;
iii. $(\mathbf{G}^{\mathfrak{C}}_{j})_{j \circ J}$ é uma família de funções (operações) *n*-árias ontologicamente interpretadas, sobre **F**.

A partir dessa definição de estrutura prima, pode-se formular a definição de uma estrutura de ordem superior, que se distingue da anterior pela substituição de **F** por **C**, indicando um conjunto não vazio de configurações, ficando da seguinte forma:

Def. *Uma estrutura prima ontológico-contextual* $\mathfrak{C}$ de terceira ordem é um triplo $<C, (\mathbf{R}^{\mathfrak{C}}_{i})_{i \circ I}, (\mathbf{G}^{\mathfrak{C}}_{j})_{j \circ J}>$, para o qual vale:

---
40. Cf. *EeS*, 276.

i. C é um conjunto não vazio de configurações;
ii. $(\mathbf{R}^{\mathfrak{C}}_{i})_{i \in I}$ é um conjunto (eventualmente vazio) de relações ontologicamente interpretadas, sobre C;
iii. $(\mathbf{G}^{\mathfrak{C}}_{j})_{j \in J}$ é uma família de funções (operações) *n*-árias ontologicamente interpretadas, sobre C.

Essa definição oferece os critérios de identidade e individuação de uma configuração de configurações e, em nosso caso, também uma configuração causal. Um elemento de suma importância se encontra em $(\mathbf{R}^{\mathfrak{C}}_{i})_{i \in I}$, isto é, no conjunto das relações sobre C. Como veremos na próxima seção, pertencem à configuração causal não apenas os nexos singulares da interação entre os fatos primos disposicionais, mas também nexos mais universais, como são as *leis da natureza*. A tematização das leis da natureza teve sempre lugar privilegiado em toda a discussão sobre a causalidade, pelo menos desde Stuart Mill e, a partir de então, em todas as versões da teoria regularista. A ideia de configuração causal não rejeita a grande intuição de que leis da natureza regulam fatos particulares, mas rejeita a ideia de que haja uma regulação extrínseca, de fora das entidades envolvidas, como se a natureza fosse feita apenas de entidades passivas e não de entidades com poderes de ação.

6.5 Alguns problemas revisitados

Servindo-se desse modelo, cabe mostrar como a FES analisa algumas dificuldades do atual debate acerca dos *relata* da causalidade. Pelo menos três problemas podem ser vistos aqui: a) o problema da adição e contraste; b) o problema das ausências causais; e c) o problema das diferenças causais. Tratamos os dois primeiros problemas de forma conjunta, uma vez que se implicam.

Em relação ao problema da adição e contraste, a pergunta que geralmente se faz é a seguinte: quantas são as entidades envolvidas na conexão causal? Duas, como mostra a forma superficial da sentença: *a* causa *b*? Ou três: *a* e não *a** causa *b*? Ou mesmo quatro: *a* e não *a** causa *b* e não *b**? Alguns autores pensam que adicionar causas e efeitos alternativos poderia resolver alguns paradoxos da causalidade como o paradoxo das ausências, da fragilidade, da transitividade, da extensiona-

lidade, da seleção. Não temos como analisar aqui cada um desses paradoxos; tomemos como exemplo apenas o paradoxo das ausências[41].
Parece bastante intuitivo que ausências tenham certo poder causal. Quando digo que "as flores murcharam porque o jardineiro não as regou", parece claro que um fato não ocorrido (o não regar do jardineiro) foi a causa da morte das flores. Da mesma forma, ausências têm um poder explicativo importante em questões morais e legais. Quando afirmo que "João é moralmente responsável pela morte de seu filho porque não o alimentou", estou explanando que uma ação não praticada foi causa suficiente para a morte da criança. No entanto, fatos não ocorridos não têm poder causal algum, simplesmente porque não existem. Para explicar o que acontece em tais situações, alguns filósofos pensam ser suficiente adicionar algumas causas (ou efeitos) contrastantes na análise, mostrando que um fato não realizado foi substituído por outro, causando determinado efeito. Assim, a causação por ausência seria apenas uma forma cômoda de explicar algo mais complexo, por exemplo: a sentença "as flores murcharam porque o jardineiro não as regou" deveria ser interpretada como "o assistir televisão do jardineiro ao invés de regar as flores e o aumento da entropia da planta causaram o murchar das flores".

Embora haja críticas na adição de causas (efeitos) alternativas[42], a concepção de *configuração causal* se adequa bem a essa estratégia. De fato, numa configuração causal está presente uma série de fatos primos disposicionais que se ajudam ou combatem, prevalecendo a força de um ou outro como resultado. Entretanto, é preciso explicitar melhor a análise, pois, se certos fatos primos não ocorrem, ou seja, são falsos em determinada configuração causal, é preferível utilizar a noção de *proposição prima abstrata* na configuração causal, uma vez que tais proposições, embora falsificadas no caso das ausências, afirmam pelo menos a possibilidade dos fatos primos negados, quer dizer: tais fatos primos negados não são um nada-absoluto, mas apenas não são dados no mundo atual. Dessa forma, cremos ser possível analisar o paradoxo das

---

41. Para uma explicitação de cada paradoxo cf. SCHAFFER, J., Contrastive Causation, *Philosophical Review*, 114 (2005), 327-358.

42. Cf. STEGLICH-PETERSEN, A., Against the Contrastive Account of Singular Causatiov, *The British Journal for the Philosophy of Science*, v. 63, n. 1 (2012), 115-143.

ausências e outros de forma mais adequada. Isso significa que uma explanação causal pode ser mais refinada caso se insiram numa configuração causal não apenas fatos primos, mas também proposições primas não completamente determinadas, explicando, assim, como se pode falar (e.g.) de ausências causais, a saber: mostrando que elas são "causais" apenas dentro de uma configuração causal.

Para apresentar este estado de coisas, podemos inserir no modelo de vetores algumas setas pontilhadas para indicar a possibilidade de um fato primo não ocorrido, ou melhor, uma proposição prima falsa. Fica patente no modelo que não é a proposição prima falsa a causa de determinado resultado, mas um outro fato primo da configuração. Tomemos o exemplo do jardineiro e o representemos resumidamente no modelo de vetores da fig. 4. As linhas laterais significam dois resultados possíveis, (M) para murchar e (F) para florir. Os vetores v_1, v_2 e v_3 significam três fatos primos disposicionais, v_1 para "é verdade que o jardineiro assiste TV", v_2 para "é verdade que o jardineiro é preguiçoso", e v_3 para "é verdade que a entropia das flores aumentou", que dispõem para M. Do outro lado, temos v_4 significando a proposição prima "é falso que o jardineiro regou as flores", e v_5 "é verdade que o clima está ameno". Fica claro no modelo que os fatos primos v_1 e v_2 se somam na consecução do efeito M, mas que foi v_3 a tocar o limite para se obter o resultado M. A soma dos vetores v_1 e v_2 pode ser simbolizada com duas setas numa mesma linha. Do outro lado, vemos que v_4 não foi suficiente para levar ao resultado F sem a contribuição de v_5.

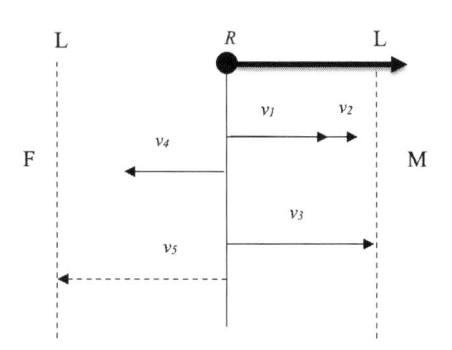

Figura 4: Contraste e ausência

Um problema que pode surgir nessa análise dentro do quadro teórico da FES seria o seguinte: dado que configurações são entidades atuais, parece estranho atribuirmos a elas proposições primas falsas. No entanto, deve-se recordar que proposições primas falsas não constituem um nada-absoluto, mas um nada-relativo, isto é, elas apresentam um mínimo de determinação semântico-ontológica porque expressam algo de Ser, não atualizado, mas sempre algo possível naquela estrutura. Além disso, fica patente no modelo que não se atribui nenhum poder causal à ausência v_5. O fato de as flores terem murchado se deu pelo fato primo disposicional de v_3. Por que, então, precisaríamos de v_5 na configuração para explicar o resultado M, já que v_3 fez todo o trabalho? Quando afirmamos que apenas v_3 causou o murchar das flores, sem levar em consideração v_5 na configuração, parece faltar algo na análise causal, pois intuitivamente percebemos o papel da negligência do jardineiro para o resultado M. De fato, o não regar do jardineiro cedeu espaço para que a força de v_3 aumentasse, ou melhor, se o jardineiro tivesse regado as flores, v_3 não teria tido força para atingir o resultado M. Assim, excluir v_5 da configuração traria uma lacuna explicativa.

O terceiro problema se refere às diferenças causais. Entender os *relata* da causação como fatos primos disposicionais numa configuração causal explica também como *diferenças causais* importam para a causação. De fato, não é o mesmo afirmar que "o dizer 'olá' de João causou a resposta de Marcos" e "o dizer 'olá' *gritando* de João causou a resposta de Marcos", uma vez que, se "o dizer 'olá' de João" fosse *sussurrado*, não teria chamado a atenção de Marcos[43]. Davidson defende que diferenças causais são relevantes apenas para o âmbito da *explanação causal* e não para o âmbito da *causação*[44]. No entanto, a FES rejeita uma separação radical dos dois âmbitos, como se uma explanação causal não pudesse *expressar* a própria realidade causal que ocorre no mundo. Tal rejeição tem a ver com a tese básica da FES de que semântica e ontologia são duas faces de uma mesma moeda, como apresentamos acima. Daí que

---

43. Adaptação do exemplo de LEWIS, D., Events, *Philosophical Papers 2*, Oxford: Oxford University Press, 1986, 241-269.
44. Cf. DAVIDSON, D., Causal Relations, *Journal of Philosophy* 64 (1967), 691-703.

diferenças causais expressas na linguagem têm uma dimensão ontológica válida e podem contribuir de forma determinante para a realização de um efeito. Uma das vantagens de haver "fatos" como as entidades envolvidas na causação ao invés de "eventos" é que fatos são mais refinados que eventos. Isso não significa que todas as concepções de "fatos" sejam refinadas. Na verdade, muitos autores que assumem "fatos" acabam pressupondo a ontologia da substância e semântica composicional, levando à mesma análise grosseira daqueles que defendem eventos.

Na verdade, uma exposição da realidade pode ser tão refinada quanto mais adequada for a linguagem para expressar os vários níveis ontológicos do mundo. Isso significa que pode haver uma adequação crescente da articulação da realidade, e a FES defende essa tese em três passos[45]: 1) defendendo uma ontologização da dimensão teórica, em que se afirma a pertença de conceitos, teorias, proposições etc. à dimensão do Ser em seu todo; 2) mostrando que sentenças teóricas do tipo "é o caso que..." possuem um caráter subjetivo universal e não subjetivo particularista; 3) apresentando três pares de conceitos como critérios de avaliação da adequação ontológica de quadros teóricos. Tais critérios são os seguintes: a) a linguagem pode articular *estruturas de superfície* e *estruturas profundas*, sendo as primeiras ligadas a uma perspectiva particularista do sujeito, e as segundas a uma perspectiva universal e objetiva; b) estruturas de superfície apresentam uma *texturalidade grossa*, ou seja, apreendem a realidade sem determinações mais detalhadas; estruturas profundas, ao contrário, apresentam uma *texturalidade fina* na medida em que vão descortinando mais detalhes, especificações e nuances da realidade; c) por fim, há o critério dos graus de coerência de um quadro teórico, que mostra ser mais coerente aquele quadro teórico capaz de articular a maior quantidade de aspectos estruturais e relações de determinada realidade. Todo esse refinamento da linguagem na FES leva a um refinamento da explanação causal com todo o seu peso ontológico. Ou seja, pode-se especificar com detalhes na análise cada fato primo e configuração envolvidos, mostrando seus respectivos poderes dentro de uma configuração causal.

---

45. Cf. *EeS*, 543.

CAPÍTULO VII
A interconexão entre *fatos primos* disposicionais[1]

O presente capítulo conclui nosso tratamento da causalidade e versa sobre a natureza da "relação causal". O próximo capítulo aplicará nossos resultados ao problema da causalidade psicofísica. De início, vamos rejeitar o termo "relação" devido às suas implicações ontológicas e assumir o termo (inter)"conexão". De fato, o termo *"relatio"* (assim como "propriedade") implica uma ontologia de objetos, entendidos como particulares separados e conectados apenas extrinsecamente. O termo (inter)"conexão" quer explicitar uma ontologia diversa, na qual os particulares são compreendidos como partes de um todo sistemático, conectados entre si por um nexo intrínseco. Como mostramos no capítulo anterior, para a FES, as entidades envolvidas na causação são fatos primos disposicionais dentro de uma configuração causal[2].

---
1. O presente capítulo constitui artigo publicado em *Gregorianum*, Roma, n. 104/2 (2023), 317-336.
2. CARVALHO VIANA, W., *A filosofia estrutural-sistemática: uma análise interpretativo-sistemática*, São Leopoldo: Unisinos, 2019.

Cabe agora explicitar a natureza do nexo causal que une tais fatos primos dentro da configuração. Numa ontologia do Ser como tal e em seu todo, em que os entes contingentes são entendidos como participantes de uma única dimensão (da Entidade), é fácil compreender como nenhuma conexão pode ser feita de "fora" (das entidades, da Entidade e, assim também, do Ser como um todo). Ou seja, nenhuma conexão entre os entes pode ser "extrínseca" à dimensão do Ser como um todo, do contrário seria um "nada-absoluto"; não pode ser extrínseca à dimensão da Entidade, do contrário seria um nada-relativo (às outras entidades), isto é: não pode ser extrínseca às entidades contingentes (fatos primos/configuração), ao preço de implicar uma ontologia incapaz de esclarecer a conexão existente entre entes.

O caminho que faremos neste capítulo se desenvolve em três partes. Primeiro, apresentamos duas das melhores teorias sobre a natureza da conexão causal, a saber: a teoria probabilística e a teoria do processo. Veremos as dificuldades que ambas enfrentam, sobretudo com os problemas da *preemption* e *disconnection*. As tentativas de resolver essas dificuldades levaram filósofos a reelaborarem ou mesmo reinventarem suas teorias, dando cada vez mais credibilidade às teorias singularistas em detrimento das regularistas. Em segundo lugar, apresentamos uma análise de conexão causal baseada na ideia de transmissão ou persistência de fatos primos dentro da configuração causal. Para entender essa proposta, é importante explicitar o conceito de disposições ativas e passivas, mostrando como elas atuam reciprocamente numa determinada mudança. Por fim, é importante esclarecer a condição última que sustenta a ideia de uma transmissão de fatos primos entre causa-efeito, a saber: a comunhão entre todos os entes contingentes advinda da participação na dimensão da Entidade, como esclareceremos melhor abaixo. Tal comunhão última entre os fatos primos impede a assunção de qualquer tipo de abismo ou salto ontológico dentro de uma cadeia causal, como geralmente acontece nas teorias ingênuas do processo.

7.1 Debate atual acerca da *conexão causal*

Uma teoria acerca do *nexum* ou *vinculum causale* deveria abranger pelo menos três questões[3]: 1) como entender que uma causa *c* esteja vinculada a um efeito *e*, ou seja: qual a natureza deste *vinculum*? (Esse é o chamado problema da conexão.) 2) Qual a direção adequada da causação: da causa para o efeito ou do efeito para a causa, e por quê? (Esse é o chamado problema da direção.) 3) Como distinguir *uma* ou *a* causa das outras condições não necessárias, mas suficientes para a produção de um efeito? (Esse é o chamado problema da seleção.) Não temos como abordar neste capítulo todas essas questões, uma vez que cada uma delas apresenta debates complexos e extensos. Preferimos, portanto, analisar apenas a primeira questão, o que trará certamente consequências para a análise das duas restantes.

As várias inte(r)pretações do que seja a conexão causal podem ser reduzidas a duas concepções: a *probabilística* e a do *processo*[4]. De acordo com a primeira, a relação causal constitui aquela na qual *um fator (chamado "causa") torna outro (chamado "efeito") mais provável*. Essa concepção enfrenta a dificuldade da *preemption*, que mostra não ser necessário nem suficiente o aumento de uma probabilidade para garantir a

---

3. Cf. SCHAFFER, J., The Metaphysics of Causation, *Stanford Encyclopedia of Philosophy* (Spring 2022 Edition), ZALTA, EDWARD N. (ed.), disponível em: <https://plato.stanford.edu/archives/spr2022/entries/causation-metaphysics/>, acesso em: 18 jul. 2022.

4. Outras concepções são: *subsunção nomológica, correlação estatística, dependência contrafatual, manipulabilidade agencial, mudança contígua, fluxo de energia, processos físicos, transferência de propriedade*. Outras opções são ainda a visão híbrida, o primitivismo e o eliminativismo. A primeira (i.e., híbrida) junta várias posições, sobretudo as visões probabilista e do processo, para resolver os problemas surgidos em ambas. A segunda (i.e., primitivismo) surge da falha de explicação em todos os casos de causação, sugerindo que causação é algo primitivo, não analisável, ou seja, incapaz de ser explicado/analisado por meio de conceitos mais básicos (Shoemaker, por exemplo, pensa que propriedades são individuadas por seu poder causal, mostrando que qualquer explicação de causalidade (quer se entenda as entidades como evento ou como fato) vai pressupor a causalidade das propriedades como conceito mais básico). O eliminativismo faz referência a Hume e Russell, mostrando que não há lei causal que liga eventos de forma necessária. Cf. SCHAFFER, J., The Metaphysics of Causation, *Stanford Encyclopedia of Philosophy* (Spring 2022 Edition), ZALTA, EDWARD N. (ed.), disponível em: <https://plato.stanford.edu/archives/spr2022/entries/causation-metaphysics/>, acesso em: 18 jul. 2022.

causação. Os associados à concepção que entende a relação causal como um tipo de *processo físico* enfrentam problemas como a *desconexão* e *conexão equívoca*, que mostram certa descontinuidade em algumas conexões entre causa e efeito. Como veremos, as concepções probabilistas se aproximam muito das teorias regularistas, enquanto as que defendem algum tipo de processo se coadunam melhor com as teorias singularistas.

A teoria probabilista tem desbancado o interesse pelo determinismo no problema causal. De fato, uma das principais dificuldades da análise regularista de Hume constitui certa *regularidade imperfeita* de eventos causais[5], ou seja: *nem sempre* um efeito E é sucedido ou determinado por uma causa C. Por exemplo, dizemos que o tabaco causa o câncer, mas *nem sempre* quem fuma desenvolve algum câncer ou nem todo câncer advém do fato de alguém fumar. A percepção de regularidades imperfeitas foi corroborada pelas interpretações indeterministas da física quântica, que levaram alguns filósofos a abandonarem qualquer tipo de relação determinista entre causa e efeito, assumindo que uma causa pode realizar um efeito, mas sempre de forma probabilística. Ou seja, dizer que *c* causa *e* se resume a afirmar que a existência de *c* aumenta (ou muda) a probabilidade de *e*, mas não o determina. Em nosso exemplo, a teoria nos ensina a dizer que fumantes têm maior probabilidade de adquirir câncer de pulmão do que não fumantes. Isso na realidade significa que a causa *c* constitui um *token* de um *type* C que torna mais provável o aparecimento de um token *e* de um tipo *E*, isto é: é mais provável que surja *e* dada a existência de *c* do que *e* aparecer sem a existência de *c*. Formalizando:

$$(*)\ P(E|C) > P(E|\neg C)$$

Leia-se: a probabilidade (P) do efeito (E) dado a causa (C) é maior do que a probabilidade (P) do efeito (E) sem a causa (C). Assim, a aná-

---

5. Outras vantagens da teoria probabilística são sua capacidade de excluir elementos *irrelevantes* para o surgimento de um efeito; sua capacidade de esclarecer a *assimetria* entre causa e efeito e sua habilidade para excluir *regularidades espúrias* (cf. HITCHCOCK, Probabilistic Causation, *The Stanford Encyclopedia of Philosophy* (Fall 2018 Edition), ZALTA, EDWARD N. (ed.), disponível em: <https://plato.stanford.edu/archives/spr2022/entries/causation-metaphysics/>, acesso em: 18 jul. 2022).

lise causal seria feita do seguinte modo: *c* é causa de *e* se e somente se (.). Tal análise procura resolver a dificuldade da regularidade imperfeita. Além disso, a teoria responde bem ao problema da seleção, pois *uma* ou *a* causa de um efeito se diferencia das outras condições pelo fato de ser relevante para o aumento da probabilidade do efeito. No entanto, a teoria enfrenta outras sérias dificuldades, sendo a maior delas a chamada *preemption*. Adaptemos um exemplo de Schaffer[6], no qual João e Marcos pretendem lançar uma pedra na vidraça. A pedra de João quebra a vidraça, e Marcos não joga a sua. No entanto, a probabilidade de que Marcos jogue a pedra é muito maior do que a probabilidade de que João jogue a sua, uma vez que Marcos é um vândalo mais voraz que João. Mesmo assim, não foi a pedra de Marcos que quebrou a vidraça, mas a pedra de João. Isso significa que, embora a probabilidade de Marcos jogar a pedra fosse maior e aumentasse a probabilidade do efeito, *de fato* ela não foi necessária nem suficiente para explicar a quebra da vidraça, uma vez que seu jogar foi antecipado (*preempted*) pelo jogar de João. As tentativas de resolução desse problema levam muitas teorias probabilistas a se aproximarem da concepção singularista[7], o que acaba tornando irrelevante o aumento da probabilidade de um evento para a consecução de um efeito[8].

As teorias do processo têm um caráter mais singularista que regularista, uma vez que o *nexo* que une causa e efeito constitui um *processo* particular, caracterizado pela extensão temporal e a continuação de algum elemento entre dois pontos. Isso faz com que tais teorias tenham mais sucesso em lidar com casos de *preemption*, pois seguindo os elos do processo pode-se ir facilmente do efeito à causa, sem se preocupar com outras possíveis causas. As teorias do processo assumem várias formas, a mais ingênua delas entende o processo como uma cadeia

---

6. Cf. SCHAFFER, J., The Metaphysics of Causation, *Stanford Encyclopedia of Philosophy* (Spring 2022 Edition), ZALTA, EDWARD N. (ed.), disponível em: <https://plato.stanford.edu/archives/spr2022/entries/causation-metaphysics/>, acesso em: 18 jul. 2022.

7. Cf. LEWIS, D., Postscripts to "Causation", in: id., *Philosophical Papers*, Volume II, Oxford: Oxford University Press, 1986, 173–213; EELLS, *Probabilistic Causality*, New York: Cambridge University Press, 1991.

8. Cf. EHRING, D., *Causation and Persistence*, Oxford: Oxford University Press, 1997, 35 ss.

através da qual é transferido de um objeto/evento-causa para um objeto/evento-efeito algum elemento físico, seja ele energia ou *momentum*[9]. No caso das bolas de bilhar, explica-se que a bola branca causou o movimento da bola 9 mostrando que essa recebeu uma quantidade de energia cinética da bola branca. A teoria se baseia no princípio de conservação da energia, que nunca se perde ou se ganha, mas sempre se transforma ou se transfere na interação de um sistema com outro. Assim, a causação pode ser entendida como uma passagem ou transformação de um tipo de energia para outro tipo: por exemplo, a roupa ficou engomada *porque* a energia elétrica do ferro de passar se transformou em energia térmica, transferindo-se para a roupa e causando o efeito de desamassá-la; a lâmpada iluminou o quarto *porque* a energia elétrica da lâmpada se transformou em energia luminosa causando o clareamento do quarto e assim por diante.

A maior dificuldade das teorias do processo constituem casos de *desconexão* ou *conexão equívoca*[10]. O caso mais ilustrativo de causação desconexa consiste no exemplo da catapulta. Imagine que João quebra a vidraça lançando a pedra através de uma catapulta e não atirando com a própria mão. Além disso, imaginemos que João solta a catapulta à distância por meio de um comando em seu celular. Certamente, haverá uma transferência de energia da catapulta para a pedra, na qual uma quantidade de energia elástica se transforma em energia

---

9. Salmon define a interação causal como um processo que transmite uma "marca" (entendida como uma conservação de energia/*momentum*) da seguinte forma: "Let P be a process that, in the absence of interactions with other processes would remain uniform with respect to a characteristic Q, which it would manifest consistently over an interval that includes both of the space-time points A and B (A - B). Then, a mark (consisting of a modification of Q into Q^*), which has been introduced into process P by means of a single local interaction at a point A, is transmitted to point B if [and only if] P manifests the modification Q^* at B and at all stages of the process between A and B without additional interactions" (SALMON, W., *Scientific Explanation and the Causal Structure of the World*, Princeton: Princeton University Press, 1984, 148; cf. também a versão de DOWE, P., Causality and Conserved Quantities: A Reply to Salmon, *Philosophy of Science* 62 (1995), 323).

10. Cf. SCHAFFER, J., The Metaphysics of Causation, *Stanford Encyclopedia of Philosophy* (Spring 2022 Edition), ZALTA, EDWARD N. (ed.), disponível em: <https://plato.stanford.edu/archives/spr2022/entries/causation-metaphysics/>, acesso em: 18 jul. 2022.

cinética capaz de quebrar o vidro. A questão é que não há um processo físico contínuo entre o comando de João e a quebra da vidraça. Todo o processo físico foi interno à própria catapulta, de forma que posso traçar uma linha de processos físicos intermediários entre a quebra da vidraça e o lançamento da catapulta, mas não entre o comando de João e a quebra da vidraça. Outro contraexemplo é a chamada conexão equívoca, na qual se pode demonstrar que entre o processo físico de lançar a pedra e a quebra da vidraça há uma série de interferências microfísicas, que também se ligam à quebra da vidraça e, mesmo assim, não constituem a causa da quebra da vidraça. Imaginemos que, no trajeto da pedra de João, aconteceu a interação com um sopro de vento, ligando todo o processo físico entre o lançamento e a vidraça com outros elementos microfísicos. Embora haja uma conexão entre o vento e a trajetória da pedra, não se pode dizer que o vento causou a quebra da vidraça.

A conexão equívoca não constitui um grande problema para a teoria do processo, uma vez que se pode simplesmente responder que a conexão com outros elementos microfísicos não representa uma influência tão relevante para garantir a realização do efeito. No entanto, a desconexão constitui um sério problema para a teoria, uma vez que ela procura reduzir todo nexo causal a um processo físico ou transferência de energia/*momentum*. O que dizer da causação mental? Quando decido levantar o braço para votar a favor de algo, é difícil defender que haja uma transferência de energia entre minha consciência e meu cérebro, a não ser que se defenda a redução da consciência a estados neuronais. A FES defende a originalidade ontológica da consciência e não renuncia à interação causal entre mente e cérebro[11]. Nesse sentido, a compreensão de causação como processo físico é muito pouco explicativa quando se analisam outros tipos de conexão causal, além daquela entre objetos ou sistemas físicos.

Uma teoria singularista que procura neutralizar a redução física da teoria do processo representa a teoria causal da *persistência de tropos*

---

11. Este problema será analisado detalhadamente no próximo capítulo.

de Douglas Ehring. Para Ehring, a causação consistiria na persistência de certas propriedades particulares (*tropos*) entre o evento-causa e o evento-efeito. Isso significa que tropos são os *relata* da causação, entendidos como particulares que persistem (visão endurantista de tropos) inteiramente ou parcialmente entre tempo$_1$ e tempo$_2$, seja através de uma fusão (*fusion*) ou fissão (*fission*) entre dois eventos. Dessa forma, a *relatio* causal é interpretada como uma passagem do tropo (ou parte dele) de um evento para outro. Ehring oferece as seguintes condições suficientes para a causação:

> A propriedade P em t causa a propriedade Q em t' se:
> A) P em t está fortemente conectado causalmente a Q em t', e P em t é causalmente anterior a Q em t'.
> B) Há um conjunto de propriedades $(R_1,...,R_n)$ de modo que P é uma causa de R_1 sob a condição A,..., e R_n é uma causa de Q sob a condição A.
> Podemos agora adicionar que P em t causa Q em t' se e somente se A ou B for verdade. Esta análise se aplica a casos de fusão e fissão de propriedade, bem como à constância de propriedade. P em t causa Q em t' apenas se Q em t' vem de P em t por meio de fusão, fissão ou persistência, ou se P em t está conectado por uma cadeia causal a Q em t', em que os eventos vizinhos são conectados por meio de persistência de propriedade, fusão ou fissão[12].

Além de defender um componente singularista em sua concepção de causalidade, o que nos interessa na teoria de Ehring é sua ideia abrangente de *tropo*, que pode apresentar uma variedade ontológica, não sendo reduzida apenas a tropos físicos. Se levarmos em consideração essa abertura, podemos interpretar a causação como uma persistência de um elemento (*tropo*) de vários tipos ontológicos, desde físicos até mentais, entre o evento-causa e o evento-efeito, o que proporciona uma ideia mais híbrida de causação. No entanto, a análise de Ehring apresenta sérios inconvenientes, entre eles a pressuposição de uma ontologia de objetos. Embora rejeitando a ideia de exemplificação de pro-

---

12. EHRING, D., *Causation and Persistence*, Oxford: Oxford University Press, 1997, 130.

priedades e defendendo uma ontologia de tropos, Ehring é incapaz de abandonar a semântica de sujeito-predicado, utilizando sempre conceitos como objeto, propriedade e relação. Além disso, sua ideia de persistência no tempo assume o modelo endurantista, que muito se coaduna com a ontologia de objetos/substância, mas que apresenta dificuldades para lidar com uma nova concepção de espaço-tempo da ciência. Por fim, falta na concepção de Ehring o fundamento último capaz de explicar uma interação entre tropos, sem pressupor algum "salto ontológico". Na verdade, a interação entre tropos permanece uma conexão externa, uma vez que não se explicita uma dimensão comum da qual fazem parte todos os entes.

Em seguida, apresentamos uma concepção singularista, baseada na ideia de fatos primos disposicionais que entende a conexão causa-efeito como a transmissão de algum fato primo, seja ele de qualquer espécie ou diferencialidade ontológica. De suma importância para essa concepção é a *conexão última* entre todos os tipos de fatos primos, ou seja, a dimensão englobante do Ser, que garante uma via aberta para a passagem de fatos primos de uma configuração para outra, mesmo que tais configurações apresentem entre si uma diversidade ontológica.

7.2 A *conexão* entre fatos primos disposicionais

Antes de tudo, é necessário entender como se caracteriza a conexão causal dentro das teorias disposicionais. Nesse sentido, lembramos alguns elementos da concepção aristotélico-tomista de causa-efeito. Para Tomás, seguindo Aristóteles, o termo "causa" é muito mais abrangente do que aquele usado nos debates atuais de causação, incluindo quatro tipos de causas diferentes: material, formal, eficiente e final[13]. Como sabemos, Tomás também explica a *mudança* através dos conceitos de ato e potência. Uma mudança acontece porque algo A, que estava em potência para mudar, interagiu com algo B, que possuía em ato o termo para o qual tendia a mudança de A. Se fizermos uma rápida análise de uma mudança qualquer, por exemplo, o aquecimento

---

13. Cf. TOMÁS, *STh* II-II q. 27 a. 3; ARISTÓTELES, *Metaph.*, 2, 1013 a 24-b 5.

da água de uma vasilha exposta ao sol, verificaremos os seguintes elementos: a) num tempo$_1$ a água estava fria em ato, mas em potência para receber o calor; b) na interação com o Sol em tempo$_2$, a água recebe o calor em ato do Sol, mudando de fria para quente. O resultado é que a interação entre o Sol e a água fez com que a quentura de um passasse para o outro, o que nos permite dizer, *grosso modo*, que o Sol causou o aquecimento da água.

O que aconteceu, na realidade, foi a interação entre disposições: o Sol possuía a disposição para aquecer, enquanto a água possuía a disposição para ser aquecida. Disposições são causais se agem de forma recíproca. Isso significa que nenhuma causação acontece no caso de existir apenas um lado disposicional, seja ele ativo ou passivo. O fogo não pode incendiar se não houver algo que possa ser incendiado, o sal não pode dissolver se não houver o líquido para dissolvê-lo etc. Ou seja, nenhuma potência passa sozinha para o estado de ato, sem a ativação de um agente externo[14]. Na realidade, o que ocorre na mudança é que algum elemento em ato do evento-causa *passa* para outro evento em potência para recebê-lo. A passagem se dá de forma contínua e processual como se houvesse uma estrada aberta, na qual cada elo da cadeia conecta o evento-causa ao evento-efeito. Como veremos adiante, a condição de possibilidade para tal interação é a conexão última do Ser, que abre via de acesso para todo tipo de interação entre os entes.

Esse trabalho recíproco das disposições (ativa e passiva) para a produção de uma mudança precisa aparecer em nosso modelo de vetores[15]. De fato, a mútua manifestação de disposições constitui um elemento crucial numa teoria disposicional de causalidade[16]. Isso pode ser ilustrado no modelo de vetores da seguinte forma: um vetor pode representar não apenas um poder, mas dois poderes interagindo, um ativo,

---

14. Este é o famoso princípio de causalidade de Aristóteles: Ἅπαν τὸ κινούμενον ὑπό τινος ἀνάγκη κινεῖσθαι; "tudo o que é movido, é movido por outro"; cf. *Fís.*, VII, 241b 34).

15. Apresentamos no capítulo anterior nosso modelo de vetores.

16. Cf. MARTIN, C. B., *The mind in nature*, Oxford: Oxford University Press, 2008; HEIL, J., *The universe as we find it*, Oxford: Oxford University Press, 2012.

outro passivo. Na figura 1, vemos o vetor$_1$ que se direciona para o efeito M, porém significando o trabalho recíproco de um poder ativo e outro passivo (a e b). Para ilustrar, tomemos o mesmo exemplo da água aquecida pelo Sol: o poder ativo do Sol de aquecer (a) interage com o poder passivo da água (b), ilustrados num mesmo vetor$_1$, que tende para o efeito da água quente (M). Perceba-se que poderíamos ter outros vetores agindo (vetor$_2$ com poderes c, d ou vetor$_3$ com poderes e, f), a favor ou contrários à ação do vetor$_1$ (a, b), dentro do que chamamos de configuração causal[17].

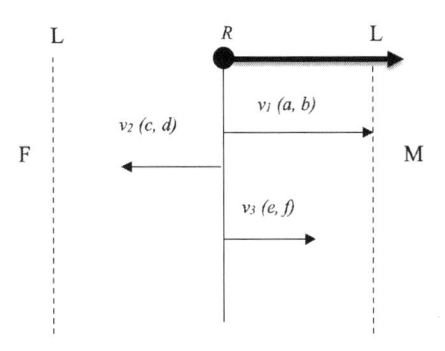

Figura 1: Cooperação recíproca de poderes

A cooperação recíproca entre poder ativo e passivo acima apresentada não é idêntica à cooperação entre os poderes ativos. Imaginemos em nosso exemplo que, além do poder do Sol, temos o poder de uma fogueira, representada pelo vetor$_{1+}$, sob a qual a vasilha foi colocada. O v_{1+} apresenta também a mútua colaboração do poder ativo da fogueira (g) e do poder passivo da água (b). A figura 2 ilustra este estado de coisas. Os vetores v_1 e v_{1+} colaboram entre si de forma relevante para levar a situação até o limite L, no qual se encontra o efeito M, mesmo que outros fatos primos disposicionais (por exemplo: e, f do v_3) também deem sua contribuição.

---

17. Este melhoramento do modelo de vetores foi proposto por BALTIMORE, J. A., Expanding the vector model for dispositionalist approaches to causation, *Synthese*, 196 (2019), 5083-5098.

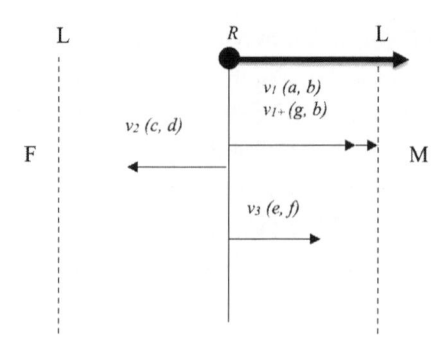

Figura 2: Cooperação de poderes ativos

Observemos melhor a interação entre o poder ativo e o passivo para entender a natureza da conexão causal. Como vimos na teoria de Ehring, a conexão pode ser entendida como uma persistência de tropos. Preferimos utilizar a expressão "transmissão de fatos primos". Em nosso exemplo, o fato primo disposicional "calor" passou do Sol para a água, o que nos permite dizer que o Sol (em nosso exemplo acima, ajudado por v_{1+}) causou o aquecimento da água. O que houve nessa interação é que um fato primo disposicional (ativo) foi transmitido para a configuração água. Para compreender bem esta passagem, faz-se mister entender a natureza do fato primo disposicional *passivo*, que consiste na capacidade de receber ou ser influenciado por outro fato primo. Quando dizemos que a água "pode ser aquecida", o que estamos afirmando é que a configuração água está disposta a receber um fato primo advindo de outra configuração. Assim, o fato primo disposicional ativo encontra via livre para migrar de uma configuração para outra. A figura 3 ilustra bem a reciprocidade desses poderes.

Figura 3: Reciprocidade de poderes

A interconexão entre fatos primos disposicionais

Veja-se que o elemento saliente da figura (significando a disposição ativa) se conecta no "espaço" apropriado do outro lado (significando a disposição passiva). A figura mostra um traço essencial do que significa *conexão* causal na FES, diferentemente da *relatio* em outras ontologias. De fato, quando se fala em *relatio* nas ontologias da substância/objeto, pressupõe-se sempre uma separação das entidades, que se juntam ou interagem de forma extrínseca. Na FES, a conexão é intrínseca porque as entidades envolvidas na conexão fazem parte de um todo e se encaixam naturalmente. Nesse modelo, a conexão não é nada mais do que o fluxo livre de fatos primos de uma configuração para outra, o que não significa necessariamente proximidade espacial ou temporal, como veremos em breve.

O fato de utilizarmos aqui um exemplo físico (no caso do fogo que aquece a água) não insinua uma ratificação da teoria ingênua do processo, como se a conexão causa-efeito fosse reduzida à transmissão de um elemento físico de um evento para outro. Na FES, há uma diversidade ontológica de fatos primos, o que significa que a natureza do fato primo trocado na conexão causal vai depender das configurações em jogo na configuração causal. Tomemos um exemplo de outra natureza. Imaginemos que Paulo participa de uma assembleia eletiva em seu condomínio e decide votar a favor de Pedro contra Marcos. Digamos ainda que a votação está empatada e somente o voto de Paulo pode decidir a eleição. Quando Paulo levanta a mão para votar em Pedro, podemos dizer que o levantar da mão de Paulo foi causalmente relevante naquela conjuntura para que Pedro ganhasse a eleição. Simplificando a análise, o levantar da mão de Paulo *causou* a vitória de Pedro. Na realidade, acontece uma série de processos (físicos, mentais, institucionais etc.) nessa configuração causal chamada "eleição para presidente do condomínio", que são encadeados em vários níveis até desembocar na vitória de Pedro.

Antes de continuar a análise desse exemplo, recordemos aqui a condição B de Ehring para a causação, na qual existe uma cadeia $(R_1,...,R_n)$ que interliga P a Q de tal forma que P é uma causa de R_1 (sob a condição A) e R_n é uma causa de Q (sob a condição A). O que Ehring não enfatiza é que a natureza ontológica dos elos da cadeia P, $(R_1,...$

R_n) e Q pode ser diferente (embora, não absolutamente diferente). Ou seja, o elo que liga P a R_1 pode ser de natureza mental, enquanto o elo que liga R_1 a R_2 pode ser de natureza física, e aquele que liga R_n a Q pode ter natureza institucional. Isso resolve o chamado problema da desconexão ou conexão equívoca da teoria ingênua do processo. De fato, reduzir o nexo causal apenas a um elemento físico (transmissão de energia ou *momentum*) deixa de fora uma série de fenômenos causais como aquele da catapulta, acima mencionado. Se alguém quisesse encontrar um *nexo físico* entre minha decisão de soltar a catapulta e a quebra da vidraça, pelejaria em vão. Porém, o fato é que posso dizer que foi minha decisão de soltar a catapulta a causa (última) da quebra da vidraça. Para explicar o que aconteceu, faz-se mister reconhecer que existe uma série de elos de naturezas ontológicas diferentes no processo que vai desde minha decisão até a quebra da vidraça. Isto é, o elo entre minha decisão e o movimento de minha mão constitui um nexo de natureza mental-física, mas o nexo entre a catapulta e a pedra, como aquele final entre a pedra e a vidraça, possui natureza física (transferência de *momentum*), resultando na quebra da vidraça. Nessa cadeia, cada elo apresenta poderes ativos e passivos, originando uma corrente causal que conecta o primeiro ao último polo, como se pode ilustrar com a figura 4. A diferença de cores mostra a diferencialidade ontológica que pode existir na cadeia[18].

Fig. 4: Cadeia causal

---

18. A diferença de cores ilustra não somente a diferencialidade ontológica, mas também como essa diferencialidade pressupõe algo comum. De fato, a figura mostra um *dégradé* de cores que revela uma cor de fundo. Isso quer esclarecer que, na causação, a passagem entre os diferentes campos ontológicos não é feita de forma abrupta, mas sempre de forma contínua, significando que o "elemento" a ser transmitido numa conexão causal vai sempre "pisar" nas duas regiões que interagem (assim como no *dégradé*, a cor posterior traz *algo* da cor precedente). Ou seja, o elemento a ser transmitido na conexão causa-efeito será sempre, em última análise, um "algo-de-Ser".

Retomemos nosso exemplo da eleição no condomínio para observar de perto apenas dois elos deste processo: 1) o elo que conecta a decisão de Paulo de votar em Pedro e o levantar de sua mão, e 2) o processo do levantar da mão de Paulo e a vitória de Pedro.

No primeiro elo estão envolvidos fatos primos mentais e físicos, ou seja: o estado mental da opção livre de Paulo por Pedro e estados neuronais que provocam o levantar de sua mão. Esse constitui o enorme problema da causação mental, que retomaremos no próximo capítulo. Pelo menos três teorias tentam explicar esse fenômeno. Uma primeira, *fisicalista reducionista*, que procura reduzir o estado mental a um estado físico, utilizando como método o chamado princípio do fechamento causal do mundo físico (PFC). O PFC afirma que todo efeito físico (no caso, o levantar da mão de Paulo) é produto de uma causa física. Uma segunda posição é a *epifenomenalista*, que defende serem estados mentais irredutíveis a estados físicos, mas sem nenhum poder causal no mundo físico. A inoperância do mental se dá porque também essa posição assume o PFC. Por último, a tese *dualista interacionista*, que defende a originalidade de estados mentais e rejeita o PFC, mas apresenta dificuldades para explicar como se dá a interação entre o mental e o físico.

A terceira posição, embora rejeite o PFC, pressupõe uma diferença intransponível entre mental e físico, motivo pelo qual é rejeitada pela FES. Já as duas primeiras posições são rejeitadas pela FES porque assumem dogmaticamente o PFC. Na realidade, o PFC não constitui um princípio da física, provado cientificamente, mas apenas um princípio metodológico. Ele se baseia exatamente na teoria ingênua do processo, que entende causalidade como a transferência de energia/*momentum* de um evento para outro. Contudo, a teoria ingênua do processo não responde aos problemas da *desconexão* e *conexão equívoca*, mostrando a insuficiência dessa análise para explicar todos os fenômenos causais. Que processo físico ocorreu, por exemplo, entre o levantar da mão de Paulo e a vitória de Pedro na eleição? Certamente nenhum! Dessa forma, não se pode assumir o PFC como válido para toda relação causa-efeito, muito menos como princípio que determina quais entidades existem ou não. O PFC não vale nem mesmo para explicar todos os efeitos físicos, uma vez que rejeita a influência do mental no mundo físico. Sem dúvida, o fisicalista desafia o dualista interacionista a encontrar um modelo capaz de explicar como uma pressuposta entidade não física poderia injetar energia/*momentum* no mundo físico sem quebrar o princípio de conservação da energia. Ou seja, se Paulo levantou a mão é porque estados físicos do cérebro entraram em jogo no processo causal e enviaram impulsos elétricos ao sistema nervoso até provocar o levantamento do braço. Tal energia, argumenta com razão o defensor do PFC, não poderia provir de uma entidade não física, deixando apenas duas opções coerentes: ou se reduz o mental ao físico, ou se cai no epifenomenalismo.

No entanto, esse modo de pensar do fisicalista possui muitas pressuposições. Uma delas é que seria impossível uma interação entre duas entidades ontologicamente diversas como são entidades mentais e entidades físicas. A FES desmonta essa pressuposição porque entende que tal diferença só é possível dentro de uma dimensão mais abrangente. Ou seja, a condição de possibilidade da diferença constitui sempre uma unidade superior, que para a FES consiste na dimensão do Ser como tal e em seu todo. Fatos primos mentais e fatos primos físicos pertencem ambos à dimensão oniabrangente do Ser e, por isso, não são totalmente diferentes, mas interconectadas intrinsecamente.

A maior dificuldade para entender a interação entre mental e físico, porém, constitui a origem da energia que move os neurônios de Paulo e provoca o levantamento de sua mão. Como um estado não físico (opção livre de Paulo) poderia injetar energia num processo físico neuronal? Sem dúvidas, não temos modelos físicos que nos permitam analisar cabalmente aquela "zona escura" que conecta espírito e cérebro. De fato, é difícil admitir que a física algum dia seja capaz de elaborar tal modelo, mesmo que uma *teoria do tudo* (físico) seja um dia desenvolvida. Tal ceticismo advém do fato de que estão aqui em jogo não apenas entidades físicas, mas também entidades mentais, que escapam a uma análise puramente física[19]. Se tal modelo é impossível para a física, não o é para a filosofia.

---

19. A crença do fisicalismo numa nova ciência física capaz de incluir em sua análise fenômenos como a consciência e liberdade constitui uma crença vazia, uma vez

De fato, é papel da filosofia oferecer um quadro teórico mais abrangente, no qual seja inteligível a interação entre diferentes entidades devido à tematização de uma metadimensão comum. Nesse sentido, a metadimensão comum garante que o "elemento" transmitido na interação mental-físico constitui, em última análise, "algo de Ser" capaz de iniciar um processo físico-quântico no cérebro de Paulo, que se desenrola até desembocar no levantar de sua mão[20]. Apesar da falta de um modelo científico para explicar a natureza do elo que liga o mental ao físico, não escapa à análise filosófica a natureza ontológico-metafísica deste nexo intrínseco, que constitui sempre um "algo de Ser" conectando duas *subdimensões* da mesma configuração chamada "pessoa humana", a saber: a mental e a corporal. Quando se entendem as entidades envolvidas na interação mente-corpo como dimensões diferentes de um mesmo todo, dissolve-se a impossibilidade última de uma efetiva interação. Em nosso exemplo, foi Paulo (como um todo pessoal) que decidiu votar em Marcos, envolvendo nessa decisão também comportamentos de seu corpo. As duas dimensões de Paulo na eleição são conectadas causalmente porque sua decisão livre (poder ativo) foi transmitida para seu cérebro (poder passivo), iniciando um processo físico capaz de levantar sua mão para expressar uma opinião.

---

que não temos a mínima ideia do que seja um conceito assim tão abrangente de "físico" desta nova ciência.

20. Hans Jonas, em *Macht oder Ohnmacht der Subjektivität?*, desenvolve um modelo intuitivo de interação entre estados mentais e estados neuronais, mostrando que a subjetividade injeta uma "força" tão mínima em alguma zona quântica do cérebro, a ponto de não constituir nenhum problema para o princípio de conservação de energia do mundo físico. Voltaremos a este modelo no próximo capítulo. Alguns modelos contemporâneos, como o modelo Orch-Or de Penrose e Hameroff, também afirmam uma interação psicofísica, que ocorreria nos microtúbulos do esqueleto neuronal (cf. CARVALHO VIANA, W., *Hans Jonas e a filosofia da mente*, São Paulo: Paulus, 2016, 201 ss.). O fato de desconhecermos a natureza ontológica do elo entre mental e físico não é razão suficiente para optarmos pelo fisicalismo reducionista em detrimento da originalidade ontológica de estados mentais, uma vez que cairíamos em problemas e incoerências ainda maiores do que aquele de explicar a suposta origem da energia injetada pela mente nos estados neurológicos. Para os problemas inerentes à opção fisicalista, cf. o capítulo 1 e o tópico 4.5.1. deste livro. Para os problemas inerentes à opção epifenomenalista, cf. CARVALHO VIANA, W., *Hans Jonas e a filosofia da mente*, São Paulo: Paulus, 2016, 177 ss.

O último elo da cadeia causal que determina a vitória de Pedro é aquele que conecta esse resultado com o levantar da mão de Paulo. Certamente não existe nenhuma conexão física entre esses dois fatos primos, mas entram em jogo outros tipos de entidades como "fatos primos disposicionais", institucionais e jurídicos. Perceba-se que na configuração de terceira ordem "condomínio" está unida uma série de configurações e fatos primos de várias espécies, desde pessoas até regras institucionais. Dizer que o levantar da mão de Paulo foi suficiente para causar a vitória de Pedro significa afirmar que na configuração condomínio foram instituídas regras de eleição que *encaixam* a disposição de levantar a mão de Paulo (expressando seu voto) à disposição da instituição para aceitar sua decisão. Nessa interação foi transmitida a decisão de Paulo para a instituição condomínio na configuração causal "eleição para presidente do condomínio".

Em resumo, numa análise desse tipo dois fatores ficam claros: 1) a conexão causal acontece através da reciprocidade entre fatos primos disposicionais ativos e passivos, e 2) a conexão causal pode ser vista como a transmissão de fatos primos dentro de um processo, no qual podem estar envolvidos elos de diversas naturezas, sejam eles de natureza física, mental, biológica, espiritual, lógica, axiológica, jurídica, estética, institucional etc. Por fim, o que garante a interação entre tal diversidade numa configuração causal é a dimensão oniabrangente do Ser como tal e em seu todo. No entanto, este último fator precisa ser melhor esclarecido. De fato, a dimensão oniabrangente do Ser é bidimensional, incluindo uma dimensão absolutamente necessária e uma dimensão contingente, chamada na FES de "Entidade" (*Seiendheit*)[21]. Essa dimensão interconecta todos os entes contingentes numa espécie de "comunhão holística" a ponto de não haver algum ente totalmente separado de outro. Essa afirmação tem consequências para o problema da causalidade, uma vez que responde à condição de possibilidade última de qualquer conexão causal.

---

21. Cf. *SeN*, 567 ss.

7.3 A dimensão da Entidade e causalidade

A tese de que haja uma transmissão de fatos primos dentro de uma configuração causal pressupõe mais do que uma interação entre disposições ativas e passivas. É preciso compreender a *comunhão* mais profunda entre todos os tipos de fatos primos, que garante a ideia de *totalidade* da qual os fatos primos não são mais do que partes integrantes. A fig. 3, portanto, pode passar uma ideia errada de que exista um "espaço vazio" entre disposições ativas e passivas, o que exigiria, em última análise, algum tipo de "salto ontológico" capaz de unir os dois polos. A FES nega totalmente qualquer tipo de "abismo ou salto ontológico". Por isso, a pergunta que devemos responder agora é esta: qual a condição última que explica a interação entre fatos primos disposicionais? Para dar uma tosca ideia do que estamos falando, tomemos um exemplo da física recente. É notório que a física atual persegue um Santo Graal, denominado *teoria de tudo*, ou seja: o sonho de unificar o modelo padrão de partículas com a teoria da relatividade geral, mostrando, assim, a base comum de todas as estruturas físicas do universo, permitindo a explicação de cada fenômeno físico, seja ele subatômico ou astrofísico.

De fato, a nomenclatura *Teoria de tudo* revela uma inadequação fundamental, uma vez que o "tudo" ao qual se refere a teoria diz respeito somente ao físico, não podendo ser considerada como uma teoria oniabrangente. Fatos primos de outras espécies como mentais, espirituais, institucionais, jurídicos, estéticos etc. ficam de fora da teoria, e isso nos faz pensar que uma real *teoria de tudo* deveria abranger *todas* as entidades, de todas as espécies ontológicas, atuais e possíveis. Apesar dessa inadequação, e colocando uma teoria do todo (físico) em seu devido lugar, pode-se mostrar que, da mesma forma que uma tal teoria poderia explicar a interconexão de fundo entre os fatos primos físicos, uma teoria oniabrangente pode mostrar a interconexão entre absolutamente todos os tipos de fatos primos, sejam eles de qual espécie forem.

A FES defende que uma tal teoria oniabrangente consiste numa *teoria do Ser como tal e em seu todo*. Já apresentamos essa teoria de forma detalhada no capítulo 4 deste livro. No entanto, é preciso esclarecer melhor alguns elementos neste contexto, pois os conceitos de *ente* e *Ser* não mostram imediatamente como os entes estão interligados entre si, podendo levar à ideia errada de uma separação entre os entes, entendidos apenas como "modos isolados" do Ser. De fato, é preciso evidenciar como o conceito de Ser constitui o pano de fundo de todos os entes capaz de conectá-los em diferentes regiões ontológicas. Assim, da mesma forma que uma teoria do todo físico explicaria a interação entre os vários níveis da matéria, também a dimensão do Ser explica a interação entre os vários níveis e espécies de fatos primos do mundo, aclarando que não existe um "espaço vazio" entre os diferentes tipos de fatos primos, sejam eles físicos, mentais, institucionais etc.

A consequência da dimensão do Ser para nossa análise é que se pode entender melhor como se dá a transmissão de fatos primos na causalidade. Na verdade, uma vez que garantimos uma dimensão ou comunhão de fundo entre todas as espécies de fatos primos, a causalidade física, entendida como transferência de fatos primos físicos (energia, *momentum*), não é mais do que um exemplo do que acontece com a causalidade em geral. Tomemos mais uma vez o exemplo do âmbito físico para ilustrar o que acontece no âmbito metafísico. Na teoria dos campos, afirma-se que todos os tipos de partículas não são outra coisa que "excitações" de algum tipo de campo. Se analisarmos os diversos tipos de campos quânticos, chegamos ao que os físicos estão chamando de *"vacuum state"* onde existem não partículas reais, mas "partículas virtuais" como se fossem a estrutura básica que sustenta a configuração espaço-tempo. Nesse âmbito, porque não existem partículas, alguns físicos utilizam de forma errada o conceito de "nada", pretendendo mostrar que do "nada" vieram as partículas e todo o universo. Obviamente, o conceito de "nada" aqui não pode ser identificado com o "Nada absoluto", mas apenas com um "nada-relativo", ou seja: com um nada-de-partícula, sendo, contudo, sempre um algo-de-Ser. De fato, qualquer físico teórico reconhece que o chamado *"quantum foam"* é repleto de entidades básicas que dão origem às partículas elementares.

O que nos interessa nessa imagem é mostrar o esforço da física para dar unidade às várias dimensões do mundo físico[22]. Porém, o mundo não é composto apenas de entidades físicas, o que levanta a questão da unidade *metafísica* do mundo. Para a FES essa unidade se encontra na dimensão da Entidade, que consiste numa das duas dimensões do Ser como tal e em seu todo. A dimensão da Entidade deve ser constituída daquelas características que perpassam *todas* as entidades do mundo. A FES especifica pelo menos três dessas características: a *inteligibilidade universal*, a *coerência* ou *interconexão universal* e a *expressabilidade universal*[23].

Cabe aqui ressaltar a característica da coerência ou interconexão universal. A FES discorre sobre este "momento estrutural imanente" do Ser de forma semelhante com a qual a tradição metafísica tematizava o transcendental da *unidade*. De fato, a unidade transcendental na metafísica clássica era entendida em dois níveis: aquele ontológico e o ôntico. A FES acrescentaria um nível também *einailógico* referente não ao âmbito dos entes enquanto tais (ontológico), mas ao âmbito do Ser como um todo. Nesse âmbito, reina uma unidade absoluta a ponto de excluir qualquer tipo de pluralidade ou alteridade[24]. Já no âmbito ontológico ou âmbito da Entidade, a unidade básica dessa dimensão dá espaço para a pluralidade dos entes.

De fato, a unidade-diversidade dos fatos primos deve ser entendida sob dois aspectos: um aspecto da *unidade*, no qual os fatos primos constituem uma estrutura *in*-divisível devido ao princípio fundamental da identidade consigo própria (a = a); outro aspecto da *alteridade*, no qual a negação da divisão ou coerência interna representa um aspecto positivo, que diferencia um fato primo de qualquer outro. A diversidade não é, portanto, a negação da unidade entre os entes, mas apenas uma

---

22. Como se sabe, o número das dimensões do mundo físico é algo discutido em recentes teorias, como é o caso da teoria das cordas, que pressupõe mais sete outras dimensões do mundo, além das três espaciais e uma temporal.
23. Cf. o tópico 4.3 deste livro e *SeN*, 537 ss.
24. Nisso, a FES também concorda com a metafísica clássica, que afirmava ser um Outro (*aliquid*) do Ser apenas o Nada absoluto, mostrando a impossibilidade de uma oposição radical ao Ser.

negação interna dentro da Entidade, explicada pela *determinação* dos entes, ou seja: eles são apenas *modos diferentes da Entidade*. Em resumo, a diversidade dos fatos primos acontece sempre pressupondo uma interconexão intrínseca entre eles. A implicação de unidade e diversidade na Entidade mostra a coerência universal desta dimensão, que não significa apenas uma ausência de contradição entre os entes, mas uma *interconexão positiva* dentro deste todo[25], revelando uma estruturalidade e sistematicidade da própria realidade. Mostrar como essa estruturalidade do mundo pode ser expressa numa linguagem adequada constitui o programa da FES com a tematização das estruturas fundamentais: formais, semânticas e ontológicas, como vimos no capítulo 3. O resultado para nossa análise é que a coerência universal do Ser explicita como é possível falar de causalidade em termos de transmissão de fatos primos sem levantar qualquer problema de abismos ou saltos ontológicos dentro de uma cadeia causal. Uma configuração causal pode incluir, portanto, uma série de conexões capazes de ligar, num único processo causal, diversos tipos de fatos primos.

Cabe levantar uma última questão, a saber: consegue esse modelo explicar todos os tipos de *conexão* causal? A resposta para essa pergunta deve ressaltar três fatores: 1) a concepção de *fatos primos* abrange grande diversidade ontológica, evitando a visão reducionista de algumas posições; 2) a concepção de *transmissão* de fatos primos ajuda a esclarecer a relação intrínseca entre fatos primos disposicionais ativos e passivos; e 3) a concepção da *dimensão da Entidade* anula *ab ovo* qualquer tipo de abismo ou salto ontológico entre causa e efeito. Além disso, o modelo esboçado traz a vantagem de explicar a causação como um nexo real do mundo e não como uma regra universal e determinista. Ou seja, a causação pode ser universalizada pela indução devido à interação singular entre fatos primos disposicionais, que interagem sempre em reciprocidade e dependendo das condições reais de uma situação. Se tal análise não vale para toda e qualquer conexão causal, é um fato a ser mostrado por meio de contraexemplos que escapem pelo menos a um dos três fatores acima elencados.

---

25. Cf. *EeS*, 584.

Muitos podem pensar que um contraexemplo para essa análise seja encontrado no fenômeno físico chamado "emaranhamento quântico" (*quantum entanglement*), que revela um tipo de "ação a distância". Nesse fenômeno, partículas interagem de tal forma que deveriam romper a velocidade da luz para *transmitir* algum tipo de informação. Como nada (físico) viaja mais rápido do que a velocidade da luz, tal interação (causal) não poderia ser entendida como um tipo de transmissão ou transferência de algo (físico) de uma partícula para outra. Embora o fenômeno constitua ainda um mistério para a física, um modelo metafísico deveria, pelo menos, oferecer as condições de possibilidade para tal interação.

Na realidade, o emaranhamento quântico não é um contraexemplo, mas uma bela confirmação do que foi exposto aqui. De fato, tal fenômeno representa um contraexemplo para um modelo que pressupõe a separação radical entre os entes no espaço-tempo, e no qual a interação causa-efeito fosse reduzida à transmissão de algum elemento físico. No entanto, o fenômeno não constitui um contraexemplo para um modelo que não pressupõe tal separação, mas, pelo contrário, assume uma conexão última entre todos os entes, além de não reduzir o elemento transmitido sempre a algo físico. Uma intuição a partir do modelo aqui proposto pode esclarecer o caso. Imaginemos o espaço-tempo como uma estrutura basal-ontológica *universal*, ou seja, uma *estrutura coextensiva com o universo*, entendida como uma forma de atualização da dimensão da Entidade. Nesse modelo, todas as entidades físicas estariam ligadas espaço-temporalmente, sendo todas elas partes de um todo coerente. Isso significa que o emaranhamento quântico poderia ser melhor explicado se passarmos de um modelo ontológico de objetos separados para um modelo de configurações interligadas. De qualquer forma, enquanto não se tiver uma análise física mais apurada do emaranhamento quântico, fica difícil utilizá-lo como uma confirmação ou contraexemplo para o modelo aqui proposto.

CAPÍTULO VIII
A interação psicofísica na THC[1]

Voltemos agora para o problema da pessoa, especificamente para a questão da causalidade mental ou interação psicofísica. A ideia é aplicar a teoria causal apresentada nos capítulos anteriores à relação causal entre mente e corpo. De fato, a interação psicofísica constitui um dos "nós do conhecimento humano", como afirmou certa vez Schopenhauer. Com o desenvolvimento da neurociência, conseguimos visualizar a correlação entre estados mentais e estados neuronais, sugerindo a muitos a redução dos primeiros aos segundos. Contudo, a correlação representa apenas o *easy problem* da conexão corpo-mente e não resolve aquele *hard problem*, sobre o qual nos alertou D. Chalmers, a saber: *por que* estados mentais acompanham estados físicos? A saída mais comum para essa difícil questão consiste na redução do mental ao físico, que traz consigo uma ontologia incoerente e cheia de lacunas. De fato, num modelo fisicalista, a única forma de salvar o poder causal de

---
1. O presente capítulo foi primeiramente publicado na revista *Enunciação*, Seropédica, v. 6, n. 1 (2021), 73-95.

estados mentais é negar sua originalidade ontológica. A outra saída representa o epifenomenalismo, que aceita a diferença entre propriedades mentais e físicas, mas pagando o preço de renunciar à eficácia do mental no mundo físico. Um modelo que procure resgatar o *status* ontológico único do mental e defender sua eficácia no mundo físico terá que lidar com o problema da interação, ou seja, deverá indicar *como* estados mentais podem influenciar estados neuronais.

Neste capítulo, procuramos oferecer um modelo de interação psicofísica tirando vantagem do modelo intuitivo de Hans Jonas, explicitado por meio do quadro teórico da filosofia estrutural-sistemática. A interação psicofísica era um tema caro à ética de Jonas, mesmo que tenha escrito pouco sobre o tema. De fato, não haveria responsabilidade moral se não houvesse uma dimensão espiritual diferente da material e se tal espírito não fosse livre do determinismo neuronal. Contudo, como oferecer tal modelo sem cair nas aporias do dualismo? Procura-se indicar aqui uma solução para esse problema por meio do quadro teórico da FES. A grande vantagem desse quadro teórico constitui a dissolução de grande parte do problema mente-corpo baseado na sua teoria do Ser como tal e em seu todo, que tematiza aquela dimensão oniabrangente capaz de interconectar intrinsecamente as dimensões material e espiritual. Além disso, foi preciso oferecer uma nova concepção de causalidade capaz de interligar entidades ontologicamente diferentes, como são fatos primos mentais e físicos.

Para abordar este tema, fazemos o seguinte percurso: primeiro, esclarecemos melhor o problema da causação mental e apresentamos uma das mais prestigiadas soluções fisicalistas, a saber: o reducionismo funcional de Jaegwon Kim. Prosseguimos com uma crítica à posição de Kim com base em alguns princípios da FES. Depois, apresentamos o modelo especulativo/intuitivo de interação psicofísica de Hans Jonas, a fim de retomá-lo numa perspectiva mais sistemática.

8.1 A posição de Jaegwon Kim

A redução do mental ao físico constitui para Kim a única saída para salvaguardar o poder causal do mental. De fato, Kim defende um reducionismo funcional do mental fundamentado em três princípios de seu fisicalismo metodológico[2]:

1) Princípio do fechamento causal do mundo físico (PFC)
2) Princípio da exclusividade causal (PEC)
3) Princípio da superveniência (PS)

Na concepção de Kim, o PFC é sustentado pelo PEC e PS. O PEC afirma que nenhum efeito tem duas causas suficientes, sendo preciso excluir uma delas, caso algum evento apresente uma aparente sobredeterminação causal. O PS defende que todo evento mental possui uma base física. Com os três princípios, Kim pensa obrigar a uma escolha pelo reducionismo da seguinte forma:

> Suponhamos que um evento mental, m, cause um evento físico, p. O princípio do fechamento causal afirma que também deve haver uma causa física de p – um evento, p^*, ocorrendo ao mesmo tempo que m, que é uma causa suficiente de p. Isto nos coloca em um dilema: ou nós temos que afirmar que $m=p^*$ – isto é, precisamos identificar a causa mental com a causa física num único evento – ou afirmar que p tem duas causas distintas, m e p^*, isto é, ele é causalmente sobredeterminado. O primeiro caminho nos leva a reduzir a causalidade mental sobre o físico a uma instância de causalidade do tipo físico sobre físico, um resultado que agradaria apenas a um fisicalista reducionista. Pegar o segundo caminho do dilema nos forçaria a admitir que cada caso de causalidade do tipo mental sobre o físico constitui um caso de causalidade sobredeterminada, em que a causa física, mesmo que a causa mental não tivesse ocorrido, teria produzido o efeito físico. Isto parece algo bizarro de acreditar, mas, à parte disso, parece enfraquecer o *status* do evento mental como causa do efeito físico. Para fazer jus a m como uma total e genuína causa de p, nós deveríamos ser capazes de mostrar que m pode produzir p por sua própria conta, sem pressupor o sincronismo do evento físico, que também serve como causa suficiente de p[3].

---

2. Cf. KIM, J., *Physicalism, or something near enough*, Princeton/Oxford: Princeton University Press, 2005; KIM, J., *Philosophy of mind*, Boulder, CO: Westview Press, 2011.
3. KIM, J., *Philosophy of mind*, Boulder, CO: Westview Press, ³2011, 215.

A certa altura do texto citado, Kim sugere que *p* poderia ter duas causas, uma mental *m* e uma física *p**. A necessidade de uma causa física *p** para *p* advém de PFC. Ora, mas nesse caso, argumenta Kim, teríamos aparentemente duas causas suficientes para *p* (i.e., *m* e *p**), o que vem excluído pelo PEC, que aceita apenas uma causa suficiente para um evento. A saída de Kim, então, é eliminar uma das causas através da redução, isto é, *m* precisa ser reduzida/identificada a *p**, a fim de respeitar o PFC. Se o dualista quisesse seguir a outra estrada, defendendo a originalidade de *m*, ele esbarraria, segundo Kim, no PS da seguinte forma: PS afirma que todo evento mental possui uma base física subveniente. Assim, a base física de *m* constitui *p**, o que leva à pergunta se realmente foi *m* a produzir *p* através de seu próprio poder ou apenas através do poder de *p**. A questão seria resolvida mais uma vez com o PFC, não deixando saída para o dualista e forçando-o a aceitar a redução do mental, a fim de salvar a interação causal e não cair no epifenomenalismo.

O argumento de Kim é consequente, mas traz uma série de pressuposições, sendo a maior delas a validade dogmática de PFC. Na verdade, tal princípio se baseia numa concepção ingênua de causalidade, reduzida à transferência de estados físicos entre o evento-causa e o evento-efeito. Se PFC for inválido, então Kim não tem por que concluir que *p* precisa ter apenas uma causa *p**, excluindo *a priori* uma causa *m* não física. Como já vimos e retomaremos aqui, uma concepção mais abrangente de causalidade não exclui a possibilidade de que haja um processo causal que una *m* a *p*. No entanto, é preciso dizer algo também sobre PEC e PS, que sustentam o PFC de Kim. Que devamos admitir apenas uma causa suficiente para um efeito não constitui o problema, mas isso não exclui uma complementaridade entre causa necessária e suficiente na produção de um efeito. Como nos ensinou Mackie, a causa de um evento representa não mais que um INUS, i.e., uma *"Insufficient but Non-redundant part of an Unnecessary but Sufficient condition"*[4]. Ou seja, dizer que *m* produziu *p* através de seu próprio poder não dispensa que *m* tenha uma base física *p**,

---

4. Cf. MACKIE, J. L., *The Cement of the Universe*, Oxford: Oxford University Press, 1974, 62.

que contribuiu de forma necessária, mas não suficiente para produzir p. Nesse caso, m e p^* agiriam como *uma* estrutura psicofísica na produção de p, isto é: m e p^* seriam aquela estrutura não necessária, mas suficiente para produzir p, sendo que m representaria aquela parte insuficiente, mas não redundante na produção do efeito. Isso significa que o efeito p seria produzido pela estrutura psicofísica devido, especialmente, a m e não a p^*.

Ilustremos o caso com um exemplo. Digamos que m^* seja a dor de cabeça de Pedro, que produziu uma decisão m de procurar alívio. A decisão m produz um comportamento p de ir até o armário e pegar um analgésico. Vemos aqui um mental m^* produzir outro mental m e esse produzir um efeito físico p. Os estados mentais m^* e m certamente têm também uma base física p^{**} (excitação da fibra C) e p^* (outra determinada configuração neuronal), que ocorrem ao mesmo tempo que m^* e m. Ora, dizer que todo o poder causal que produziu p é devido a p^*, tornando supérfluo o estado mental m e m^*, é afirmar que, mesmo que Pedro não tivesse m e m^*, ele teria ido ao armário pegar um analgésico, ou seja, teria produzido p. Isso, no entanto, não explicaria nossa intuição básica de que Pedro foi ao armário movido por sua decisão (m) a partir de sua dor de cabeça (m^*). Declarar que m é idêntico ou reduzido a p^* seria dizer que p^* tem qualidades do tipo semântico-intencional, como a disposição de buscar alívio. Em poucas palavras, afirmar que p^* e p^{**} têm disposição para provocar p sem m e m^*, seria conferir a p^* e p^{**} não apenas um poder físico-neuronal, mas elementos semânticos-intencionais próprios ao comportamento de p. Essa solução parece realmente bizarra e nos convida a procurar outra capaz de salvaguardar a irredutibilidade e o poder causal próprio de estados semânticos-intencionais.

Entretanto, uma solução capaz de salvaguardar a originalidade de m nos obriga a avaliar também o PS. O que significa uma superveniência de estados mentais sobre estados físicos? Como sabemos, existem vários tipos de superveniência de acordo com o grau de covariação entre entidades superiores e inferiores[5]. Se há uma covariação com valor 0 entre duas

---
5. Cf. Brüntrup, G., *Das Leib-Seele-Problem: Eine Einführung*, Stuttgart: Kohlhammer, 2008, 74 ss.

entidades, então a independência entre elas é total, levando à irredutibilidade e separação entre estados superiores e inferiores. Ao contrário, se a covariação for máxima, então afirma-se uma dependência cabal ou redução de estados superiores aos inferiores. Contudo, pode haver também uma covariação mínima ou parcial, capaz de garantir, ao mesmo tempo, seja uma interdependência entre as entidades, seja uma irredutibilidade dos estados superiores. Kim escolhe defender uma máxima superveniência capaz de reduzir estados mentais intencionais a estados neuronais. A ideia de Kim é a de que a máxima superveniência conduz a uma redução funcional de estados mentais a estados neuronais, isto é, a base física deveria ser capaz de exercer a mesma função ou poder causal de estados mentais-intencionais. Não obstante, deve-se perguntar se tal redução funcional faz jus a todos os elementos contidos nas entidades mentais. O que significa dizer que uma base físico-neuronal é capaz de exercer a mesma função de uma disposição intencional, carregada de conteúdos semânticos? Como os conteúdos semânticos-intencionais podem ser *reduzidos* à energia, *momentum* etc. nas interações neuronais? Ora, os impulsos elétricos ocorridos nas sinapses carregam consigo nada mais que partículas e ondas de energia. Afirmar que se pode fazer uma redução funcional de conteúdos semânticos intencionais a quarks, léptons e bósons constitui afirmar mais do que a atual física pode constatar.

8.2 Princípios reguladores da FES

A FES defende três princípios diferentes daqueles de Kim, que nos ajudam a reavaliar o problema da interação psicofísica, vale dizer:

1) Princípio do fechamento holístico (PFH)
2) Princípio da configuração holística (PCH)
3) Princípio da complementaridade causal (PCC)

O primeiro princípio (PFH) assevera que "tudo o que acontece no processo evolutivo do universo foi, desde o início, uma potencialidade ontológica, entendida como um fator estrutural imanente do processo como um todo"[6]. Tal princípio se contrapõe ao princípio do fecha-

---

6. PUNTEL, L. B., Response to Prof. Sovik's Letter, 2015 (texto não publicado).

mento causal (PFC) da seguinte forma: o mental não consiste numa entidade surgida como algo "radicalmente novo" na história da evolução. Se, a certa altura da evolução, apareceu o mental, é porque ele já estava presente como *possibilidade* nas estruturas físicas do universo. Isso mostra que o universo físico não é uma estrutura fechada, mas um *todo orgânico* onde vários tipos de entidades interagem. Obviamente, para defender o PFH é preciso mostrar que o mental não pode ser reduzido ao físico, o que já mostramos com o argumento da FES contra o fisicalismo (cf. 4.5.1).

Contudo, a originalidade ontológica do mental não significa que estados mentais e físicos representam dois mundos separados e completos, como ensinou Descartes. O PFH defendido pela FES mostra que a realidade é formada de várias dimensões interdependentes e irredutíveis com uma via comum de acesso entre elas, a saber: a dimensão oniabrangente do Ser. Defender o PFH também não significa que o mental surgiu no processo evolutivo como sendo gerado ou causado pelas estruturas físicas. A FES prefere endossar a ideia de que entidades mentais surgiram através de um *desdobramento* de potencialidades já encrustadas no universo. Em poucas palavras, o PFH revela uma realidade multi-ontológica, onde entidades físicas, vitais, mentais, lógico-matemáticas, ideais (e outros tipos de fatos primos) constituem entidades diferentes e irredutíveis umas às outras, mas sempre unidas por uma conexão interna.

O segundo princípio (PCH) revela a conexão fundamental entre mental e físico na *configuração* pessoa humana. A questão em jogo nesse princípio é a conexão de superveniência/subveniência entre o mental e físico. Uma vez aceito o PFH, não é difícil concluir que uma complexa configuração como a pessoa humana apresente uma unidade singular de várias dimensões, sendo as principais a mental e a corporal. Concretamente, pode-se anunciar que estados mentais têm uma base física subveniente, mas entendida da seguinte forma: devido à união psicofísica da configuração humana, não existe nenhuma estrutura psíquica que não esteja conectada a uma estrutura física, como não há nenhuma estrutura física que não venha acompanhada pela dimensão psíquica[7]. Nesse caso, acontece uma superveniência de estados mentais sobre estados físico-neuronais, significando apenas uma *interdependência* entre as duas dimensões e não redutibilidade de uma à outra. A irredutibilidade de estados mentais se mostra exatamente através de sua função semântico-intencional, impossível de ser reduzida em termos puramente físicos, como vimos acima. Por esse motivo, a concepção de superveniência da FES difere substancialmente daquela de Kim.

Por fim, o terceiro princípio (PCC) procura mostrar que, devido à estrutura holística da pessoa humana, estados mentais e estados físicos trabalham causalmente de forma complementar na produção de um efeito. Por certo, uma vez que defendemos a variedade ontológica e a interdependência irredutível entre estados mentais e físicos, pergunta-se agora como é possível uma dimensão interagir causalmente com a outra. Segundo a *teoria estrutural-sistemática de causalidade*, pode-se entender a conexão causal como uma transmissão de fatos primos, sejam eles de que natureza forem. Quanto ao conceito de diferença ontológica, deve-se mais uma vez lembrar o seguinte: entre mental e físico não existe uma diferença radical, mas apenas parcial, uma vez que ambas as dimensões não são mais do que *modos de Ser*.

Com base nesses três princípios, podemos retomar o problema da causalidade mental. Desde já fica claro que os princípios assumidos por Kim não constituem a única leitura possível acerca do que seja o mundo físico, a causalidade e a interdependência entre mental e físico. No próximo tópico, vamos analisar uma proposta intuitiva de interação psicofísica. Trata-se do modelo interacionista de Hans Jonas. O objetivo é mostrar como Jonas intuiu de forma certeira a direção por onde deveria andar a conexão causal entre mente e cérebro. De posse desse

---

7. Em nosso mundo real, pode-se falar em *superveniência* e *subveniência* como duas perspectivas de um mesmo todo multidimensional, vale dizer: se tomarmos as entidades físicas como ponto de partida, deve-se afirmar que sobre toda entidade física *supervêm* (pelo menos de forma indireta ou potencialmente) entidades não físicas; se tomarmos as entidades não físicas atualizadas/desdobradas como ponto de partida (como por exemplo, o mental), deve-se dizer que tais entidades não físicas têm uma base física *subveniente* (cf. PUNTEL, L. B., Response to Prof. Sovik's Letter, 2015). No caso da pessoa humana, mental e físico são interdependentes e irredutíveis.

modelo, tentaremos sustentá-lo e melhorá-lo a partir dos três princípios assumidos pela FES.

8.3 Um modelo intuitivo de interação psicofísica

As tentativas de elaborar um modelo de interação a partir da real diferença ontológica entre mental e físico são muito tímidas. O desafio de interacionistas consiste em banir o dualismo moderno, sem rejeitar a dualidade, oferecendo um modelo explicativo de *como* acontece a interação entre mente e cérebro. Tal empreitada é árdua e, por enquanto, legada ao âmbito da especulação devido à convicção hodierna de que uma interação psicofísica deve se "localizar" no cérebro em zonas escuras do infinito mundo quântico. A dificuldade da tarefa não deve inibir a criatividade filosófica, muito menos nos forçar a encontrar o caminho mais cômodo, optando pelo reducionismo ou epifenomenalismo. Essa foi a convicção de um filósofo como Hans Jonas, que ousou oferecer um modelo especulativo de interação, que podemos aqui aproveitar para fins sistemáticos.

A interação psicofísica não era o principal interesse filosófico de Jonas. Conhecido como um filósofo engajado na fundação de uma nova ética para a civilização tecnológica por meio de seu "princípio responsabilidade", Jonas é também conhecido por sua ontologia da vida, na qual defende a liberdade do organismo frente ao mecanicismo e fisicalismo. Defender a liberdade, desde sua aurora até sua plena realização no ser humano, representava uma tarefa essencial para a ética da responsabilidade. De fato, sem liberdade humana não existe responsabilidade moral. Nesse sentido, Jonas viu a importância de mostrar a absurdidade do epifenomenalismo, além de oferecer um modelo especulativo de interação capaz de salvaguardar o poder da subjetividade humana frente às correntes deterministas da física e neurociência. Em seu famoso livro *Das Prinzip Verantwortung: Versuch einer Ethik für die technologische Zivilisation*, Jonas havia escrito um capítulo sobre o poder da subjetividade, mas não o incluiu na obra por receio de alongar demais a temática e desviar-se do assunto principal. Assim, o capítulo "Macht oder Ohnmacht der Subjektivität?" foi ampliado e lançado como um opúsculo à parte. Apesar do livro focar numa argumentação contra o epifenomenalismo, o que nos interessa aqui é seu modelo explicativo da interação psicofísica, que Jonas oferece não como um argumento conclusivo, mas apenas como um *plus* especulativo[8].

Jonas elabora um modelo explicativo de acordo com a física quântica, procurando compatibilizar as determinações da liberdade com o indeterminismo atômico. De início, ele oferece um experimento mental, que consiste em imaginar um cone geometricamente perfeito e enorme colocado de ponta para baixo e equilibrado numa superfície. O equilíbrio é instável, e o cone pode pender e cair aleatoriamente para qualquer lado. Se uma força, por mínima e imperceptível que seja no nível macroscópico, for produzida sobre o cone, o levará a pender para um lado de forma lenta e progressiva até determinar o seu curso e sua queda. A força inicial pode ser tão pequena a ponto de representar um "nada de força", mas que pode determinar todo o movimento posterior do cone gigante. A figura 1 procura ilustrar o experimento mental de Jonas.

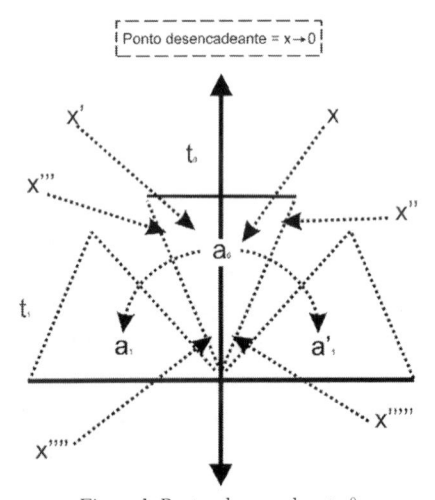

Figura 1: Pontos desencadeantes[9]

---

8. Nesta apresentação do modelo especulativo de Jonas, seguimos de perto CARVALHO VIANA, W., *Hans Jonas e a filosofia da mente*, São Paulo: Paulus, 2016, cap. 10.

9. Disponível em: <https://de.wikipedia.org/wiki/Datei:Jonas_Subjektivit%C3%A4t_Ausl%C3%B6ser_Kegel.jpg>, acesso em 19 jul. 2024.

Na figura, os símbolos de x a x'''' representam os *pontos desencadeantes* do movimento; as letras a_0, a_1, a'_1 são as posições, e t_0 e t_1 são o tempo inicial e final. O experimento mental tem como objetivo ilustrar, de forma muito precária e manca, o *princípio desencadeante* que, imperceptível no plano macroscópico, determina todo o movimento posterior. Os pontos de x a x''' representam possibilidades de uma interferência que não estão determinadas *a priori*, mas que, uma vez escolhida uma entre elas, por um motivo ou outro (o que não importa no experimento mental), fará o cone seguir um percurso de queda da posição a_0 à posição a_1 ou a'_1, do tempo t_0 ao tempo t_1. Tal percurso seguirá, a partir do ponto desencadeante, um conjunto de leis determinísticas, facilmente observáveis no macrocosmo.

O experimento mental quer fazer uma passagem para o modelo de interação psicofísica. O espaço onde o modelo se realiza é, certamente, o cérebro. Jonas imagina que entre o cérebro e a mente (espírito livre) haja uma parede porosa numa zona quântica, regida por leis não determinísticas que tornam possível a ação livre do espírito e não quebram as leis físicas do mundo macrocósmico, mas são complementares a elas. O modelo concebe pontos desencadeantes A, B, C... nas vias nervosas do cérebro que enviam um possível comando *a*, *b* ou *c* para a faculdade motora, correspondendo a um "sim ou não" das ações a, b, g. Veja o diagrama abaixo:

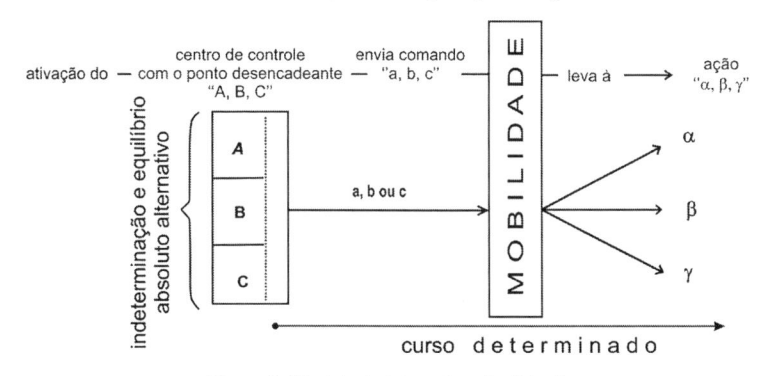

Figura 2: Modelo de interação psicofísica[10]

---

10. Disponível em: <https://de.wikipedia.org/wiki/Datei:Jonas_Subjektivit%C3%A4t_Ausl%C3%B6ser_efferente_Nervenbahnen.jpg>, acesso 19 jul. 2024.

O modelo pressupõe uma relação de continuidade entre o microcosmo, regido por leis probabilísticas, e o macrocosmo, feito de leis determinísticas. O impulso/força que atua nessa zona quântica é imperceptível no macrocosmo, mas uma vez que ela atua nos pontos desencadeantes A, B ou C, coloca em atividade todo um processo neuronal que seguirá as leis próprias da atividade cerebral, química e física até realizar a ação muscular do corpo. A energia inicial aplicada em um dos pontos desencadeantes, segundo Jonas, não quebra qualquer lei física do macrocosmo, pois a força aí exercida é muito pequena, quase um "nada de força". Jonas propõe que a zona probabilística do mundo quântico daria espaço para uma ação do espírito, que "escolheria" o ponto desencadeante segundo suas opções livres. Essa tese procura *compatibilizar* as leis probabilistas e deterministas do micro e macrocosmo com a concepção de liberdade do espírito. Jonas sugere que, na esfera em que o espírito escolhe livremente uma ação (nos estados puramente mentais), aconteceria a influência de uma *força* capaz de gerar no nível quântico um crescimento energético, de magnitude tão pequena e imperceptível no macrocosmo, que influenciaria os pontos desencadeantes e geraria todo o movimento posterior até a ação corporal.

Importante nesse modelo é essa *força* injetada no mundo físico, que, segundo Jonas, não quebraria a lei física de conservação da energia, seja porque é tão fraca para o mundo subatômico, seja porque o próprio princípio de conservação da energia deveria abrir espaço para incluir a força advinda da subjetividade. Jonas ilustra a interação por meio de uma parede porosa que filtra a quantidade de força/energia que entra e sai do mundo físico para o mental e vice-versa. De fato, a interação causal não acontece apenas de cima-para-baixo, mas também do corporal para o mental, ou seja: o mental influencia o corporal tanto quanto o corporal causa nossas percepções do mundo físico. A imagem utilizada por Jonas é parecida com o fenômeno da osmose nos organismos vivos. A parede porosa filtra a irrisória quantidade de energia/força que passa de um lado para o outro, mudando a natureza da força de acordo com o lado em que se encontra. O diagrama abaixo ilustra essa ideia.

A interação psicofísica na THC

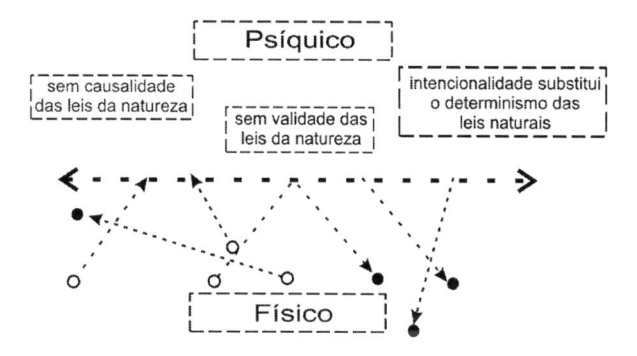

```
┌─────────────┐
│  Psíquico   │
└─────────────┘
┌──────────────┐        ┌──────────────────────────┐
│sem causalidade│        │intencionalidade substitui│
│das leis da natureza│   │o determinismo das        │
└──────────────┘  ┌──────────────┐  leis naturais   │
                  │sem validade das│ └──────────────┘
                  │leis da natureza│
                  └──────────────┘
```

Figura 3: "Parede porosa" entre o psíquico e o físico[11]

Jonas reconhece que qualquer modelo de interação entre espírito e matéria terá como zona de contato um campo quântico, capaz de mediar o lado físico com o não físico.

O ponto de união tem as características tentadoras de um umbral. Atravessá-lo, isto é, avançar do raciocínio da possibilidade e da determinação de seu *situs* físico para a explicação (exposição) do intercâmbio mesmo, implica um modelo teórico cujos termos não estão tomados nem de um lado nem de outro da disjunção: um *tertium quid*, neutro a respeito de sua alternativa e no qual nenhum dos lados se aliena a si mesmo por assimilar-se ao outro, porém que está em disposição de fazer compreender algo assim como uma transmutação, conversão ou qualquer tipo de trânsito entre ambos. Por enquanto não temos à vista um modelo como este[12].

Esta zona intermediária ou *tertium quid* da interação pode consistir numa zona quântica do ponto de vista científico, mas na perspectiva última e filosófica não pode consistir senão naquela dimensão oniabrangente que a FES chama de dimensão da Entidade, como veremos na sistematização do modelo de Jonas.

---

11. Disponível em: <https://commons.wikimedia.org/wiki/File:Jonas_Subjektivit%C3%A4t_Modellbildung_Schema.jpg#/media/File:Jonas_Subjektivit%C3%A4t_Modellbildung_Schema.jpg>, acesso: 19 jul. 2024.
12. JONAS, H., op. cit., 115.

8.4 Do modelo intuitivo ao modelo sistemático

O modelo especulativo de Jonas traz muitos elementos intuitivos, que precisam ser retomados num quadro teórico mais abrangente. Nosso intuito neste tópico é mostrar como os princípios PFH, PCH e PCC da FES podem corroborar o modelo de Jonas a ponto de adequá-lo para uma discussão sistemática. Por fim, o modelo de Jonas precisa de um horizonte mais abrangente, para além da dualidade mente-corpo, capaz de eliminar qualquer *gap* ontológico entre as duas dimensões.

[1] O primeiro passo, portanto, é coadunar o modelo jonasiano com os princípios da FES. O PFH afirma que mental e físico pertencem a um todo sistemático, sendo que o aparecimento da vida e do mental no processo evolutivo se explica por *desdobramento* de potencialidades já existentes no mundo físico. O monismo integral de Jonas também é do mesmo parecer. Em *Matéria, espírito e criação*[13], Jonas afirma que o espírito não estava presente na matéria como um *logos cosmogônico*, como pensam os pampsiquistas, mas como um *eros cosmogônico* capaz de indicar a direção do processo evolutivo, que se desenrola através da causalidade eficiente. O PFH esclarece melhor esta ideia. Se o espírito não pode ser reduzido à matéria (como vimos no argumento contra o fisicalismo) e ele apareceu no processo evolutivo, então é porque a dimensão espiritual já estava presente desde o início como uma potencialidade ontológica. É fácil concluir que tanto o monismo integral de Jonas quanto o PFH são contrários a um fechamento causal do mundo físico (PFC), que se funda sobre a redução ontológica do mental. Por exemplo, o modelo de Jonas tenta explicar como poderia o mental injetar alguma força no mundo físico sem quebrar o princípio de conservação da energia. Jonas explica que esse princípio deveria incluir não somente a energia física, mas também a força advinda do mental, assim como a força que entra no mundo psíquico advinda do mundo físico. Dessa forma, aconteceria uma troca de força/energia entre mental e físico, o que balancearia o ganho e perda de força/energia entre as duas dimensões, garantindo o princípio de conservação da energia (entendido de forma mais alargada). O PFH cor-

---
13. JONAS, H., *Matéria, espírito e criação*, Petrópolis: Vozes, 2010, 24.

robora a ideia de Jonas mostrando que mundo físico e mundo mental pertencem a um mesmo *todo* e, por isso, não há por que excluir *a priori* a força do mental na concepção do princípio de conservação de energia. A abertura do físico à força do mental explica, melhor que o reducionismo do PFC, como surge, por exemplo, no sistema físico aquela força anti-entrópica capaz de aumentar a organização do mundo físico através do progresso humano, sem que o caos, assegurado pela segunda lei da termodinâmica, reine nos sistemas físicos e socioculturais.

O princípio da configuração holística (PCH) também aperfeiçoa o modelo de Jonas, mostrando que a superveniência dos estados mentais sobre os estados físicos não é aquela máxima de Kim, mas apenas uma interdependência, na qual a irredutibilidade do mental é revelada em sua função semântico-intencional. Nesse ponto surge um problema para o modelo de Jonas, resolvido pelo PCH. O modelo afirma que o espírito escolhe livremente os pontos desencadeantes A, B ou C, que ativam um processo físico-neuronal de determinação até desembocar no movimento do corpo. Contudo, como afirmam o PCH e o PS de Kim, também estas "decisões livres" têm uma base física, levando à desconfiança de Kim de que a força a produzir o desencadeamento dos pontos A, B ou C venha da base física e não do mental. Kim defende que a força veio da base física porque entrou no sistema físico uma quantidade de energia, fato que não seria explicado senão através de uma causa física (segundo o seu PFC). Como vimos, essa conclusão de Kim não faz jus aos elementos semânticos-intencionais do mental. Já o PCH explica que a superveniência do mental sobre o físico não consiste numa relação *one-to-one*, ou seja, não é uma função *bijectiva*, como se cada mínima nuance mental correspondesse a um férmion/ bóson no mundo quântico. Devido à característica fundamental da *coextensividade intencional* do mental, pode-se afirmar uma *desproporção* entre mental e físico, vale dizer: a base física tem uma extensidade sempre menor que a do mental.

Um exemplo talvez ilustre esse fato. Imaginemos que Pedro prometa visitar Paulo no "domingo". Paulo entende que a visita se dará no domingo mais próximo, digamos, no dia 19.10.2024. No entanto, Pedro tinha a intenção de visitá-lo no domingo seguinte a esse, ou seja, no dia 26.10.2024. Certamente, o estado mental de Pedro estava acompanhado de estados neuronais. Se Paulo quisesse descobrir a real intenção de Pedro, apenas observando as regiões afetadas de seu cérebro, mesmo que pudesse descobrir que suas sinapses indicam certo desejo (admitamos, mesmo, que um supermapa neurológico pudesse descobrir que Pedro deseja visitá-lo num domingo), jamais descobriria que Pedro intencionava visitá-lo neste determinado domingo, dia 26.10. Como "domingo" é um termo indexical, sua abrangência intencional é praticamente infinita, embora, em nosso caso, possa significar somente qualquer domingo entre o dia do encontro de Pedro com Paulo, até o domingo que antecede a morte de Pedro. O importante aqui é notar que a base neuronal do indexical "domingo" não tem por que mudar, mostrando que a extensão semântico-intencional é maior que a extensão da base física, e que a superveniência do mental sobre o físico não é bijectiva.

A explicação acima ajuda a entender como o modelo de Jonas é aperfeiçoado também pelo princípio de complementaridade causal (PCC). O modelo de Jonas sugeria a possibilidade de haver um "puramente mental" capaz de desencadear os pontos A, B ou C em alguma zona quântica do cérebro. O PCH mostra que há sempre uma base física subveniente para o mental, mesmo que estados mentais transbordem sua base física. A consequência é que o mental nunca age de forma "isolada", como se estivesse sozinho de um lado da parede porosa. Ao contrário, o mental age sempre em conjunto com uma base física qualquer. O PCC mostra que há uma complementaridade entre causa necessária e suficiente entre mental e físico da seguinte forma: a configuração psicofísica constitui um INUS, ou seja: afirmar que houve um *input causal* do mental sobre o neuronal (digamos, uma escolha livre de Pedro, que o faz levantar o braço para votar) significa dizer que uma configuração psicofísica (com uma dimensão mental e uma base física) foi aquela estrutura não *necessária, mas suficiente* para produzir um efeito, sendo que a dimensão mental representou a parte *insuficiente, mas não redundante*, e a base neuronal representou a parte *necessária, mas não suficiente* para produzir o efeito. Essa solução não dá espaço para uma interpretação *à la* Kim, como se o efeito tivesse sido produzido apenas pela base física, fazendo do mental algo supérfluo ou reduzível ao físico. Como vimos, tal conclusão exclusivista ou reducionista do mental não faz jus ao mental *qua* mental e acaba revelando profundas lacunas explicativas.

[2] Cabe agora afrontar o problema da interação através da concepção de causalidade apresentada nos capítulos anteriores. Quando afirmamos que, na configuração psicofísica, o mental *qua* mental pode influenciar o mundo físico, exercendo um poder seu próprio, devemos fazer isso a partir de uma teoria causal capaz de conectar um poder psíquico a um efeito físico. Em outros termos, assumindo o PFH e rejeitando o PFC. A concepção aqui defendida entende a causalidade como transmissão de fatos primos dentro de uma configuração causal. Jonas em seu modelo mostrou que acontece na interação a transmissão de uma *força* do lado do mental para o lado físico. Como tal força mental se transformou em energia durante o processo de transferência é algo a não ser aqui analisado. A razão dessa lacuna explicativa é que nos encontramos numa zona quântica ainda desconhecida do ponto de vista científico. De fato, nosso modelo não é um modelo científico, mas filosófico. Assim, num modelo filosófico, podemos assegurar as condições últimas de tal transformação mostrando que entre a força mental e a energia física não existe uma radical descontinuidade. A ideia mais coerente é assumir que haja um *link* entre os dois tipos de força, capaz de garantir a transferência e a transformação da força de uma região para outra. Mesmo não conhecendo a natureza próxima dessa transferência/transformação, podemos entender sua natureza última da seguinte forma: aquilo que passa do lado do mental para o lado físico constitui um *fato primo disposicional*.

Como já sabemos, fatos primos têm diferentes naturezas ontológicas: mentais, físicas, institucionais, éticas, estéticas etc. Essa diferença poderia sugerir que não é possível algo como uma transferência/transformação de fatos primos entre dois âmbitos ontológicos diferentes, como são o mental e o físico. No entanto, a diferença ontológica não é absoluta, mas apenas uma diferença relativa, uma vez que a dimensão oniabrangente do Ser garante uma conexão íntima entre todos os tipos de fatos primos. De forma concreta, pode-se imaginar que o poder causal de um fato primo mental, imbuído de conteúdos semânticos-intencionais, seja transferido para o lado físico, transformando sua natureza de mental para física. A lacuna explicativa da natureza dessa "transformação" pode causar grande insatisfação a fisicalistas. No entanto, o próprio Kim concede uma lacuna explicativa não menor que essa em sua redução funcional do mental ao físico. Ele afirma que a redução acontece da seguinte forma: o poder causal do mental deve ser reduzido a um poder físico, capaz de exercer a *mesma função* que o mental exerce. Essa solução não apenas não explica *como* acontece tal redução, mas leva à desconsideração total do mental *qua* mental na produção de um efeito. Nosso modelo, por outro lado, embora também assumindo uma lacuna explicativa, procura resgatar a continuidade entre o poder do mental e o poder do físico-neuronal, sem cair em incoerências maiores devido à redução do mental. Em resumo, enquanto a lacuna de Kim é "deficitária", no sentido radical de que "contorna" o problema, não oferecendo saída de aprofundamento da questão, a FES elabora um modelo capaz de ser melhorado e aprofundado, a fim de se adequar aos dados da experiência. Essa diferença entre os dois tipos de "lacunas explicativas" não se pode subestimar.

No modelo aqui elaborado, o caso mais simples de se resolver constitui aquele da influência do mental sobre o mental. Porém, para um modelo fisicalista, a explicação desse fenômeno não é tão fácil. De fato, para o fisicalista, a influência de um mental sobre outro acontece a partir da base físico-neuronal. Contudo, essa explicação traz consigo a obrigação de aceitar que elementos semânticos são elaborados na base neuronal. Tomemos o tradicional silogismo:

1.Todo homem é mortal.
2.Sócrates é homem.
3.Logo, Sócrates é mortal.

A interação entre a premissa maior e a premissa menor "causa" (influencia, determina) a conclusão. Segundo o PCH e PS de Kim, todas as sentenças do silogismo têm uma base física, mas, à diferença do PCH, Kim afirma que a conclusão foi causada por uma base física com os mesmos poderes semânticos-intencionais das sentenças. De fato, para Kim, tudo acontece na base física, levando à estranha ideia de que o conteúdo semântico da conclusão tenha sido deduzido *nas* interações neuronais. Como entender que o termo médio "homem" nesse silogismo tenha intermediado a conexão entre "Sócrates" e "mortal", simplesmente passando entre férmions e bósons no cérebro? A FES explica o fato de outra forma. A interação entre as premissas ocorre na dimensão espiritual, mesmo que cada uma das sentenças apresente bases físico-neuronais. Pode-se dizer, *grosso modo*, que na interação dessas premissas acontece a dedução do fato primo "mortalidade" da configuração "homem" na configuração "Sócrates", ocorrida na conclusão. Isso significa que a FES tem menos dificuldade para explicar a causalidade entre estados mentais, uma vez que entende estarem os elementos semânticos no seu "espaço" espiritual próprio.

[3] Por fim, pode-se corroborar o modelo de Jonas a partir da unificação última das duas dimensões através da dimensão oniabrangente do Ser. Esse ponto já foi bastante discutido ao longo deste livro. Com a dimensão do Ser, a FES dilui o secular problema da interação mente-corpo, iniciado por Descartes. De fato, a incoerência básica de Descartes leva a duas soluções possíveis: ou se elimina/reduz um dos polos, ou se renuncia à interação. O problema é que tanto a primeira quanto a segunda solução contradizem intuições muito fortes, seja aquela da originalidade do mental, seja aquela da sua eficácia no mundo físico. A FES começa a resolver a questão de forma muito simples, a saber: lembrando que toda diferença pressupõe sempre uma unidade, ou seja, nunca se poderia distinguir o mental do físico se não fosse pressuposta uma dimensão comum entre os dois. De forma concreta, mental e físico pertencem ambos à dimensão do Ser, eles são dois *modos* diversos do mesmo Ser enquanto tal e, por isso, estão conectados intrinsecamente, não havendo razão para negar uma interação entre eles. O modelo interacionista de Jonas, como toda a sua ontologia da vida e ética, pressupõe, mas não desenvolve uma teoria oniabrangente do Ser.

O que foi dito até aqui nos leva a um ponto conclusivo, mas não menos importante. Muitas vezes, trata-se a interação mente-corpo como se quiséssemos explicar o comportamento humano a partir de duas bandas que se unem *posteriormente* por um nexo causal. Corre-se o risco de cair facilmente numa falácia mereológica, em que uma parte é tomada pelo todo, ou uma instância subpessoal age como se fosse a pessoa. Não é raro ler afirmações do tipo: "o cérebro toma as decisões", "o gene determina nossos comportamentos" etc. Ora, o cérebro, um gene, o inconsciente não tomam nenhuma decisão. Quem toma alguma decisão é a pessoa como um todo. Até mesmo afirmações como as feitas acima, de que a interação acontece numa região quântica do cérebro, não devem levar à concepção de que a dimensão espiritual da pessoa se "localiza" apenas no cérebro. A dimensão espiritual está presente no corpo como um todo, ainda que a consciência da pessoa seja um fenômeno ligado a certas regiões do cérebro. Assim, a ação humana não é fruto do mental apenas ou do neurológico apenas, mas resultado da unidade psicofísica chamada pessoa, como nos lembra Brüntrup:

> A forma lógica de uma relação causal normal é a seguinte: evento A causou evento B. Por exemplo, a colisão entre bolas de bilhar. Mas a forma de uma ação humana é bem diferente. Não é um evento A que causa um evento B, mas uma pessoa P executa uma ação H a partir de um motivo G[14].

Na FES, o todo psicofísico recebe o nome de *configuração pessoal* devido à unidade especial dos diversos fatos primos nela envolvidos. O fator configurador da pessoa constitui aquele ponto de unidade sistemático-ontológico irredutível, que permeia todos os fatos primos e se articula no dizer "eu". É este "eu psicofísico" quem age e causa efeitos no mundo físico. Em resumo, qualquer esforço de compreensão das partes e sua interação não pode ignorar o fato *anterior* de que existe ali um todo configuracional que age livremente envolvendo todas as suas dimensões: corporal, psicológica e espiritual.

---

14. Brüntrup, G., *Theoretische Philosophie*, München: Komplett-Media GmbH, 2011, 115.

CAPÍTULO IX
A pessoa depois da morte na THC[1]

Nos últimos anos, temos presenciado um debate entre tomistas (e mesmo entre não tomistas) acerca da coerência da visão hilemórfica no pensamento global de Tomás. O ponto crucial deste debate constitui o papel da dimensão corporal para a identidade da pessoa depois da morte. Uma vez que a dimensão corporal é destruída na morte, como pode Tomás defender que a alma sozinha, ou seja, apenas uma parte da pessoa, continue a exercer funções próprias da pessoa como um todo, como, por exemplo: ter memórias, unir-se a Deus, conhecer e querer? De fato, a alma de Santo Inácio de Loyola, para Tomás, não constitui a *pessoa* de Santo Inácio, e, rigorosamente falando, dever-se-ia dizer que tal alma é alma de *ninguém* até o momento da ressureição do corpo, quando Santo Inácio mesmo reassumirá suas duas partes essenciais, corpo e alma. Porém, tal visão parece não coadunar com o pensamento global do Aquinate, para quem seria o próprio

---

1. O presente artigo foi primeiramente publicado em *Síntese* (Belo Horizonte), v. 50, n. 157, maio/ago. 2023, 319-336.

Santo Inácio a se unir a Deus no período intermediário, depois da morte e antes da ressurreição.

Tomistas contemporâneos se esforçam para dar uma resposta interpretativa coerente aos textos de Tomás, a fim de conciliar suas posições acerca da alma sem corpo com outras passagens que mostram ser a persistência da alma condição suficiente para a sobrevivência da pessoa. Nosso propósito neste capítulo constitui não apenas evidenciar esse debate entre tomistas, mas oferecer uma interpretação alternativa capaz de iluminar a questão dentro do quadro teórico tomista. No entanto, nosso principal intuito não é corroborar a posição hilemórfica, mas abandoná-la. A ideia é apresentar a mesma temática num quadro teórico diferente e mais adequado, capaz de aproveitar as intuições de Tomás, sem assumir o conjunto de seu quadro teórico referencial. O resultado será a elucidação do *status* ontológico da pessoa após a morte na *teoria holístico-configuracional*. Por fim, o problema da identidade pessoal depois da morte corporal será revisto na teoria holístico-configuracional, mostrando que a *desativação* da dimensão corporal não é suficiente para anular o local-intencional-sistemático da pessoa humana no todo do Ser.

9.1 O debate entre visão da corrupção e da sobrevivência da pessoa

Como já vimos no capítulo 2, o hilemorfismo tem uma longa tradição que remonta a Aristóteles e Tomás de Aquino e vem ganhando atenção no debate contemporâneo sobre a identidade pessoal. Sua tese básica na discussão sobre a pessoa é que pessoas humanas consistem num composto de duas partes essenciais, a saber, corpo e alma, que constituem os aspectos de matéria e forma presentes em todo ente particular. Apesar da unidade conceitual, não há consenso entre os hilemorfistas a respeito de todas as particularidades dessa posição como, por exemplo, em relação à sobrevivência ou não da pessoa depois da morte corporal. Patrick Toner dividiu os defensores do hilemorfismo em duas posições opostas a este respeito: os que defendem a visão da corrupção da pessoa depois da morte (*corruptionist view*) e os que argumentam a favor da sobrevivência da pessoa (*survivalist view*)². A primeira posição aceita a tradicional interpretação de Tomás de Aquino de que a persistência da alma *não* constitui condição suficiente para a sobrevivência da pessoa, ou seja: embora a alma continue a existir, a pessoa é corrompida pela morte do corpo, vindo a ser reestabelecida somente na ressurreição dos mortos³. Já a visão da sobrevivência da pessoa afirma que o Aquinate não deve ser seguido neste ponto, ou que a tradicional interpretação não leva em conta todo o pensamento de Tomás, que em seu conjunto mostra, sim, ser a persistência da alma condição suficiente para a sobrevivência da pessoa depois da morte.

Uma das principais representantes da *survivalist view* é Eleonore Stump. Para Stump, a interpretação tradicional não passa de uma "bobagem teológica" (*theological gibberish*)⁴, pois contradiz explicitamente afirmações importantes de Tomás a respeito dos chamados *novíssimos*: juízo, purgatório, paraíso, inferno. Stump oferece uma nova interpretação de Tomás que pretende fundamentar a persistência da pessoa após a morte, conciliando assim tal interpretação com o todo do pensamento tomasiano. Sua ideia básica é a de que Tomás entende a pessoa humana como *constituída* no tempo por corpo e alma e, depois da morte, apenas pela alma. Como constituição não é identidade, a pessoa humana não seria idêntica a nenhum dos dois elementos (corpo e alma) antes da morte, muito menos idêntica à alma, depois da morte. Dizer que a pessoa é "constituída pela alma" e não idêntica a ela resolveria, segundo Stump, o risco de confundir a posição de Tomás com uma visão platônica-cartesiana. Como, para Tomás, o todo é maior do que a soma de suas partes, Stump se vê justificada em interpretar Tomás como defendendo ser a pessoa (o todo) maior do que a soma de suas partes, sejam elas o corpo e alma, antes da morte, seja apenas a alma, depois da morte.

---

2. Cf. TONER, P., On Hylemorphism and Personal Identity, *European Journal of Philosophy*, 19 (3) (2011), 454-473.

3. Veja, por exemplo, o *Comentário à I Carta aos Coríntios*, 15, I.2: "[...] anima autem cum sit pars corporis hominis, non est totus homo, et anima mea non est ego".

4. STUMP, E., Resurrection, Reassembly, and Reconstitution: Aquinas on the Soul, in: NIEDERBACHER, B.; RUNGGALDIER, E., HGG (2006), *Die menschliche Seele: Brauchen wir den Dualismus? The Human Soul: Do We Need Dualism?* Frankfurt/London: Ontos Verlag, 158.

Toner levanta uma crítica à *survivalist view* em geral e à visão específica de Stump, a saber, sua confusão mereológica. Como a alma é apenas uma *parte própria* da pessoa, Toner não aceita uma composição/constituição com apenas um elemento essencial, o que distorceria totalmente o conceito de *parte própria* do composto. Nesse caso, segundo Toner, o conceito de composição/constituição não se aplicaria à situação da alma depois da morte, mas apenas o conceito de identidade, ou seja: a pessoa, na visão da sobrevivência, seria idêntica à alma e não composta ou constituída *pela* alma. Para corroborar sua crítica, Toner invoca um *princípio fraco de suplementação* (PFS) que afirma[5]:

$$\text{PFS: } (x < y) \rightarrow (\exists z)((z < y) \& (z \int x))$$

Na fórmula, os símbolos "<" e "∫" devem ser lidos respectivamente como "é uma parte própria de" e "é separável de" (*is disjoint from*). Dessa forma, o PFS afirma que, se existe uma parte própria (*x*) de um composto (*y*), deve haver uma outra parte própria (*z*) que é distinta da primeira (*x*). Assim, o composto não pode ser idêntico a nenhuma das partes próprias, mas à unidade de todas elas, ou melhor, não pode haver um composto apenas com uma das partes. Tomás, segundo Toner, era bem consciente desse princípio e frequentemente apontou para o princípio mereológico básico de que o todo é maior que (e não idêntico às) suas partes[6]. Ou seja, se o hilemorfismo defende ser a pessoa um todo substancial, composto de duas partes essenciais, então não se compreende por que a visão da sobrevivência insiste em afirmar que, depois da morte, a pessoa é composta/constituída apenas de uma parte. Não haveria sentido em afirmar que a totalidade da composição é maior que suas partes, visto que haveria apenas uma parte, aquela espiritual. Na realidade, caso a posição hilemórfica defenda a identidade da pessoa com a parte espiritual, então deixa de ser hilemórfica e cai na *visão simples*, que afirma a identidade da pessoa com a alma (por exemplo, Platão, Descartes). Nesse sentido, que relevância teria

---

5. Cf. TONER, P., On Hylemorphism and Personal Identity, *European Journal of Philosophy*, 19 (3) (2011), 456.
6. Por exemplo, em *Summa Theologiae I*, Q. 2, art. 1 obj. 2: "scito enim quid est totum et quid pars, statim scitur quod omne totum maius est sua parte".

ainda o corpo para uma visão hilemórfica assim modificada? Por conseguinte, Toner defende que para o hilemorfismo só existe uma posição coerente, quer dizer, a visão da corrupção da pessoa depois da morte, ou seja, a posição originária de Tomás.

No entanto, o principal problema da concepção de Stump (e de todas as formas de hilemorfismo) vai além disso. De fato, Stump poderia escapar da crítica de Toner ao afirmar que a crítica mereológica tem como alvo apenas um conceito de composição entendido como *identidade* entre o todo e suas partes, mas não toca sua interpretação de que o todo substancial seria "algo para além" de suas partes, ou seja, entendendo o todo substancial como *constituído* de suas partes. Contudo, Stump acaba caindo numa incoerência maior. Na verdade, a incoerência fundamental de Stump é a de que o "todo" (i.e., a pessoa) é simplesmente pressuposto e constitui uma entidade ininteligível. De fato, o sujeito ou substância pessoal apresenta as propriedades de ter um corpo e de ter uma alma, mas não é idêntica nem ao corpo nem à alma. Assim, deve-se perguntar: o que é a pessoa então para além de seu corpo e sua alma? Ou ainda, no caso de Stump, qual seria o *status ontológico* da pessoa constituída pela alma? Stump não apresenta nenhuma característica inteligível do que seja a pessoa, apenas a pressupõe como uma entidade constituída pelo corpo e pela alma (antes da morte) e pela alma (depois da morte). Para entender melhor o problema, retomemos a visão constitucional de Baker.

Para Baker, a pessoa x é constituída pelo corpo y. Cada um dos elementos da relação constitucional possui propriedades *derivadas* e *não derivadas*. As primeiras são aquelas emprestadas ou recebidas por causa da relação constitucional com o outro elemento, enquanto as não derivadas são aquelas próprias do elemento[7]. Por exemplo, as propriedades derivadas do elemento constituído (x ou a pessoa) são emprestadas do elemento y que constitui x num determinado tempo$_1$. Assim, a pessoa de João possui a propriedade derivada de pesar 80 kg por causa da relação constitucional com o corpo de João. Pesar 80 kg é uma propriedade

---

7. Cf. BAKER, L. R., Unity without Identity: a new look at material constitution, *Midwest Studies in Philosophy*, XXIII (1999), 152.

não derivada do corpo de João e uma propriedade derivada da pessoa João. Qual é então a propriedade não derivada, ou seja, a propriedade específica da pessoa de João? Para Baker, a propriedade não derivada da pessoa é sua *perspectiva em primeira pessoa* (PPP), que também pertence ao corpo de João, mas apenas de forma derivada por causa da relação constitucional.

Mesmo havendo uma série de outros aspectos incoerentes, como já tivemos oportunidade de ver, a visão constitucional de Baker considera os elementos *constituído* e *constituinte* como caracterizáveis e inteligíveis, e não apenas pressupostos[8]. A pessoa x é caracterizada pela sua PPP, enquanto o corpo y é caracterizado por seu peso, largura, cor etc. A pessoa não é constituída pela PPP, mas é *idêntica* a ela, ou seja, idêntica à autoconsciência articulada pelos elementos intencionais da inteligência e da vontade. O problema da relação constitucional de Stump é que a pessoa, depois da morte, é *constituída* pela alma (espírito), mas não é idêntica a ela. Ora, mas o que é a alma/o espírito senão os elementos intencionais da inteligência, vontade e autoconsciência? Se a pessoa é constituída e não idêntica à sua alma, deve-se perguntar a que é então idêntica a pessoa, ou seja, qual característica (Baker diria, qual a propriedade não derivada) possui a pessoa para Stump? Em uma passagem, Stump afirma: "*A human person is not identical to his soul; rather, a human person is identical to an individual substance in the species rational animal*"[9]. O que significa isso? Significa que a pessoa seria idêntica a uma substância com as propriedades animalidade e racionalidade. Mas qual seria a característica inteligível dessa substância para além dessas duas propriedades? Como fica patente em toda ontologia da substância, não há resposta para essa pergunta. A substância/sujeito constitui uma entidade pressuposta para sustentar a unidade das propriedades, mas não apresenta nenhuma inteligibilidade.

---

8. Isso não significa que Baker não caia nas mesmas incoerências da visão hilemórfica. Pelo contrário, Baker assume a mesma linguagem da semântica composicional ao falar de "propriedades", pressupondo, assim, *nolens volens* uma ontologia da substância.

9. STUMP, E., Resurrection, Reassembly, and Reconstitution: Aquinas on the Soul, in: NIEDERBACHER, B.; RUNGGALDIER, E., HGG (2006), *Die menschliche Seele: Brauchen wir den Dualismus? The Human Soul: Do We Need Dualism?* Frankfurt/London: Ontos Verlag, 167.

Para fugir do problema da confusão mereológica e da ininteligibilidade, Stump teria duas saídas: ou identificar a pessoa com a alma (neste caso, deveria abandonar Tomás e a visão hilemórfica e sustentar uma visão platônica-cartesiana) ou continuar com a visão hilemórfica, mas assumindo que a alma não é condição suficiente para a sobrevivência da pessoa (deixando a visão da sobrevivência e assumindo a visão da corrupção da pessoa). Neste último caso, Stump poderia evitar a confusão mereológica, mas não o problema da ininteligibilidade da pessoa, própria da visão hilemórfica, como vimos. Nossa sugestão é que o próprio quadro teórico do hilemorfismo precisa ser mudado, como proporemos abaixo.

Contudo, antes disso, cabe perguntar se a visão da corrupção da pessoa constitui aquela intepretação mais adequada dentro do quadro teórico tomasiano. De fato, há textos de Tomás que confirmam explicitamente essa interpretação[10]. No entanto, como considerá-la diante da concepção geral de Tomás de que a pessoa depois da morte será punida ou recompensada? Se a alma sozinha não constitui a pessoa, *quem* é ela depois da morte e antes da ressurreição? Ninguém? Que sentido teria recompensar ou punir *ninguém*? Se a alma separada pode pensar, ter vontade e memórias, pode-se perguntar: de quem são esta inteligência, vontade e memórias? Pode-se claramente aplicar a crítica chamada *too many minds* a essa concepção, a saber: se a alma depois da morte pode pensar sozinha, por que não poderia pensar sozinha antes da morte? Teríamos aqui dois "entes" que pensam: a alma sozinha

---

10. Por exemplo, em *Super Sent.*, lib. 4 d. 43 q. 1 a. 1 qc. 1 ad 2: "Ad secundum dicendum, quod anima Abrahae non est, proprie loquendo, ipse Abraham, sed est pars ejus; et sic de aliis; unde vita animae Abrahae non sufficeret ad hoc quod Abraham sit vivens; vel quod Deus Abraham sit Deus viventis; sed exigitur vita totius conjuncti, scilicet animae et corporis; quae quidem vita quamvis non esset actu quando verba proponebantur, erat tamen in ordine utriusque partis ad resurrectionem. Unde dominus per verba illa subtilissime et efficaciter probat resurrectionem" [Em resposta ao segundo, pode-se dizer que a alma de Abraão não é, propriamente falando, o próprio Abraão, mas é uma parte dele; e assim por diante; portanto, a vida da alma de Abraão não seria suficiente para que Abraão estivesse vivo; ou que o Deus de Abraão seja o Deus vivo; mas é necessária a vida do todo, isto é, da alma e do corpo; na verdade, embora esta vida não existisse em ato quando as palavras foram propostas, ela estava, no entanto, na ordem de ambas as partes para a ressurreição. Portanto, com estas palavras o Senhor prova a ressurreição da maneira mais precisa e eficaz].

e a pessoa, sem dispor de critérios definitivos para saber qual delas sou eu mesmo. De qualquer forma, a interpretação original nos faz indagar se realmente um pensador tão refinado como Tomás poderia sustentar que a alma separada seja *ninguém*, o que nos convida a encontrar uma interpretação mais adequada[11].

9.2 A posição de Tomás revisitada

O intuito deste tópico é procurar uma interpretação mais coerente dos textos de Tomás dentro de seu próprio quadro teórico, antes de abandoná-lo totalmente. Sem dúvida, seja a interpretação da sobrevivência, seja a da corrupção da pessoa trazem incoerências para a visão hilemórfica de Tomás. Caso a primeira seja correta, deve-se indagar: se a pessoa sobrevive à sua morte corporal, como pode ela ainda ser um composto de corpo e alma? Quer dizer, caso a pessoa seja apenas sua alma *depois* da morte, por que negar tal identidade *antes* da morte? Caso a segunda interpretação seja correta, deve-se questionar: se a pessoa não sobrevive à sua morte corporal, como pode a alma ser punida, recompensada, unir-se a Deus, ter uma inteligência, vontade e memórias e não consistir na mesma pessoa antes da morte? E, se não for a pessoa, mas apenas parte dela (sua alma) a ser purificada, unida a Deus (no caso dos santos) etc., o que acontecerá com esta "alma-de-ninguém" na volta da pessoa na ressurreição? Ela desaparecerá para dar posto à pessoa ressuscitada? Esta última posição parece não coadunar com a concepção geral de Tomás sobre os *novíssimos*.

Na verdade, as duas interpretações encontram evidências nos textos de Tomás. No entanto, ambas não atentam para uma questão fundamental, a saber: a perda do corpo não aniquila a ligação necessária da alma com o corpo, pois, embora a alma tenha perdido a *atualidade*

---

11. Stump chega a afirmar que a interpretação da corrupção da pessoa é até mesmo herética, pois se é verdade que a pessoa de Abraão não estava esperando Cristo no limbo, então ele não foi salvo, o que vai contra a verdade da fé católica, que Cristo salvou os patriarcas do reino dos mortos (cf. STUMP, E., op. cit., 161 s.). Toner mostra com alguns textos de Tomás que não era a pessoa de Abraão, mas apenas a sua alma que é chamada de "Abraão" apenas por costume (cf. TONER, P., Personhood and Death in St. Thomas Aquinas, *History of Philosophy Quarterly*, v. 26, n. 2 (abr. 2009), 125).

do corpo na morte, ela não perdeu a *potencialidade* para a corporeidade. Esse fator tem um significado ontológico importante para o debate em questão. Procuremos explicitar melhor essa intepretação por meio de um texto de Tomás[12].

No capítulo 81 da *Summa contra Gentiles*, Tomás responde a algumas objeções contra a ressurreição dos mortos. Na resposta à segunda objeção, ele afirma:

> Mas o que é contestado em segundo lugar não pode impedir que um homem possa ascender novamente com o mesmo número. Pois nenhum dos princípios essenciais do homem é totalmente perdido pela morte: pois a alma racional, que é a forma do homem, permanece após a morte, como foi mostrado acima; permanece também a matéria que estava sujeita a tal forma, sob as mesmas dimensões das quais deveria ser matéria individual. Portanto, da união da mesma alma em número com a mesma matéria em número, o homem será restaurado[13].

Nesse texto fica claro que *"nullum enim principiorum essentialium hominis per mortem omnino cedit in nihilum"*. Isso não significa apenas que *um* dos elementos essenciais da pessoa, ou seja, a alma, subsistirá depois da morte, como poderia parecer à primeira vista. De fato, Tomás afirma que *"nenhum* dos princípios essenciais do homem é completamente destruído pela morte", ou seja, nem mesmo o princípio essencial da corporeidade. O que significa isso? Tomás não esclarece totalmente essa afirmação. No entanto, deve-se lembrar que a alma constitui a *forma corporis* enquanto configura a matéria prima participando a ela seu próprio ato de ser (*esse*) e fazendo dela *este* humano concreto. A consequência disso é que a corporeidade, *de algum modo*, deve estar presente na alma não apenas na *atualidade* do corpo, mas também na

---

12. Sigo aqui a interpretação de Puntel numa correspondência não publicada com Patrick Zoll.

13. "Quod vero secundo obiicitur, impedire non potest quin homo idem numero resurgere possit. Nullum enim principiorum essentialium hominis per mortem omnino cedit in nihilum: nam anima rationalis, quae est hominis forma, manet post mortem, ut superius est ostensum; materia etiam manet, quae tali formae fuit subiecta, sub dimensionibus eisdem ex quibus habebat ut esset individualis materia. Ex coniunctione igitur eiusdem animae numero ad eandem materiam numero, homo reparabitur."

alma separada (*absque corpore*) *de modo potencial*[14]. De fato, afirma Tomás, logo em seguida ao texto citado acima:

> A corporalidade pode ser entendida de duas maneiras. No primeiro modo, na medida em que é a forma substancial do corpo, na medida em que se situa no gênero da substância. E assim a corporeidade de qualquer corpo nada mais é do que sua forma substancial, segundo a qual ele é colocado em gênero e espécie, da qual é devido à coisa corpórea que ele tem três dimensões. É diferente da alma racional, que em sua matéria exige isto, que tenha três dimensões: pois é um ato de algum corpo[15].

O primeiro sentido de "corporeidade" do qual fala o texto acima está presente na própria *anima rationalis* que constitui a forma *substancial* do corpo. O segundo sentido a que se refere Tomás na continua-

---

14. Patrick Toner sustenta uma interpretação que vai nessa mesma direção, mas perseguindo uma finalidade muito diferente, a saber, sua intenção é mostrar que é possível afirmar um "*gappy existence*" na doutrina tomasiana, seguida de uma restauração da identidade numérica na ressurreição. Sua conclusão é a seguinte: "Things can return with numerical identity (1) if their principal parts survive *in some sense*, and can be gathered together and appropriately reunited; or (2) if their existence is directly entailed by the existence of things falling under (1), without need for any further forms or any causal dependence [As coisas podem retornar com identidade numérica (1) se suas partes principais sobreviverem *em algum sentido* e puderem ser reunidas de forma apropriada; ou (2) se sua existência for diretamente vinculada à existência de coisas que se enquadram em (1), sem a necessidade de outras formas ou de qualquer dependência causal.]." (Cf. Toner, P., St. Thomas Aquinas on gappy existence, *Analytic Philosophy*, v. 56, n. 1 (mar. 2015), 95 – grifo nosso.) Para sustentar essa conclusão, Toner também analisa as questões 80 e 81 do livro IV da *Summa contra Gentiles* e comenta a ideia de Tomás de que "*nenhum* dos princípios essenciais do homem é completamente destruído pela morte". Seu comentário é que a corporeidade permanece "de algum modo" na forma substancial e não é destruída pela morte. Toner mostra que a ideia de Tomás é apenas uma: o que é destruído na morte é a *composição*, ou seja, a *pessoa* que será restaurada na ressurreição. Interessante observar como Toner é incapaz de tirar as consequências radicais do fato da "não destruição total das partes essenciais" para a sua concepção hilemórfica.

15. "Corporeitas autem dupliciter accipi potest. Uno modo, secundum quod est forma substantialis corporis, prout in genere substantiae collocatur. Et sic corporeitas cuiuscumque corporis nihil est aliud quam forma substantialis eius, secundum quam in genere et specie collocatur, ex qua debetur rei corporali quod habeat tres dimensiones. [...] Oportet igitur, quod corporeitas, prout est forma substantialis in homine, non sit aliud quam anima rationalis, quae in sua materia hoc requirit, quod habeat tres dimensiones: est enim actus corporis alicuius".

ção do texto é a corporeidade na forma *acidental*, que coloca o corpo no gênero da quantidade ou extensão. Nesse último sentido, o corpo assume as suas dimensões físicas e se torna um corpo concreto. Contudo, a corporeidade neste segundo sentido só é possível por causa da corporeidade no primeiro sentido, ou seja: o primeiro sentido fala de uma corporeidade apenas potencial, encontrada já na atualidade (*esse*) da alma, enquanto a corporeidade no segundo sentido constitui a atualidade do corpo.

O significado ontológico dessa interpretação só aparece no momento pós-morte, pois é patente que alma e corpo são criados juntos, e não há sentido em falar numa potencialidade da alma para assumir um corpo, como se a alma existisse antes da criação do corpo. No entanto, a questão se impõe no pós-morte, quando a alma se encontra sem um corpo atual. Nessa condição, deve-se refletir o que significou a morte do ponto de vista ontológico para alma. Ou seja, o que significa dizer que a alma é essencialmente *forma-corporis* senão afirmar que ela possui uma *potencialidade* intrínseca/essencial para configurar um corpo? De fato, como afirma Tomás, não se pode dizer que o princípio essencial da corporeidade foi "totalmente destruído pela morte", uma vez que ela se encontra na *anima-forma-corporis* como uma potência. Em poucas palavras, a *atualidade* do corpo é destruída pela morte e cai no nada, mas a *potencialidade* para configurar um corpo continua na alma. De modo algum, uma *corporeidade potencial* constitui um nada-de-Ser, mas um *algo-de-Ser* a ponto de garantir a necessária união substancial de alma e corpo no estágio pós morte, antes da ressurreição.

Vale ressaltar que a corporeidade equivale à dimensão da *animalidade* no ser humano. Com efeito, a clássica definição de que a pessoa humana constitui um *animal racional* causaria problemas para a chamada interpretação da sobrevivência da pessoa, uma vez que a morte destrói a animalidade, restando apenas a alma racional. No entanto, a interpretação acima oferecida nos faz pensar que a potencialidade da forma substancial para configurar a matéria-prima não pode se extinguir totalmente. Como a alma racional foi criada *na* e *para* a animalidade, não é possível que a alma perca tal referência ontológica, como se ela fosse uma alma platônico-cartesiana, isenta de qualquer traço da animalidade. A conclusão é que a pessoa humana, depois da morte, não deixa de ser um animal racional pelo fato de perder a atualidade da animalidade, uma vez que a animalidade/corporeidade permanece *de algum modo* ligada à alma racional, a saber: como uma tendência/potencialidade intrínseca para assumi-la.

Se essa interpretação for correta, então o todo substancial *de alguma forma* deve continuar depois da morte corporal, levando à conclusão de que a pessoa, entendida como um composto substancial de corpo e alma, persiste numa forma *sui generis*, a saber: numa forma na qual a dimensão corporal é *desativada, suspendida* ou *desatualizada* até o momento da ressurreição. A ideia de "desativar" uma função é bem conhecida na ciência da computação, na qual um *hardware* pode ter um *software* instalado, mas desativado. Isto é, o *software* está lá nas engrenagens do *hardware*, contudo fora de ativação, esperando apenas um comando para entrar novamente em função. Em nossa analogia, acontece o contrário. Não é o *hardware* (o corpo) a ter um *software* (a alma) instalado e não ativo, mas o *software* (a alma) a ter um *hardware* (um corpo) instalado, mas não ativo ou atualizado. Essa interpretação se adequa bem ao quadro teórico hilemórfico porque não considera a matéria como algo extrínseco, acrescentado de fora como se fosse um elemento justaposto à forma. Se a visão hilemórfica compreende o composto corpo-alma como uma unidade substancial, é preciso fundamentar tal unidade a partir de dentro, ou seja, intrinsecamente, o que pode ser feito por meio da interpretação acima apresentada. Além disso, pode-se entender melhor como a corporeidade dependa da alma e não o contrário. Melhor dizendo, o corpo concreto seria uma atualização de uma potência encontrada na forma substancial que doa o *esse* ao corpo exatamente enquanto atualiza uma tendência/potência da alma para configurar o corpo.

Essa interpretação poderia até resolver os problemas da visão hilemórfica de Tomás na fase pós morte, antes da ressurreição. No entanto, esse não é o único e mais grave problema dessa concepção. De fato, a visão hilemórfica traz consigo problemas mais sérios de coerência, que advêm de um *quadro referencial teórico* pouco elaborado e ininteligível. Como já indicamos acima, o maior problema consiste na ininteligibilidade da pessoa, que é pressuposta para dar unidade às suas propriedades essenciais. Tal fato advém da assunção de uma ontologia da substância usada para articular as notas essenciais dos objetos. Quando se reflete até os fundamentos dessa ontologia aplicada à metafísica da pessoa, chega-se ao ponto em que um sujeito (a pessoa) é assumido como portador de propriedades essenciais como a animalidade e racionalidade. Se perguntarmos o que é este portador/sujeito/pessoa para além de suas propriedades essenciais, não encontraremos resposta. Uma entidade chamada substância/sujeito é simplesmente assumida sem alguma inteligibilidade. O segundo grande problema advém dessa mesma ontologia, a saber, consiste na semântica composicional advinda dessa ontologia, pois a predicação de propriedades acontece pressupondo a mesma ininteligibilidade do sujeito portador. No tópico seguinte, oferecemos um quadro teórico diferente e mais adequado para tematizar a intuição não explicitamente articulada de Tomás segundo a qual "*nullum enim principiorum essentialium hominis per mortem omnino cedit in nihilum*".

9.3 O *local intencional-sistemático* da pessoa no todo do Ser

A primeira tarefa para a elaboração de uma teoria mais adequada da pessoa constitui o desenvolvimento de um *quadro referencial teórico* mais coerente e inteligível. A FES abandona totalmente o quadro teórico da visão hilemórfica, sobretudo por causa da sua ontologia e semântica incoerentes, e constrói uma teoria holístico-configuracional (THC) na qual a pessoa é compreendida como uma *configuração de fatos primos*. Esses dois termos precisam ser rapidamente relembrados[16]. O termo "configuração" é usado na FES para explicitar a interconexão dos fatores ontológico-linguísticos envolvidos num indivíduo, visto não mais como uma substância/objeto portadora de propriedades, mas como um feixe de qualidades claramente expressáveis pela linguagem. A configuração não pressupõe nada abaixo ou para além dela mesma como fator unificador dos fatos primos. Existem vários fatores unifica-

---

16. Para uma explicitação cabal dos termos, cf. *EeS*, cap. 3.

dores e individualizantes para os diversos tipos de configuração, que vão desde uma simples localização espaço-temporal até fatores mais complexos, que garantem uma unificação e individualização a partir de uma referência intencional com o todo do Ser. Esse é o caso da configuração pessoa, como veremos.

O termo "fato primo" constitui, juntamente com os termos "sentença prima" e "proposição prima", os *termini technici* da FES para expressar as estruturas básicas de seu quadro referencial teórico. *Fatos primos* são "entidades originais" estruturadas do ponto de vista semântico pelas *proposições primas verdadeiras*, expressas pelas *sentenças primas*. Sentenças primas têm a forma geral "é o caso que f" e devem ser totalmente determinadas do ponto de vista semântico até chegar-se à constatação ontológica de um fato primo através da proposição prima "é verdade que f". Em poucas palavras, *fatos primos* são ocorrências no mundo, expressos pela linguagem em sua função mais descritiva ou teórica. Assim, uma configuração de fatos primos significa uma estrutura ontológico-linguística, na qual todos os componentes integrantes são inteligíveis e expressáveis por uma linguagem teórica. Dizer, portanto, que a pessoa humana constitui uma configuração de fatos primos equivale a dizer que todos os elementos constitutivos da pessoa são expressáveis pela linguagem e estão unidos num todo original e irredutível.

Como foi dito acima, nesse quadro teórico, a pessoa não constitui uma entidade acima ou para além dos fatos que a configuram, como acontece na visão hilemórfica. A pessoa consiste numa configuração de fatos primos, e seu núcleo de identidade se encontra no ponto de intersecção desses fatos, a saber: no *dizer-eu*[17]. O "eu" constitui o ponto de

---

17. O problema da identidade pessoal precisa diferenciar entre "identidade qualitativa" e "identidade numérica". Essa diferença é fundamental e é negligenciada no debate, como bem afirmou Shoemaker (SHOEMAKER; SWINBURNE, *Personal Identity*, Oxford: Blackwell, 1984, 73). Pessoas podem perder qualidades através do tempo, não se podendo exigir uma identidade qualitativa entre P_1 e P_2, mas uma identidade numérica (não no sentido absoluto de Leibniz), que conserva algo essencial através do tempo entre P_1 e P_2. Nesse sentido, o conceito de identidade relativa de P. Geach constitui o mais adequado para o problema da identidade, a saber: "*a* é o mesmo F de *b*", ou seja, *a* é idêntico a *b* em relação a algum F, alguma característica, algum tipo ou qualidade. (Obviamente, no quadro teórico da FES não se fala de objetos, nem de propriedades.

unidade dos diversos fatos primos, sobretudo daqueles absolutamente essenciais (inteligência, vontade e autoconsciência), que equivalem àquilo que a tradição sempre chamou de "espírito".

O *dizer-eu* não deve ser entendido apenas como um fenômeno linguístico, nem psicológico, mas como um fator ontológico. Esse fator tem a ver com os fatos primos espirituais que constituem a configuração pessoa e são caracterizados pela *coextensividade intencional com o todo*[18]. Tal coextensividade intencional não se dá porque a pessoa é constituída por fatos primos biológicos, nem materiais, mas por causa dos fatos primos espirituais. Com efeito, enquanto animal biológico, fatos primos como ter vida, sensibilidade etc. não garantem uma coextensividade intencional com o todo, mas apenas com o seu "meio ambiente". Isso significa que o raio intencional dos fatos primos biológicos alcançam apenas o horizonte de seu meio ambiente (que representa todas as condições de possibilidade para a vida). No entanto, está fora desse horizonte uma série de outros entes e âmbitos de entes (entes matemáticos, outros mundos possíveis etc.). Ao contrário, a intencionalidade dos fatos primos espirituais como inteligência e vontade alcança "o mundo irrestrito", o "Ser em seu todo". Assim, o "dizer-eu" constitui o *ponto unificador* ou *ponto de intersecção* de todos os fatos primos da configuração, sobretudo daqueles espirituais que são intencionalmente

---

Dessa forma, *a* e *b* não devem ser entendidos como objetos, mas como configurações; F não se refere a uma propriedade, mas a um fato primo.) Se as coisas estão dessa forma, nenhuma teoria terá que dar conta de uma absoluta identidade qualitativa entre P_1 e P_2, devendo cada uma oferecer o seu critério ou qualidade essencial que perdura no tempo e faz com que algo seja ele mesmo e não outro. A FES apresenta o "dizer-eu" como o núcleo da identidade pessoal porque constitui o ponto de intersecção de todos os fatos primos da configuração pessoa. Além disso, como veremos, o "dizer-eu" garante o *local-intencional-sistemático* único da configuração pessoa no todo do Ser.

18. Por si só, o fator da *coextensividade intencional* com o Ser garante um local diferenciado ao ser humano, não ocupado por outros entes da natureza. Nesse sentido, o debate atual acerca do *trans-humanismo*, que procura igualar o ser humano a todos os outros entes do mundo, desconsidera um elemento essencial: nenhum outro ente da natureza, além do ser humano (pelo menos, até onde conhecemos), é capaz de uma coextensividade intencional com o todo do Ser. Obviamente, esse fator ontológico não autoriza nenhuma depredação da natureza, nem mesmo um antropocentrismo ontológico. Apesar de sua dignidade especial, a pessoa humana não constitui nem o centro, nem o cume na hierarquia do Ser.

coextensivos com o todo do Ser. Algo importante nessa concepção é que o "dizer-eu" não *cria*, mas *expressa* a unidade fundamental da configuração pessoal. Como afirma Puntel:

> [...] o dizer-"eu" não cria aquela unidade original, com a qual se experimenta e entende o indivíduo como pessoa, mas é *expressão* dessa unidade original e, *desse modo*, do "ponto de unidade" que constitui essa unidade[19].

O ponto de unidade não é um elemento que unifica os fatos primos de forma posterior como se fosse um fator psicológico que toma consciência de todos os seus fatos primos e, por isso, entende-se como una. O ponto de unidade é anterior a qualquer consciência de si mesmo e, assim, o "dizer-eu" não significa nem mesmo um fato que acontece depois que a pessoa adquiriu uma linguagem natural. De fato, o ponto de unidade é pressuposto e condição de possibilidade para qualquer dessas unidades posteriores. Isso se dá porque o ponto de unidade ou interseção dos fatos primos constitui um ponto *sistemático*. Ou seja, ele está situado num local bem determinado no todo do Ser, local do qual ele *pode*[20] lançar um raio intencional (da inteligência e vontade) para o todo do Ser. Tal localização no sistema/no todo do Ser impossibilita a redução da pessoa a qualquer outro lugar inferior ou superior ao que ela ocupa. Se quiséssemos reduzi-la a um ente puramente material, teríamos que tirá-la de seu local e negar sua capacidade de coextensionalidade intencional com o todo do Ser, visto que pedras, moléculas

---

19. *EeS*, 368.
20. Essa potencialidade constitui um fator ontológico na configuração pessoal, e sua existência não depende das condições externas para o seu desenvolvimento, ou seja, mesmo que as condições necessárias e favoráveis para o seu desabrochar (ainda) não estejam presentes, tal ausência não cancela sua existência. De fato, o "eu" não constitui algo ontologicamente posterior, mas anterior até mesmo à manifestação da consciência/autoconsciência, ou seja: não são estas que constituem o "eu", mas apenas o manifestam. Embora o "eu" seja manifestado apenas na consciência/autoconsciência, ele já está presente como fator unificador na medida em que toma seu lugar no todo sistemático. Dito de outra forma, o fato de a consciência/autoconsciência não estar presente em *ato* nada diz contra a existência de sua *potencialidade*. A potencialidade para tal desenvolvimento e toda a dignidade que ela contém repousam já nos fatos primos da configuração pessoal, até mesmo em suas fases mais coativas, como é, por exemplo, a fase do feto.

etc. não possuem tal capacidade. Se quiséssemos elevar sua posição a um espírito puro teríamos que negar seus fatos primos biológicos, temporais etc., que a impossibilitam de ter uma inteligência pura. Em resumo, seu local sistemático inclui dimensões que a determinam como um ser corporal-espiritual.

Dessa forma, pode-se dizer que o fator configurador da pessoa consiste no seu *local intencional-sistemático* no todo do Ser. Essa ideia pode ser explicitada de forma analógica da seguinte forma: imaginemos um quadro no qual um ponto lança raios que tocam cada um dos pontos das linhas que compõem o quadro. O quadro representa o universo do Ser em seu todo, e os pontos localizados dentro do quadro representam configurações pessoais que lançam um raio intencional para qualquer outro ponto do universo (inclusive sobre si próprio) por meio dos fatos primos intencionais da inteligência e vontade. Devido à coextensividade intencional da configuração com o todo, é garantido a ela um *local intencional-sistemático* único e irrepetível.

Os fatos primos espirituais e seu *local intencional-sistemático* são os fatores que garantem, antes de tudo, a identidade pessoal no tempo e depois da morte. O *local intencional-sistemático* pode ainda ser compreendido com a ideia de "ponto espaço-temporal". De fato, um objeto material é individuado pela sua localização espaço-temporal, uma vez que, pela lei da impenetrabilidade, dois corpos não podem assumir o mesmo ponto no espaço-tempo. Se a estátua de Apolo está localizada no espaço-tempo$_1$, não pode haver uma estátua de Afrodite no mesmo espaço-tempo$_1$. O mesmo não acontece com entes ontologicamente diferentes, que podem se sobrepor no mesmo espaço-tempo. A figura de Apolo, por exemplo, pode ser localizada no mesmo espaço-tempo$_1$ que o mármore da estátua de Apolo. A figura e o mármore são ontologicamente diferentes e irredutíveis, mas se localizam no *mesmo* espaço-tempo$_1$. A ideia do *local intencional-sistemático* é mais abrangente e não leva em conta apenas o espaço-tempo na individuação de uma configuração, mas considera o todo do Ser. Ou seja, uma configuração com tamanha diversidade ontológica como a pessoa tem um lugar único no todo do Ser, garantido pela conexão intencional do ponto de unidade ("eu") com o todo.

No entanto, o que dizer dos outros fatos primos da configuração, que papel eles exercem na individuação e identidade da configuração? Se os fatos primos absolutamente essenciais são aqueles que garantem o *local intencional-sistemático* devido à sua coextensividade intencional com o todo, o que dizer dos fatos primos relativamente essenciais como a corporeidade? É o momento de retomarmos a intuição de Tomás neste novo quadro teórico.

9.4 A configuração pessoal depois da morte

De fato, todos os elementos da configuração apresentam um peso maior ou menor para a identidade da pessoa. Tomemos agora o caso do fato primo relativamente essencial da corporeidade. A FES, como a visão hilemórfica e a visão simples, também defende a irredutibilidade do espírito à matéria e sua consequente incorruptibilidade. Mas o que acontece com a configuração pessoal depois da morte do corpo? A primeira coisa que se deve dizer é que os fatos primos absolutamente essenciais continuam garantindo o mesmo *local-intencional-sistemático* que a pessoa tinha antes da morte, isto é, continuam garantindo sua individualização e identidade no todo do Ser, mesmo que o fato primo da corporeidade não esteja mais atualizado. Isso significa que o *local-intencional-sistemático* é mantido pelos fatos primos que não dependem intrinsecamente da dimensão material e espaço-temporal, como são os fatos primos de ordem espiritual ou aqueles adquiridos na história, mas conservados na dimensão espiritual como a memória, os traços psicológicos etc.

Sem dúvida, após a morte, a corporeidade não constitui mais um fato primo atual, e a configuração pessoal apresentará uma modificação crucial que, no entanto, será incapaz de apagar seu *local-intencional-sistemático*. A configuração pessoal perderá a *atualidade* do corpo, mas não sua *referência ontológica* ao corpo, pois, uma vez configurada essencial e historicamente pela dimensão corporal, a configuração pessoal não perde a *potencialidade* ou o *conatus* para assumir a corporeidade. Em outras palavras, na configuração pessoal depois da morte, aparece um "espaço ontológico" não totalmente preenchido/não atualizado/não determinado, mas sempre um espaço parcialmente preenchido pela potência da corporeidade. Como professam algumas crenças, tal espaço ontológico da potência corporal será mais uma vez totalmente preenchido no momento de uma (re)atualização do corpo (para os cristãos, na ressurreição). Assim como um *pronome* faz referência sempre a um *nome* numa sentença, assim também o espaço preenchido pela potência corporal segura o lugar ontológico para uma (re)atualização do corpo depois da morte.

Para entender o valor ontológico da potencialidade na teoria holístico-configuracional da pessoa, faz-se mister retomar o quadro teórico geral da FES, sobretudo aquela dimensão contingente do Ser em seu todo que se chama *Entidade*[21]. De fato, a FES defende uma bidimensionalidade do Ser em seu todo, constituído de uma *dimensão absolutamente necessária* e de outra *dimensão contingente*, chamada de dimensão da Entidade[22]. A relação básica entre as duas dimensões consiste na total dependência ontológica da Entidade em relação à dimensão absolutamente necessária. Para além dessa conexão, a dimensão da Entidade é caracterizada por um fator fundamental, isto é: todos os entes desse âmbito possuem uma determinação mínima de ser um *não Nada* ou um *algo-de-Ser*. Na verdade, a dimensão da Entidade constitui o pano de fundo a partir do qual aparece toda a diversidade ontológica ou todos os tipos de entes contingentes, que podem ser reagrupados em quatro principais âmbitos, relembrando: 1) a subdimensão dos entes *atuais-concretos* ou *atuais-positivos*; 2) a subdimensão dos entes *possíveis*; 3) a subdimensão dos entes *atuais-abstratos*; 4) a subdimensão dos entes *fictícios* [23]. Embora sejam entes com graus ontológicos diferentes, todos eles têm algo em comum: são um *não Nada* ou um *algo-de-Ser*. Assim, por exemplo, a diferença entre *entes atuais* concretos e *entes possíveis* é o próprio caráter de *atualização*, e não sua

---
21. O termo "Entidade" (com "E" maiúsculo) significa: (na perspectiva *extensional*) a totalidade dos entes (de todas as espécies) e (na perspectiva *intensional*) a conexão entre todos os entes. Entidade distingue-se então fundamentalmente (da dimensão) do Ser.
22. Cf. *SeN*, 567 ss.
23. Cf. Ibid., 275 ss.

característica básica que os faz participar da dimensão da Entidade, ou seja, seu caráter de ser algo-de-Ser. Nesse sentido, não há diferença entre entes atuais e entes possíveis, uma vez que ambos possuem um valor ontológico básico de pertencerem ao Ser em seu todo.

Esse esclarecimento ajuda a entender o valor do "espaço ontológico da potencialidade" na configuração pessoal depois da morte corporal. De fato, o *local-intencional-sistemático* da configuração é garantido pelos fatos primos espirituais, que desde o seu aparecimento no Ser foram conectados de forma intrínseca e necessária a outros fatos primos essenciais, como o fato de ter um corpo. Assim, a *interdependência* dos fatos primos essenciais não se anula com a destruição do corpo, pois embora a dimensão corporal não seja atualizada, ela não caiu simplesmente no nada absoluto, senão apenas num *nada-relativo*, uma vez que subsiste uma potencialidade do espírito capaz de assumir uma nova atualização do corpo. Mais uma vez, pode-se falar de modo analógico que a dimensão corporal foi *desativada* na configuração pessoal, mas toda a potencialidade para atualizar essa dimensão continua nela como uma tendência ou um *conatus* real.

Nosso percurso nos levou da discussão entre tomistas acerca do *status* ontológico da pessoa depois da morte a uma revisão interpretativa dos textos de Tomás, a ponto de encontrar nessa interpretação uma intuição importante, mas não desenvolvida por Tomás, de que "*nenhum* dos princípios essenciais do homem é completamente destruído pela morte". Nossa ideia foi aproveitar essa intuição num quadro teórico totalmente diferente e mais adequado, a saber, na teoria holístico-configuracional da pessoa. Nesse novo quadro teórico, a intuição de Tomás seria aproveitada da seguinte maneira: *nenhum* dos fatos primos essenciais (sejam absolutamente, sejam relativamente/historicamente essenciais) da configuração pessoal é completamente destruído pela morte, pois embora ela, depois da morte, não apresente mais a dimensão corporal como uma entidade atual, apresentará a dimensão corporal sempre como uma entidade potencial. Dessa forma, a corporeidade constitui sempre uma *referência ontológica indestrutível*, uma vez que constitui um traço relativamente *essencial* da configuração e não pode simplesmente sumir ou cair no nada-absoluto.

Como o *local intencional-sistemático* da pessoa é garantido pelos fatos primos espirituais, a desativação ou desatualização da dimensão corporal não faz com que a pessoa perca sua identidade e seu lugar inconfundível no todo do Ser. A configuração pessoal persiste depois da morte no seu lugar ontológico, mesmo que apresente espaços ontológicos não preenchidos totalmente, mas apenas parcialmente, como acontece com a dimensão corporal.

Conclusão

O presente livro procurou afrontar um desafio intricado da concepção de pessoa desde a modernidade, a saber: como *res cogitans* e *res extensa* podem interagir na pressuposição cartesiana de que as duas substâncias são completamente diferentes? O problema cartesiano determinou grande parte da discussão moderna posterior e influenciou todo o debate contemporâneo acerca da pessoa. Na verdade, a história das soluções propostas revela o surgimento dos diversos tipos de dualismos e monismos. A grande aporia dessas soluções constitui a incapacidade de explicar seja o fato da interação entre estados mentais e estados físicos (no caso dos dualismos), seja o fato da originalidade ontológica dos elementos essenciais da pessoa (no caso dos monismos). Neste trabalho, praticamente todos os pressupostos do problema cartesiano foram revisados, levando a uma total substituição do quadro teórico linguístico, a fim de propor uma nova teoria de pessoa. Um quadro teórico mais adequado encontramos na *filosofia estrutural-sistemática* (FES), e com ele apresentamos uma teoria holístico-configuracional de pessoa (THC). Além disso, foi imprescindível elaborar uma nova teoria de causalidade capaz de afrontar a questão da interação psicofísica. Sem dúvida, os resultados obtidos precisam ser criticados e aperfeiçoados. Para isso, será preciso levantar argumentos melhores que não caiam nos mesmos problemas dos quadros teóricos avaliados neste livro.

No final deste percurso, faz-se mister recordar um fator essencial. O fato de tratarmos a interação psicofísica defendendo dois elementos constitutivos, como são os fatos primos mentais e físicos, não nos deve levar a um erro fatal: entender a pessoa na THC como um aglomerado de fatos primos unificados por algum elemento posterior à pluralidade. Nada mais contrário à visão aqui defendida. De fato, a unidade da pessoa é *anterior* a qualquer pluralidade de fatos primos. A radical unidade se encontra na dimensão do Ser, como expusemos longamente no bojo deste livro. É ela aquela capaz de dirimir qualquer abismo ou incompatibilidade ontológica nos entes, mostrando facilmente que a unidade constitui um pressuposto de qualquer diversidade. A assunção da dimensão primordial do Ser é, portanto, fundamental para uma adequada compreensão dos entes, especialmente do ente pessoa. Isso significa que a configuração pessoal apresenta uma unidade onto-einailógica anterior a qualquer pluralidade posterior. De forma concreta, é a pessoa *como um todo* que apresenta uma diversidade ontológica, e não uma diversidade que será reagrupada e unificada como pessoa. Como tratamos neste livro, a pessoa constitui uma configuração de fatos primos unificados no "dizer-eu", que dá a essa configuração um *local-intencional-sistemático* no todo do Ser. O "dizer-eu" não constitui um fator posterior, psicológico ou apenas histórico, mas um elemento onto-einailógico constitutivo da pessoa, que garante sua unidade primordial ao ser entendido como um modo-de-Ser. Qualquer pluralidade de dimensões acontece como uma *expressão* dessa modalidade particular de Ser. Em poucas palavras, não são as dimensões da pessoa que se unificam na configuração pessoal, mas este modo onto-einailógico de Ser (a saber, a configuração pessoal) se expressa ou desabrocha numa pluralidade de dimensões. Entender esse fator é crucial para se compreender a THC.

Por fim, deve-se dizer que o desafio da interação psicofísica não constitui o único problema para uma metafísica da pessoa. No debate contemporâneo, uma série de outras dificuldades é levantada, como os problemas da *fission* e *fussion* (o que aconteceria caso um transplante de cérebro fosse possível entre $pessoa_1$ e $pessoa_2$?), o problema do feto (que fator garantiria a identidade pessoal desde a sua concepção?), o problema do estado vegetativo (a pessoa continua a mesma num estado vegetativo?), o problema do cadáver (um cadáver constitui a mesma pessoa que vivera antes?), o problema dos gêmeos siameses (eles constituem uma ou duas pessoas?) etc. Não pudemos tratar desses problemas no limite deste livro, mas a teoria desenvolvida pode dar novas luzes a essas questões e ajudar a desconstruir certos pressupostos, que acabam impossibilitando uma solução adequada. Do nosso ponto de vista, as grandes aporias dessas discussões advêm dos quadros teóricos assumidos, que levam as teorias a um beco sem saída. De qualquer forma, tratar de tais dificuldades no âmbito da THC constitui uma boa oportunidade para esclarecer melhor a teoria aqui proposta.

Bibliografia

ANSCOMBE, G. E. M.; GEACH, P. T. *Descartes: Philosophical Writings*. Indianapolis: Bobbs-Merrill Company, 1954.

ARISTOTE. *De l'âme* (ΠΕΡΙ ΨΥΧΗΣ). Paris: Société d'édition "Les Belles Lettres", 1980.

ARISTÓTELES, *Metaphysica*. W. D. Ross (ed.). Oxford: Clarendon Press, 1957.

ARMSTRONG, D. M. *A Combinatorial Theory of Possibility*. Cambridge: Cambridge University Press, 1989.

_____. *A World of States of Affairs*. Cambridge: Cambridge University Press, 1997.

BAKER, L. R. *Naturalism and the first-person perspective*. Oxford University Press, 2013.

_____. Nonreductive Materialism. In: MCLAUGHLIN, B.; BECKERMANN, A. (eds.). *The Oxford Handbook for the Philosophy of Mind*. Oxford: Oxford University Press, 2009.

_____. *Persons and Bodies: A Constitution View*. Cambridge: Cambridge University Press, 2000.

_____. Response to Eric Olson. *Abstracta*, Special Issue I, 2008.

_____. Unity without Identity: a new look at material constitution. *Midwest Studies in Philosophy*, XXIII (1999) 144-165.

_____. When does a Person Begin? *Social Philosophy and Policy*, 22 (2005) 25-48.

BAILY, A.; RASMUSSEN, J.; VAN HORN, L. No pairing Problem. *Philos Stud*, 154 (2011) 349–360.

BALTIMORE, J. A. Expanding the vector model for dispositionalist approaches to causation. *Synthese*, 196 (2019) 5083-5098. Disponível em: <https://doi.org/10.1007/s11229-018-1695-x>.

BERKELEY, G. *Antologia degli scritti filosofici*. Firenze: La nuova Italia, 1967.

BIERI, P. Generelle Einleitung. *Analytische Philosophie des Geistes*. Konigstein: Hain, 1997.

BIRD, A. Dispositions and Antidotes. *The Philosophical Quarterly*, 48 (1998) 227–234.

_____. *Nature's metaphysics: Laws and properties*. Oxford: Oxford University Press, 2007.

BRÜNTRUP, G. *Das Leib-Seele-Problem: Eine Einführung*. Stuttgart: Kohlhammer, 2008.

_____. *Theoretische Philosophie*. München: Komplett-Media GmbH, 2011.

CARNAP, R. *Der logische Aufbau der Welt*. Berlin: Felix Meiner, 1928.

_____. Testability and Meaning. *Philosophy of Science*, 3 (1936) 419-471.

_____. Testability and Meaning – continued. *Philosophy of Science*, 4 (1937) 1-40.

CARVALHO VIANA, W. A Filosofia Estrutural-sistemática e o problema da causalidade. *Gregorianum*, 103/2 (2022) 309-334.

_____. *A filosofia estrutural-sistemática: uma análise interpretativo-sistemática*. São Leopoldo: Unisinos, 2019.

_____. A interação psicofísica: do modelo intuitivo de Jonas ao modelo sistemático da FES. *Revista Enunciação*, Seropédica, v. 6, n. 1 (2021) 73-95.

_____. *A metafísica da pessoa: o problema da identidade pessoal no debate contemporâneo*. São Paulo: Ideias&Letras, 2019.

_____. A Teoria holístico-configuracional de Pessoa na filosofia estrutural-sistemática. *Síntese*, BH, v. 48, n. 152 (set./dez. 2021) 601-623.

_____. *Hans Jonas e a filosofia da mente*. São Paulo: Paulus, 2016.

_____. "Relação causal": Uma interconexão entre *fatos primos* disposicionais. *Gregorianum*, Roma, n. 104, 2 (2023) 317-336.

_____. The person after death in holistic-configurational theory. *Síntese*, Belo Horizonte, v. 50, n. 157 (mai./ago. 2023) 319-336.

CARTWRIGHT, N. *How the Laws of Physics Lie*. Oxford: Clarendon, 1983.

CHOI, S.; FARA, M. Dispositions. In: ZALTA, Edward N. (ed.). *The Stanford Encyclopedia of Philosophy* (Fall 2018 Edition). Disponível em: <https://plato.stanford.edu/archives/fall2018/entries/dispositions/>. Acesso em: 01 ago. 2020.

DAVIDSON, D. Causal Relations. *Journal of Philosophy*, 64 (1967) 691-703.

DESCARTES. *Œuvres complètes*. Nouvelle édition sous la direction de Jean-Marie Beyssade et de Denis Kambouchner. Vol. III: *Discours de la Méthode et Essais* (2009). Vol. IV.1: *Méditations métaphysiques. Objections et Réponses (I à VI)* (2018). Paris: TEL Gallimard.

DOWE, P. Causality and Conserved Quantities: A Reply to Salmon. *Philosophy of Science*, 62 (1995) 321-333.

EELLS, E. *Probabilistic Causality*, New York: Cambridge University Press, 1991.

EHRING, D. *Causation and Persistence*. Oxford: Oxford University Press, 1997.

ELLIS, B. *Scientific essentialism*. Cambridge: Cambridge University Press, 2001.

_____. *The Philosophy of Nature: A Guide to the New Essentialism*. Montreal: McGill-Queen's University Press, 2002.

GARRETT, D. Hume. In: BEEBEE, H.; HITCHCOCK, C.; MENZIES, P. (eds.). *The Oxford Handbook of Causation*. Oxford: Oxford University Press, 2009.

GOODMAN, N. *Fact, Fiction and Forecast*. Cambridge, Mass.: Harvard University Press, 1955.

FOSTER, J. *The immaterial self*. London: Routledge, 1991.

FREGE, G. The Thought: A Logical Inquiry. *Mind*, v. 65, n. 259 (jul. 1956).

HANDFIELD, T. Dispositional Essentialism and the Possibility of a Law-abiding Miracle. *The Philosophical Quarterly*, 51 (2001) 484-94.

HARRÉ, R. Powers. *British Journal for the Philosophy of Science*, 21 (1970) 81-101.

HEIDEGGER, M. *Die Grundprobleme der Phänomenologie*. (Vorlesung Sommersemester 1927). Gesamtausgabe, Band 24. Frankfurt/M, 1975.

HEIL, J. *The universe as we find it*. Oxford: Oxford University Press, 2012.

HITCHCOCK, CH. Probabilistic Causation. In: ZALTA, Edward N. (ed.). *The Stanford Encyclopedia of Philosophy* (Fall 2018 Edition). Disponível em: <https://plato.stanford.edu/archives/fall2018/entries/causation-probabilistic/>. Acesso em: 18 jul. 2022.

JOHNSTON, M. How to Speak of the Colors. *Philosophical Studies*, 68 (1992) 221-263.

JONAS, H. *Macht oder Ohnmacht der Subjektivität? Das Leib-Seele-Problem im Vorfeld des Prinzips Verantwortung*. Shurkamp taschenbuch, 1987.

_____. *Matéria, espírito e criação*. Petrópolis: Vozes, 2010.

KANT, I. *Crítica da Razão Pura*. Petrópolis: Vozes, ⁴2015.

KIM, J. Events as Property Exemplifications. In: BRAND, M.; WALTON, D. (eds.). *Action Theory*. Dordrecht: D. Reidel Publishing, 1976, 159-77.

_____. Lonely souls: Causality and substance dualism. In: CORCORAN, K. (ed.). *Soul, body and survival: Essays in the metaphysics of human persons*. Ithaca: Cornell University Press, 2001.

_____. *Philosophy of mind*. Boulder, CO: Westview Press, ³2011.

_____. *Physicalism, or something near enough*. Princeton/Oxford: Princeton University Press, 2005.

LEWIS, D. Causation. *Philosophical Papers 2*. Oxford: Oxford University Press, 1986, 159-213.

_____. *Counterfactuals*. Oxford: Oxford University Press, 1973.

_____. Events. *Philosophical Papers 2*. Oxford: Oxford University Press, 1986, 241-69.

_____. Finkish Dispositions. *The Philosophical Quarterly*, 47: 1997, 143–158.

_____. *On the Plurality of Worlds*. Oxford: Basil Blackwell, 1986.

_____. Postscripts to "Causation". In: LEWIS, D. *Philosophical Papers*. Volume II. Oxford: Oxford University Press, 1986, 173-213.

MACKIE, J. L. Causes and Conditions. *American Philosophical Quarterly*, 2 (1965) 245-264.

_____. *The Cement of the Universe*. Oxford: Oxford University Press, 1974.

MALZKORN, W. Defining Disposition Concepts: A Brief History of the Problem. *Studies in History and Philosophy of Science*, 32 (2001) 335-353.

MARTIN, C. B.; HEIL, J. The Ontological Turn. *Midwest Studies in Philosophy*, 23 (1999) 34-60.

MARTIN, C. B. Dispositions and Conditionals. *The Philosophical Quarterly*, 44 (1994) 1-8.

_____. *The mind in nature*. Oxford: Oxford University Press, 2008.

MCLAUGHLIN, B. P. Mental Causation and Shoemaker-Realization. *Erkenntnis* (1975-), v. 67, n. 2 (sep. 2007) 149-172.

MEINONG, A. *Über Gegenstandstheorie*. Hamburg: Felix Meiner Verlag GmbH, 1904/1988.

MEILLASSOUX, Q. *After Finitude. An essay on the Necessity of Contingence.* New York: Continuum, 2008.

MELLOR, D. H. In Defense of Dispositions. *Philosophical Review*, 83 (1974) 157-81.

_____. *The Facts of Causation.* London: Routledge, 1995.

MILL, S. *A System of Logic, Ratiocinative and Inductive.* London: Parker, 1843.

MOLNAR, G. *Powers: A study in metaphysics.* Oxford: Oxford University Press, 2003.

MONTGOMERY, H. A.; ROUTLEY, F. R. Contingency and non-contingency bases for normal modal logics. *LA*, v. 9, n. 35-36 (1966) 318-328.

MUMFORD, S. *Dispositions.* Oxford: Oxford University Press, 1998.

_____. *Laws in Nature.* Abingdon: Routledge, 2004.

MUMFORD, S.; ANJUM, R. L. *Getting Causes from Powers.* New York: Oxford University Press, 2011.

OLIVEIRA, M. A. de. *A Metafísica do Ser Primordial: L. B. Puntel e o desafio de repensar a metafísica hoje.* São Paulo: Loyola, 2019.

_____. A nova metafísica e a compreensão da religião. *Síntese*, Belo Horizonte, v. 47, n. 149 (2020) 469-501.

_____. Teoria do Ser primordial como tarefa suprema de uma filosofia sistemático- estrutural. *Síntese*, Belo Horizonte, v. 39, n. 123 (2012) 53-79.

OLSON, E. T. An Argument for Animalism. In: MARTIN, R.; BARRESI, J. (eds.). *Personal identity.* Blackwell: Oxford, 2003, 318-334.

_____. *The Human Animal: Personal Identity Without Psychology.* New York: Oxford University Press, 1997, 106-109.

_____. What does functionalism tell us about personal identity? *Nous*, 36 (4) (2002) 682-698.

PUNTEL, L. B. *Auf der Suche nach dem Gegenstand und dem Theoriestatus der Philosophie.* Tübingen: Mohr Siebeck, 2007.

_____. *Estrutura e ser. Um quadro referencial teórico para uma filosofia sistemática.* Trad. Nélio Schneider. São Leopoldo: Unisinos, 2008.

_____. *Grundlagen einer Theorie der Wahrheit.* Berlin/New York: de Gruyter, 1990.

_____. Response to Prof. Patrick Zoll. Texto não publicado, 2023.

_____. *Sein und Nichts: Das ursprüngliche Thema der Philosophie.* Tübingen: Mohr Siebeck, 2022.

_____. *Ser e Deus: Um enfoque sistemático em confronto com M. Heidegger, É. Lévinas e J.-L. Marion.* Trad. Nélio Schneider. São Leopoldo: Unisinos, 2011.

QUINE, W. O. *Ontologische Relativität und andere Schriften*. Stuttgart, 1975.

REID, T. *Essays on the Active Powers of Man*. Edinburgh: John Bell Smart, 1788.

SALMON, W. *Scientific Explanation and the Causal Structure of the World*. Princeton: Princeton University Press, 1984.

SCHAFFER, J. Contrastive Causation. *Philosophical Review*, 114 (2005) 327-358.

_____. The Metaphysics of Causation. In: ZALTA, Edward N. (ed.). *Stanford Encyclopedia of Philosophy* (Spring 2022 Edition). Disponível em: <https://plato.stanford.edu/archives/spr2022/entries/causation-metaphysics/>. Acesso em: 18 jul. 2022.

SCHNEIDER, C. Totalidades: um problema lógico-metafísico. In: IMAGUIRE, G.; ALMEIDA, L. S. de; OLIVEIRA, M. A. de (orgs.). *Metafísica Contemporânea*. Petrópolis: Vozes, 2007, 123-134.

SEARLE, J. *Geist. Eine Einführung*. Frankfurt a. M., 2006.

SHOEMAKER, S. Causality and Properties. In: INWAGEN, P. van (ed.). *Time and Cause: Essays Presented to Richard Taylor*. Dordrecht: Reidel, 1980, 109-135.

_____. *Physical Realization*. Oxford: Oxford University Press, 2007.

SHOEMAKER, S.; SWINBURNE, R. *Personal Identity*. Oxford: Blackwell, 1984.

STEGLICH-PETERSEN, A. Against the Contrastive Account of Singular Causation. *The British Journal for the Philosophy of Science*, v. 63, n. 1 (2012) 115-143.

STEWARD, H. *The Ontology of Mind*. Oxford: Clarendon Press, 1997.

STUMP, E. Resurrection, Reassembly, and Reconstitution: Aquinas on the Soul. In: NIEDERBACHER, B.; RUNGGALDIER, E. HGG. *Die menschliche Seele: Brauchen wir den Dualismus? The Human Soul: Do We Need Dualism?* Frankfurt/London: Ontos Verlag, 2006.

TOMÁS DE AQUINO. *Opera omnia*. Disponível em: <corpusthomisticum.org>.

TONER, P. On Hylemorphism and Personal Identity. *European Journal of Philosophy*, 19 (3) (2011) 454-473.

_____. Personhood and Death in St. Thomas Aquinas. *History of Philosophy Quarterly*, v. 26, n. 2 (abr. 2009) 121-138.

_____. St. Thomas Aquinas on gappy existence. *Analytic Philosophy*, v. 56, n. 1 (mar. 2015) 94-110.

TUGBY, M. Platonic dispositionalism. *Mind*, 122 (2013) 451-480.

WITTGENSTEIN, L. *Investigações filosóficas*. Petrópolis: Vozes, ²1996.

_____. *Tractatus logico-philosophicus*. São Paulo: EDUSP, ²1994.

WHITTLE, A. A Functionalist Theory of Properties. *Philosophy and Phenomenological Research*, 77 (2008) 59-82.

WILSON, J. On characterizing the physical. *Philosophical Studies*, 131 (2006) 61-99.

WOORWARD, J. *Making things happen*. Oxford: Oxford University Press, 2003.

Edições Loyola

editoração impressão acabamento

Rua 1822 n° 341 – Ipiranga
04216-000 São Paulo, SP
T 55 11 3385 8500/8501, 2063 4275
www.loyola.com.br